明理文丛

读书 ‖ 明理

明理文丛

关联企业劳动者权益保护研究

Research on Protection for
the Rights of
Affiliated Company Worker

◎鲍　雨著◎

清華大学出版社
北京

图书在版编目(CIP)数据

关联企业劳动者权益保护研究 / 鲍雨著. —北京:清华大学出版社,2021.7
(明理文丛)
ISBN 978-7-302-58106-2

Ⅰ. ①关… Ⅱ. ①鲍… Ⅲ. ①劳动者—权益保护—劳动法—研究—中国
Ⅳ. ①D922.504

中国版本图书馆 CIP 数据核字(2021)第 084502 号

责任编辑:朱玉霞
封面设计:阿 东
责任校对:宋玉莲
责任印制:宋 林

出版发行:清华大学出版社
 网 址:http://www.tup.com.cn,http://www.wqbook.com
 地 址:北京清华大学学研大厦 A 座 邮 编:100084
 社 总 机:010-62770175 邮 购:010-62786544
 投稿与读者服务:010-62776969,c-service@tup. tsinghua. edu. cn
 质量反馈:010-62772015,zhiliang@tup. tsinghua. edu. cn

印 装 者:三河市中晟雅豪印务有限公司
经 销:全国新华书店
开 本:170mm×240mm 印 张:15.75 字 数:263 千字
版 次:2021 年 7 月第 1 版 印 次:2021 年 7 月第 1 次印刷
定 价:69.00 元

产品编号:087865-01

自　序

　　2017 年 10 月 18 日,习近平在党的十九大报告中强调,中国特色社会主义进入新时代,我国社会主要矛盾已经转化为人民日益增长的美好生活需要和不平衡不充分的发展之间的矛盾。为满足人民群众对美好生活的向往,不断提高人民的获得感、幸福感和安全感,转变我国经济发展方式和模式,构建适应于信息化时代的现代经济体系迫在眉睫。

　　现代经济体系是一种更为完善的市场经济体制,代表着更高效益的增速、更高质量的方式、更加平衡的格局和更为完善的现代化产业体系。[①] 建设现代经济体系是当前及今后实现我国经济高质量发展为目标经济体制改革的着力点,必须坚持社会主义基本经济制度,充分发挥市场在资源配置中的决定性作用,更好地发挥政府作用,全面贯彻新发展理念。2019 年 9 月 10 日,习近平在主持中央全面深化改革委员会第十次会议中强调:"现在要把着力点放到加强系统集成、协同高效上来,巩固和深化这些年来我们在解决体制性障碍、机制性梗阻、政策性创新方面取得的改革成果,推动各方面制度更加成熟更加定型。"为更好地转化中国特色社会主义的制度效能,必须进行全面系统的改革和改进,实现各领域改革和改进的联动和集成。

　　2019 年 10 月 31 日,党的十九届四中全会以专题形式研究坚持和完善中国特色社会主义制度、推进国家治理体系和治理能力的现代化问题,审议通过了《中共中央关于坚持和完善中国特色社会主义制度、推进国家治理体系和治理能力现代化若干重大问题的决定》(以下称《决定》),是新时代中国特色社会主义制度优

---

　　① 陈希琳、许亚岚、于佳乐:《全面解读现代经济体系六大特征、三个难点、五条路径》,载《经济》,2017(23)。

势更好转化为国家治理效能的政治宣言和行动纲领,是进一步夯实实现中华民族伟大复兴的制度根基。习近平就《决定》起草情况向全会做的说明中指出:"新时代改革开放具有许多新的内涵和特点,其中很重要的一点就是制度建设分量更重,改革更多面对的是深层次体制机制问题,对改革顶层设计的要求更高,对改革的系统性、整体性、协同性要求更强。为进一步提升国家治理体系和治理能力的现代化,在优化顶层设计的同时需要统筹顶层设计和分层对接,着力构建系统完备、科学规范、运行有效的制度体系。通过根本制度、基本制度、重要制度的衔接和各领域具体制度的配套,使制度的顶层设计精准落地,真正发挥制度效能。①

新时代,经济发展呈现新特点,企业经营形态和组织方式的多样态,雇佣形态以及劳务给付方式的多元化,劳动关系愈发复杂多变。特别是因互联网技术的广泛应用逐渐释放了个别劳动者对用人单位的绝对依赖,劳动关系从属性不易判断,准确识别用人单位的需求愈发凸显。研究和完善劳动法制以更好地回应劳动关系发展变化带来的挑战,是坚持和完善中国特色社会主义制度、推进国家治理体系和治理能力现代化建设的基本内涵,具有重要意义。

基于股权、业务、财务等关联方式形成的具有"控制或重大影响关系"的企业构成关联企业。② 作为合法获取市场竞争优势的企业间联合,关联企业具有规模经济优势,对我国市场经济体制建设发挥了积极功效。在我国,关联企业作为一种新的经济现象在当今经济生活中扮演着越来越重要的角色。然而随之而来的问题也越来越凸显,对关联企业的批判之声不绝于耳。其中,关联企业的劳动法问题难以忽视。国内虽有部分学者开始关注关联企业引发的劳动法议题,但缺乏系统研究和论述。③ 问题核心在于对关联企业实际用工下劳动关系的多边供需结构特征和内容变化缺乏具体认识,关联企业的劳动关系迷雾重重,直接导致关联企业劳动者权益保护缺失的问题愈演愈烈。

对关联企业劳动者保护问题的研究关涉我国劳动法上相关理论的革新和实务中具体问题的处理,积极意义明显。归因于关联企业参与用工的特殊性和具体

---

① 肖贵清:《深入学习贯彻党的十九届四中全会精神 把我国制度优势更好转化为国家治理效能》,载《人民日报》,2019-11-19。

② 时建中:《论关联企业的识别与债权人法律救济》,载《政法论坛》,2003(5)。

③ 饶志静:《关联企业内劳动关系认定困境与解决路径》,载《江海学刊》,2015(5);陈勇峰:《企业集团劳动关系及劳动者权益保护初探》,载《法学论丛》,2012(4)。

用工样态选择的复杂性,传统劳动法理论适用关联企业面临不足。关联企业用工安排下对劳动关系的主体和劳动关系的内容均产生重大影响,简单适用从属性标准难以做到对关联企业劳动关系的准确认定。与此同时,现有劳动立法供给的缺失直接导致司法实践中的裁判规则不统一,如此多种因素的作用导致关联企业的劳动者保护失衡问题难以得到及时、有效解决。基于此,本书基于中国特色社会主义制度下劳动法倾斜保护弱势劳动者的立法宗旨,结合域外发达国家的立法和实务经验,主张将企业主体理论引入劳动法上以改造传统劳动法上"用人单位"这一概念,进一步分析和探究了关联企业劳动关系的规制路径。在此基础上,本书提出了保护关联企业劳动者的具体应对措施。

全书除绪言外,共分为六章,深度探究关联企业的劳动关系认定并就关联企业的劳动者权益相关议题进行了分析解答:

第一章为关联企业劳动者权益保护的基本问题。本章首先梳理国内外有关关联企业或关联关系的研究经验,明确了劳动法上关联企业的概念和范围。在此基础上,就关联企业对劳动关系的影响分别从劳动关系的主体和内容两方面予以具体分析。最后,运用实证分析法归纳整理出关联企业劳动者权益保护的具体问题以廓清和细化研究对象。

第二章为关联企业劳动者权益保护不能的成因分析。本章首先就关联企业参与用工的特殊性和具体用工样态予以分析,辨明关联企业劳动者保护的现实困境。其次通过分析从属性标准的理论桎梏阐释关联企业劳动关系适用从属性标准的困惑,指出关联企业劳动者保护的理论缺陷。最后通过对我国现有立法的梳理和司法活动的检视,归纳整理出现阶段我国关联企业劳动者保护的制度障碍。

第三章为关联企业劳动者权益保护的理论证成。本章首先分析关联企业本质属性的理论争鸣,提出应采纳企业主体理论观点以拓展对关联企业性质的传统认识并展开理论证成研究。通过对域外关联企业劳动者保护路径的经验总结和引鉴评析,进一步得出劳动法上引入关联企业性质认识相关理论用以解决实际问题具有可行性的结论。最后,就我国劳动法上如何引入关联企业性质认识的企业主体理论以补充从属性标准的适用予以方法论研究,并探索关联企业劳动者保护的可行路径以勾勒出可行的制度蓝图。

第四章为关联企业劳动关系的归属界定。本章首先依循企业主体理论观点就关联企业和关联企业内设机构的用工主体资格予以厘清。紧接着深度剖析关联企业参与用工安排下的劳动者从属性情况。在此基础上进一步探究了关联企业劳动关系认定的可行路径就关联企业劳动关系的最终归属予以明确的法律界定。最后对关联企业的用人单位责任承担予以具体分配思考。

第五章为关联企业劳动者权益保护问题的具体应对。结合前文对关联企业劳动者权益保护问题的梳理,探索构建关联企业劳动者权益保护的具体应对策略。本章主要包括以下内容:第一,对关联企业调职区分企业内调职和企业外调职分别予以调职行为规制;第二,对关联企业的劳务派遣用工予以行为解构,得出应谨慎对待的结论;第三,廓清关联企业混同用工的行为方式,分别从劳动合同、劳动基准和规章制度几方面探索制度完善对策;第四,以劳动者工作保障为核心对关联企业内用人单位主体变动后的法律效果予以具体评判。

第六章为关联企业劳动者权益保护的促进策略。本章从市场与政府关系的角度探究关联企业劳动者权益保护的促进策略,勾勒出未来进一步研究的方向,为持续推进和谐劳资关系建设提供智力支持。具体而言,本章首先在厘清国家干预劳动关系界限基础上研究并得出结论主张着重发挥劳资双方协约自治规范关联企业劳动关系运行的功效。强调应探索构建劳动力市场的培育和健全机制,并需尊重劳动合同和集体合同的法律效力,积极引导劳资双方协约自治。其次,研究和提炼劳资领域的关系规则,探索构建关联企业劳动关系和谐发展的长效机制和环境土壤,推进国家治理体系和治理能力的现代化。

目　　录

绪　言

"十三五"时期，我国经济发展进入新常态。党和国家提出必须加快形成引领经济发展新常态的体制机制，破除一切不利于科学发展的体制机制障碍。人社部《"十三五"规划纲要》进一步指出，要健全人力资源市场法律法规体系，增强劳动力市场灵活性，尊重劳动者和用人单位市场主体地位，消除影响平等就业的法律制度。党的十九届四中全会《决定》更是凝练概括了我国国家制度和国家治理体系十三个方面的显著优势。"经国序民、正其制度"。新常态下劳动关系发展呈新特点，企业经营形态和劳务给付方式的变化使我国劳动法的适用面临巨大挑战。面对新机遇和新挑战，需要研究和推动劳动法各方面制度更加成熟和定型以不断提升治理成效。

第一节　背景和意义

一、研究背景

关联企业不同于一般企业，由之引发的劳动法议题比较复杂，传统劳动法面临适用挑战。对关联企业劳动者保护问题的研究关涉我国劳动法上相关理论的革新和实务中劳动争议问题的处理，积极意义明显。关联企业劳动关系的主体和劳动关系的内容均不同于一般企业，简单适用从属性标准难以做到对关联企业劳动关系的准确认定。现有劳动立法制度供给缺失直接导致司法实践中涉关联企业劳动争议的裁判规则较为混乱，如比起请求计算经济补偿金或赔偿金工作年限并计等一时性请求，劳动者请求确认与关联企业之间劳动关系的诉求较难得到支持。且受到功用主义影响，对关联企业的义务主体和义务内容，以及责任性质和责任承担方式等缺乏理论推演,劳动司法过于随意。实践中,针对关联企业的劳动法适用由于缺乏系统全面论证诱发劳动者权益保护危机持续恶化。

通过梳理我国相关立法实践,可以发现,现有关联企业的立法主要集中在商法、金融法和税法等领域。① 但是,一方面立法过于原则,缺乏对关联企业的统一定义和界定,在功能上并不完整。如,税收类立法主要在确定关联企业间业务往来公平正常的交易额,对不按独立企业业务往来收取或支付价款、费用、而减少应税收入或应纳税所得额的,依法进行调查、审计并实施税收调整的工作,以防止企业间利用关联关系偷、漏税行为的发生。其仅在税款征收领域具有限制不公平关联交易行为的效力,对于超出该领域则没有控制关联交易的功能。② 商事立法主要在于控制关联方交易,以保护公司外部债权人和股东的利益。因而,其立法目标主要在于界定关联关系以维持正常的商事交易,缺乏对关联企业的明确定义,制度实效受限。另一方面,上述立法活动由于缺乏劳动法学者的有效参与,对关联企业的劳动关系问题缺乏考量,不利于弱势劳动者权利的维护与社会主义和谐社会的构建。健康稳定的劳资关系是和谐社会构建中极为重要的一环,不可忽视。社会主义和谐社会的构建必须实现稳定、和谐的劳资关系发展。

受经济全球化和市场经济改革的影响,企业广泛集中和结合以实现规模经济效应。关联企业关乎数以万计个别劳动者的切身利益。关联企业的合并、分立、运营或解散,每一个具体环节都与劳动者个人利益息息相关。稍有不当,即会触发难以弥补的劳资纠纷事件。于企业和劳动者双方主体而言,都将可能造成难以弥补的损害或损失。为探究关联企业参与用工安排的实际问题所在,笔者在进行前期资料搜集时曾经走访过一些地方劳动争议处理部门和企业人力资源管理部门,发现因关联关系引发的劳动争议案件,实务中的处理难度远比想象的更为复杂。由于我国现今劳动立法并没有将关联企业的劳动关系问题(包含复数企业关联企业)纳入调整思考,实践中的处理规则也并不统一,有关方面的用工争议成为司法实践中较难处理的疑难案件。究其原因,一方面有关方面的立法严重缺乏对

---

① 参见《中华人民共和国公司法》第 216 条、《上市公司章程指引》第 192 条、《中华人民共和国税收征收管理法》第 36 条、《税收征收管理法实施细则》第 51 条、《国家税务总局关于修订〈关联企业间业务往来税务管理规程〉的通知》第 1 章、《中华人民共和国反垄断法》第 20 条和《企业会计准则第 36 号——关联方披露》第 3 条、第 4 条。

② 张一鹏:《公司法关联企业认定规则之完善》,载《学术界》,2005(6)。

关联企业劳动关系问题的关注；另一方面，归因于关联企业多元化用工样态选题的特殊性，传统劳动立法创设的制度规则难以直接适用。因而，在涉及关联企业劳动纠纷案件的具体裁判中，各地司法裁判的结果并不统一。相似情形的案件可能有多种裁判结果出现，既损害了司法的权威性，也不利于我国法治社会建设的有效开展。是以，案件鲜活性和立法滞后性之间的矛盾愈发凸显，亟待相关研究的深入对关联企业劳动关系行以有效的法律规制，实现关联企业劳动者权益的法律保护。

二、研究意义

卡尔·拉伦茨在其经典巨作《法学方法论》中指出"对于法概念的反思必须要超越法素材的直接性和单纯的'既存状态'，发现现行法迄今尚未解决的问题，借此促成司法裁判或立法的改变"。是以，对关联企业劳动者权益保护问题的研究必须立基于实践中的疑难杂症，探究传统劳动法的理论逻辑和劳动关系的本质，反思并以破除劳动法律制度变革的体制机制顽疾为目标，借以指导劳动立法和司法活动。

具体来说，研究意义主要有以下几点：

1. 对关联企业予以系统分析和界定，并就劳动法意义上的关联企业范围予以解读。对关联关系或关联企业的研究成果不胜枚举，但大多是公司法学者对此问题进行阐述。少有劳动法学者关注，并进而从劳动法视角对关联企业的定义、特性和外延提出自己的看法，对关联方式和关联关系更是缺乏系统研究。本研究立基于劳动法学科领域，就法学相关领域对关联企业的研究成果予以梳理归纳，从保护劳动者立场出发对劳动法上的关联企业范围予以廓清，借以反思劳动法上基本概念。有助于澄清我国劳动法上"用人单位"概念的法理迷雾，转换劳动法研究范式，为相关研究提供自洽性理论证成。

2. 对关联企业的劳动者保护问题展开系统研究论述，辨明关联企业内劳动关系的归属和用人单位的责任承担等问题。在我国，对关联企业劳动关系问题的研究理论明显滞后于司法实践。劳动法学者较少关注这一领域议题，而司法实践囿于客观实际较少对关联企业劳动关系的相关理论予以合理阐述。与普通企业相比，因关联关系的存在对关联企业劳动关系的准确认定比较困难。传统劳动关系的认定规则能否适用或修正后适用但遵循何种路径加以修正，关联企业的调职问题如何处理,关联企业的用人单位责任如何分配等一系列现实问题的答案只有在全面阐述其理论背景后才能够明晰。因而,本书研究有助于实现对劳动者合法权益的全面保护,审视和修正劳动法律功用主义用以指导劳动立法和司法活动。

3. 国内对关联企业劳动关系问题的研究严重缺乏,零散的研究成果不足以全面反映国外相似问题的立法现状和实践路径。同时,对国外的研究成果亦不能全面移植,需要就其法制背景和制度实效予以全面分析,取其精华去其糟粕。因而,本研究在介绍国外研究成果的基础上予以效能评析,既全面介绍了域外主要国家对关联企业劳动者保护问题的处理经验并适时指出其缺漏,与此同时亦能够帮助后续研究者提供批判的视角。

4. 通过对关联企业劳动者保护问题的研究,以期为我国的司法实践提供适当的裁判指引。一般来说,关联企业引发的劳动法议题多为当下劳动司法和实务部门难以处理的棘手案件。实务中关联企业的调职问题、混同用工问题、劳务派遣问题、平等待遇问题等难以处理。通过研究能够为实务部门提供较为清晰的处理思路,利于改善我国现今司法实践中对关联企业劳动争议问题处理不统一的法制混乱局面,维护关联企业内劳动者群体的合法权益。

5. 有助于纠正以"用人单位"为中心的传统劳动立法逻辑,回归劳动关系本质反思重构劳动法律适用范围。破除劳动法制变革的体制机制障碍,为劳动关系市场化、契约化和法治化改革提供衔接配套、可操作性的策略方案。积极回应了企业经营形态调整、组织方式变化、雇佣样态多元化和劳务给付方式灵活化引发的劳动法新议题,并提供合理性、针对性和有效性的规则启示。

第二节　研究现状

一、国内研究现状

在法学领域,关联企业概念并不陌生。尽管有人曾质疑其作为一种法律现象的合理性和正当性,但对关联企业的研究成果不胜枚举。[①] 整体而言,对关联企业的研究开展较早,但研究视角单一。绝大多数学者从公司法视角对关联企业的

[①] 截至 2020 年 8 月 19 日,在中国知网上以"关联企业"为篇名搜索各类文献有 784 篇,而以"关联企业"为主题得出的搜索结果达到 8294 条之多。

概念予以界定,论证关联企业的认定规则,规制控制公司的行为以保护公司外部债权人和中小股东的利益。[①] 还有一部分学者从税法角度研究关联企业,就关联企业间的业务往来予以规制,以防止企业间利用关联关系偷、漏税行为的发生。[②] 但是,鲜有人从劳动法视角系统研究关联企业引发的劳动法议题,并就关联企业的劳动关系认定提供较为翔实的理论依据。[③] 实务中,我国早已出现涉关联企业劳动争议案件且呈现出逐年增长态势。对案件所涉争议问题各地法院也有了一定的裁判经验,但因规则混乱裁判标准并不统一。针对关联企业引发的劳动法议题,我国理论研究严重滞后于司法实践并直接阻碍了司法裁判结果的统一性和权威性。为妥善处理这类争议,对关联企业所涉劳动关系和劳动权益相关议题的研究亟待拓展深入。

现有对关联企业涉劳动法议题的研究成果主要体现在如下几个方面:

1. 对关联企业的概念、特征和认定规则等基本问题的比较甄别研究。关联企业有广义和狭义之分。广义的关联企业,泛指一切与他企业之间具有控制关系、投资关系、业务关系、人事关系、财务关系以及长期业务关系等利益关系的企业。狭义的关联企业,是指与他企业之间存在直接或间接控制关系或重大影响关系的企业。[④] 受研究视角的影响,绝大多数学者坚持狭义关联企业观点。[⑤] 通过

---

①　参考但不限于以下文献:时建中:《论关联企业的识别与债权人法律救济》,载《政法论坛》,2003 (5);杨宁:《试论破产关联企业债权人利益保护机制——以破产法第 31~33 条为视角》,载《黑龙江省政法管理干部学院学报》,2011 年(2);王天习:《关联企业的法律界定》,载《求索》,2003(1);马军:《关联企业的法律属性》,载《理论前沿》,2009(20);王欣新、蔡文斌:《论关联企业破产之规制》,载《政治与法律》,2008 (9);施天涛:《关联企业的公司法调整》,载《政法论坛》,1998(6)。

②　参考但不限于以下文献:马兆瑞:《关联企业的避税行为及其防范》,载《现代经济》,2000(3);何启菲、刘厚兵:《关联企业间借款利息税前扣除政策分析》,载《涉外税务》,2009(6);陆明亮:《对关联企业转让利润偷逃税收问题的思考》,载《涉外税务》,1991(12);陈鹏:《谈关联企业的避税与反避税》,载《财会月刊》,1999(12);廖晓靖、刘念:《所得税优惠与关联企业转让定价的关系研究》,载《财经研究》,2000(1)。

③　在一些已有研究成果中虽涉及关联企业的劳动关系问题,但缺乏系统详细的阐述。如陈勇峰:《企业集团劳动关系及劳动者权益保护初探》,载《法学论丛》,2012(4);饶志静:《关联企业内劳动关系认定困境与解决路径》,载《江海学刊》,2015(5)。

④　时建中:《论关联企业的识别与债权人法律救济》,载《政法论坛》,2003(5);马军:《关联企业的法律属性》,载《理论前沿》,2009(20)。

⑤　参考但不限于以下文献:王天习:《关联企业的法律界定》,载《求索》,2003(1);吕亚芳、张峰:《关联企业的法律界定》,载《社会科学家》,2006(10);施天涛:《关联企业概念之法律透视》,载《法律科学》,1998 (2);王欣新、蔡文斌:《论关联企业破产之规制》,载《政治与法律》,2008(9)。

与企业集团等相关概念的区分,帮助社会大众更好地了解和认识关联企业。① 在分析关联企业的法律属性时,时建中教授认为关联企业主要具有以下四个方面的特征:关联企业是企业联合体的组成成员;各关联企业均具有独立的法律地位;关联企业之间存在着一定的经济利益联系纽带;关联企业之间存在直接或间接的控制关系或重大影响关系。② 该观点与大多数学者的观点大体相同,较无疑议。③ 在关联企业认定规则的论证上,通说认为应采纳"控制或重大影响"标准。④ "控制"是指能够决定一个公司的财务和经营政策,并可据此从该公司的经营活动中获取利益的状态。而"重大影响"是指对一个公司的财务和经营政策有参与决策的权力,但并不决定这些政策。⑤ 一言以蔽之,"控制"在于决定,而"重大影响"在于参与。

2. 通过规制关联企业间的交易行为,保护从属公司债权人、中小股东和利害关系人的合法利益。公司法学者通过研究控制公司责任机制,引入法人格否认理论赋予股东代位诉讼权以规制控制公司的不当行为,通过保护从属公司利益实现其间接保护从属公司中小股东和外部债权人利益的目的。⑥ 金融法学者通过对

---

① 依学者观点,企业集团是由若干具有独立法人地位的企业在统一管理基础上组成的经济联合组织。关联企业就是构成企业集团的成员企业,企业集团就是由若干关联企业组成的企业企业联合体或企业系统。参见黄保轩:《关联企业与企业集团辨析》,载《经济问题探索》,2003(10)。有关方面的文献尚有很多,如郑小勇 魏江:《Business Group、企业集团和关联企业概念辨析及研究范畴、主题、方法比较》,载《外国经济与管理》,2011(10);张国平:《关联企业的法律特征及其与企业集团的关系》,载《南京师范大学学报(社会科学版)》,2007(4)。

② 时建中:《论关联企业的识别与债权人法律救济》,载《政法论坛》,2003(5)。

③ 值得注意的是,时建中教授主张各关联企业具有独立的"法律地位"而非"法人地位"。这与相关学者的观点有所出入,但无疑,从发展的角度观察法律地位是对法人地位的继承和发展,顺应关系企业发展的客观需求,应与承认。

④ 参考但不限于以下文献:马军:《关联企业的法律属性》,载《理论前沿》,2009(20);张峰、吕亚芳:《谈关联企业的法律概念与认定判断》,载《财会月刊》,2007(7);张一鹏:《公司法关联企业认定规则之完善》,载《学术界》,2005(6);王天习:《关联企业的法律界定》,载《求索》,2003(1)。

⑤ 张一鹏:《公司法关联企业认定规则之完善》,载《学术界》,2005(6)。

⑥ 参考但不限于以下文献:施天涛:《对从属公司债权人的法律保护》,载《中国法学》,1997(1);王欣新、蔡文斌:《论关联企业破产之规制》,载《政治与法律》,2008(9);王勇:《"从属公司债权人保护"的法律体系构建——试析关联企业中特殊债权人问题》,载《河北法学》2004(8);杨宁:《试论破产关联企业债权人利益保护机制——以破产法第31~33条为视角》,载《黑龙江省政法管理干部学院学报》,2011(2);施天涛:《对从属公司及其少数股东利益的法律保护》,载《比较法研究》,1996(4)。

关联方交易信息披露的规制,实现利害关系人信赖利益的维护。① 税法学者主要通过对关联方业务往来行为的合理甄别,严防企业间利用关联关系实施避税行为,保障国家的税收。②

3. 开始关注关联企业引发的劳动法问题,但缺乏系统性论述,尤其是对关联企业从属劳动者合法权益保护的研究缺乏。与经济法其他子法域相比,劳动法领域研究关联企业的学者较少,成果也较为缺乏。对关联企业劳动法议题的研究尚处于起步阶段,且零散的研究尚未形成此类问题的研究焦点。从现有研究取得的成果来看,大多停留在提出问题或就具体审判实务问题予以探讨而未能就关联企业的劳动者保护问题予以系统性分析和论证。③ 陈勇峰在其《企业集团劳动关系及劳动者权益保护初探》(载《法学论丛》2012 年第 4 期)一文中对该问题做了较为系统的论述。通过对德国、美国和英国三国立法经验的介绍,提出其关于企业集团劳动关系的立法建议。应该说,积极意义明显。但是,也应当看出其文章的不足。表现在作者并没有系统的比较甄别域外有关企业集团劳动关系的研究成果,也未能就三国的立法现状和实务经验予以系统分析和论证,提取素材较为简略,结论也难以令人信服。

4. 其他方面,主要涉及劳动法适用范围和用人单位概念的研究。劳动法律所规定的"用人单位"并非概念而是一种类型,对用人单位的研究也不如劳动者深入。通说认为"用人单位"是依法成立且具有用人权利能力及用人行为能力,能对

---

① 参考但不限于以下文献:余保福:《关联企业制度与银行信贷风险的控制和监管》,载《金融论坛》,2004(10);林跃武等:《隐性关联企业贷款风险的观察与思考》,载《金融论坛》,2008(9);姚远:《关联企业信贷风险的防范和控制》,载《新金融》,2004(11);陈晨:《关联企业综合授信的风险管理》,载《浙江金融》,2004(1)。

② 参考但不限于以下文献:杨斌:《关联企业转让定价及调整方法概述——美国和 OECD 转让定价规制比较研究之一(上)》,载《涉外税务》,2001(10);杨斌:《关联企业转让定价及调整方法概述——美国和 OECD 转让定价规制比较研究之一(下)》,载《涉外税务》,2001(11);马兆瑞:《关联企业的避税行为及其防范》,载《现代财经》,2000(3);王国海、周殊:《外商投资企业利用关联企业转移利润的四种形式》,载《财会月刊》,1993(9);李砚海:《刍议关联企业税务管理》,载《涉外税务》,2010(3);陈艳利:《关联企业转移定价的税务规制》,载《财政研究》,2006(5)。

③ 参考但不限于以下文献:王伟伟、陆桑榆:《关联企业员工调动是否需要支付经济补偿金》,载《中国劳动》,2014(5);向春华:《劳动者在关联企业间的工作年限应否合并计算》,载《中国社会保障》,2013(11);王保林:《如何确定关联企业双倍工资赔偿责任》,载《中国劳动》,2012(3);刘芳:《关联企业混淆劳动关系的甄别》,载《中国劳动》,2014(11);郭文龙:《关联企业与劳动者之间的劳动关系如何认定》,载《中国劳动》,2010(11)。

劳动者承担义务的社会组织[①]。对"用人单位"概念,批评者众多。例如,常凯、郑尚元、谢增毅等人认为用人单位这一概念强调的是"单位",是我国计划经济劳动关系在劳动法学中的反映,概念本身并不周延。[②] 而支持者认为,"用人单位"概念对于我国劳动法的基本理论架构、立法实践和操作以及学科发展和劳动法制变革都具有极其重要的意义,如董保华、秦国荣等人。[③] 针对我国劳动法律上"用人单位"概念的独创,学者们认识到该种封闭式的立法规定对劳动者的保护范围有限,但如何改造这一概念以回应经济发展现实,深究者较少。社会化大生产和分工的日益细化,引发劳动法的适用困惑。例如,董保华认为新型市场经济组织不是劳动法意义上的合法用工主体,其劳动用工行为也难以受到劳动法的调整和保护。[④] 谢增毅指出应通过"从属性"来判断劳动关系是否成立,以及当事人是否适用劳动法。[⑤] 亦有部分学者从研究具体问题出发,提出了对关联企业适用劳动法的若干思考。[⑥]

我国传统的劳动立法逻辑是以"用人单位"为中心,确定劳动关系和劳动者。国内的研究文献表明学者们已认识到我国传统用人单位概念和劳动法适用范围的缺陷,并积极探索回应劳动法的挑战。但是,受功用主义误导和合同相对性理论束缚,鲜有人从用人单位而非劳动者视角,审视劳动法律的立法逻辑,对用人单位概念和劳动法适用范围予以重新思考并展开系统论证。解释论和规制论较多,存在法理释义不明,得出结论不一。可见,学者们较多停留在传统劳动法适用范围的框架内进行解释论研究,鲜有真正意义上的体制机制变革举措。如上,受功用主义影响和合同相对性理论束缚,对关联企业形色复杂的劳动法问题予以简单化违法用工规制思考,人为缩小劳动法律关系内容且对劳动法上的责任主体、责

[①] 李景森、王昌硕主编:《劳动法学》,42~46 页,北京,中国人民大学出版社,1996。

[②] 常凯主编:《劳动法》,110~112 页,北京,高等教育出版社,2011;郑尚元:《劳动合同法的制度与理念》,65~66 页,北京,中国政法大学出版社,2008;谢增毅:《劳动关系的内涵及雇员和雇主身份之认定》,载《比较法研究》,2009(6)。

[③] 董保华、邱婕:《论劳动法主体的界定》,载董保华主编:《劳动合同研究》,57 页,北京,中国劳动社会保障出版社,2005;秦国荣:《劳动法上用人单位:内涵厘定与立法考察》,载《当代法学》,2015(4)。

[④] 董保华、邱婕:《论劳动法主体的界定》,载董保华主编:《劳动合同研究》,57 页,北京,中国劳动社会保障出版社,2005。

[⑤] 谢增毅:《劳动关系的内涵及雇员和雇主身份之认定》,载《比较法研究》,2009(6)。

[⑥] 饶志静:《关联企业内劳动关系认定困境与解决路径》,载《江海学刊》,2015(5);郭文龙:《关联企业与劳动者之间的劳动关系认定》,载《中国劳动》,2012(11)。

任性质和责任承担方式等内容缺乏理论逻辑推演,造就司法矛盾。究其原因,学界和实务界并没有把握关联企业劳动关系的本质属性,仍旧以非劳动法视角研究关联企业的劳动者保护问题。与此同时,对劳动法上基本概念的思考和若干具体制度的调适仍未脱离传统劳动立法逻辑的窠臼,影响劳动法制变革的体制机制顽疾无法得到根本性破除,劳动法治能力无法显著提升。总而言之,国内对关联企业劳动者保护问题的研究成果较少,而且不够深入。

二、国外研究现状

域外对关联企业劳动者保护问题的研究开展较早,研究较为成熟,但仍有争议。[①] 各国植根于自身的文化背景和立法传统表现形式异同,但是在基本价值取向上仍有共同点。不论是德国的关系企业立法模式、英美的刺穿公司面纱理论还是法国的事实董事说,其目的都在合理调整法律与现实上的冲突以具体解决现实经济现象带来的利益失衡问题。[②] 均是寄希望于已有研究成果的机械植入辨明关联企业违法用工的责任主体,选择性忽视对关联企业劳动关系本身的关注。[③] 域外各国功利主义的"拉郎配"做法缺乏对关联企业劳动关系法律规制的逻辑推演,制度实效有限。除此之外,域外针对雇主概念和劳动法适用范围的研究开展较早,成果也比较丰富,能为我国类似问题的研究提供一定的启示。

通过相关资料的搜集整理,发现域外对关联企业劳动者保护相关问题的研究成果主要表现在如下几方面:

1. 采取"实质企业说",赋予法定条件下的关联企业整体以劳动者雇主资格,

[①] 在理论依据上存在"实质企业说"、"法人格实体说"、"法人格否认说"、"刺穿公司面纱理论"和"事实董事说"等具体理论指导上的争议。

[②] Jose Engracia Antunes, *Liability of Corporate Groups. Deventer Boston*, Kluwer Law and Taxation Publishers, 1994, p. 319.

[③] See Sandra K. Miller, "Piercing the Corporate Veil Among Affiliated Companies in the European Community and in the U. S: A Comparative Analysis of U. S, German, and U. K", 36 Am. Bus. L. J. 73; Jose Engracia Antunes, *Liability of Corporate Groups*, Deventer Boston: Kluwer Law and Taxation Publishers, 1994, p. 319;王泰铨:《比较关系企业法之研究》,我国台湾地区"行政院科学委员会"2001年补助专题研究计划成果报告,第126页。

要求其承担雇主责任。[①] 实质企业说，即以企业主体理论取代传统上公司主体理论。该理论是由美国哥伦比亚大学教授 Berle 在 1947 年提出用于廓清"关联企业"的法律属性，该理论主张应考量关联企业的公司事实（Corporate-fact）与企业事实（Enterprise-fact）是否符合。如虽然法律上存在着许多实体，但是于经济上观察只有一个单一的企业实体，那么法院应该忽略法律上所肯定的个别独立实体，而改依经济上的事实认定所有法律上的实体为单一企业整体，于对外只有一个法人格。[②] 英国学者称其为"单一经济个体理论"（The single ecomomic unit argument），[③]但与上述学者的观点基本相似，均在于将关联企业之子公司视为整体经济单元的一部分对待。德国劳动法学说上结合雇员的概念，提出了"类似雇员"的概念，对不具有人格从属性仅具有经济从属性但存在与一般雇员类似保护社会需求的人也予以一定程度的劳动法保护。[④] 如为某一集团内部的不同企业工作的人也被视为在同一家机构工作。日本学者在研究控股公司所引发的劳动法问题时其中一条处理思路即为引入实质的单一企业理论，以期寻求较能合理诠释"跨法人格劳动关系"的理论架构。[⑤]

2. 采取法人格实体理论观点，通过规范控制公司行为以保护雇员利益。[⑥] 该

---

① Robert W. Hamilton，"The Corporate Entity"，49 Tex. L. Rev，1971. p. 979；Philip I. Blumberg，"The Incresing Recognition of Enterprise Principles in Determining Parent and Subsidiary Corporation Liabilities"，28 Conn. L. Rev. 295；Philip I. Blumberg，"Limited Liability and Corporate Groups"，11 J. Corp. L. 573，605（1986）；Phillip I. Blumberg，"The Multinational Challenge to Corporation Law：The Search for a New Corporate Personality"，（1993）；Kyle M. Bacon，"The Single Business Enterprise Theory of Louisiana's First Circuit：An Erroneous Application of Traditional Veil-Piercing"，63 La. L. Rev. 75（2002）；刘志鹏：《控股公司、关系企业——劳动法的新课题》，载《律师杂志》，（291）；陈建文：《控股公司所引发之劳动法议题初探》，载《律师杂志》（291）。

② Adolf A. Berle，Jr，The Theory of Enterprise Entity，47 Colun. L. Rev. 343(1947)。

③ Gower's principle of modern company law1997，pp. 166-170。

④ ［德］曼弗雷德·魏斯、马琳·施密特：《德国劳动法与劳资关系》，倪斐译，44 页，北京，商务印书馆，2012。

⑤ 陈建文：《控股公司所引发之劳动法议题初探》，载《律师杂志》，（291）。

⑥ Jose Engracia Antunes，Liability of Corporate Groups. Boston：Kluwer Law and Taxation Publishers，1994，p. 319；HC. Hamilton&J. R. Alexander，The Law of Corporations § 152(2rded)，1983，p. 370；Baker&McKenzie，Single European Market Reporter，Companies，Oct. 89，p. 3-13；Geoffrey Fichew，Groups of Companies in the EEC：a Surey Report to the European Commission on the Law relating to Corporate Groups in various Member States，Berlin，New York，1993，p. Ⅵ；Edasterbrool，Fischel，"Limited Liability and the Corporaion"，（1985）52 U. Chi，L. Rev. 89，110-111。

理论学者严格遵守法人格独立理论,认为关联企业经济现象的存在不应该有损关联企业各成员法人格彼此的独立性,否则对公司有限责任原则即会造成难以弥补的损失且有碍现代经济的正常运营。学者们进一步研究认为,法律仅需要明文规范控制公司对从属公司控制权的行使范围,对控制公司不当行使控制权的行为予以规制并就利益损害提供补偿或赔偿即可。① 德国法上通说认为与雇员订立劳动契约的相对人始为雇员的雇主,单纯的经济上或企业经营上的控制权限并不足以影响子公司在法律上仍然拥有独立的法人格。与此同时,为解决控制公司不当行使控制权导致从属公司及利害关系人权益受损问题,德国法上规定了利益补偿规则,亦通过引入法国事实上董事理论赋予控制公司承担违反董事忠实义务的责任。德国实务上近来亦采取回归民法之侵权责任为基础而产生的存续消灭责任,以解决控制公司的责任承担问题。② 与德国上述观点相似,在法国、日本、美国和英国亦有部分学者持此观点。③

3. 采取"法人格否认说",英美法上称之为"刺穿公司面纱理论",④即原则上承认关联企业各成员的法人格独立,于例外情况下予以否认被控制公司的法人格

---

① Edasterbrool/Fischel, "Limited Liability and the Corporaion", (1985)52 U. Chi, L. Rev. 89, 110-111; Jose Engracia Antunes, *Liability of Corporate Groups*, Boston: Kluwer Law and Taxation Publishers, 1994, p. 319.

② 洪秀芬:《从德国事实上关系企业之控制企业责任法制反思我国控制公司责任规范》,载《东吴法律学报》,2013(2)。

③ See Schane, The Corporation is a Person: The Language of a Legal Fiction, 61 TUL. L. REV. 563, 563 (1987); Takashi Araki, A Comparative Analysis: Corporate Governance and Labor and Employment Relations in Japan, 22 Comp. Lab. L. &.Poly J67; Frank H. Easterbrook &. Daniel R. Fischel, Limited Liability and the Corporation, 52 U. Chi. L. Rev. 89, 89 (1985);刘连煜:《控制公司在关联企业中法律责任之研究》,载《律师通讯》,(173);王松柏:《劳动法上合意终止契约调职、同时履行抗辩权与雇主不依契约给付报酬之认定与通用问题之研究》,载《东吴大学法律学报》,2013(2)。

④ 英美法也称为刺穿公司面纱原则(Piercing the Corporate Veil)。

使非雇主之关联企业承担雇主责任。[①] 此观点得到了大多数学者的支持,学者们的研究重点也从单纯论证其是否合理而转向对法人格否认制度具体适用因素的考量上。如,美国一部分学者研究认为应以诈欺、不公平、虚伪陈述等作为揭穿公司面纱的一般标准,[②]但亦有部分学者坚持认为"滥用"才是该原则适用的唯一标准。[③] 有关刺穿公司面纱原则的适用条件英国制定法上主要规定了如下因素:公司股东人数不足、[④]诈欺或重大过失之经营、[⑤]公司名称之滥用以及不适任董事之聘雇[⑥]和关于公司行为之隐名代理[⑦]。但是,这并不意味着英国适用刺穿公司面纱原则毫无限制。相反,法院认为上述标准并不明确,司法持较为保守态度。可以说,英国在判决揭穿公司面纱原则的适用条件方面较美国司法实务更为保守。[⑧] 德国法上虽然原则上认为雇主即是与劳工缔结劳动契约的相对人,但于例外情况下法院得依据法人格否认制度,遂行"直索责任"以解决控制公司的责任问

---

① See Sandra K. Miller, Piercing the Corporate Veil Among Affiliated Companies in the European Community and in the U. S: A Comparative Analysis of U. S, German, and U. K. Veilpiercing Approaches, 36 Am. Bus. L. J. 73; Sandra K. Miller, Minority Shareholder Oppression in the Private Company in The European Community: A Comparative Analysis of The German, U. K. and French Close Corporation Problem, 30 CORNELL INT'L L. J. 381 (1997); Robert B. Thompson, Piercing The Corporate Veil: An Empirical Study, 76 CORNELL L. REV. 1036, 1036 (1991); Carston Alting, Piercing The Corporate Veil in American and German Law-Liability of Individuals and Entities: A Comparative View, 2 TULSA J. COMP. & INT'L L. 187, 199 (1984); William Hoffman Pincus, Piercing The Corporate Veil In Maritime Cases, 28 J. MAR. L. & COM. 341 (1997).

② 美国法上揭穿公司面纱原则的理论基础主要包含:工具理论、代理理论、分身理论和集团企业责任理论。值得注意的是美国有关控制公司在关系企业中法律责任的理论除了刺穿公司面纱理论外,学者们尚提出责任准备说、责任转换说和无限责任说等观点。

③ See Stephen B. Presser, The Bogalusa Explosion, "Single Business Enterprise", "Alter Ego", and other Errors: Academics, Economics, Democracy, and Shareholder Limited Liability: Back Towards a Uuitary "Abuse" Theory of Piercing the Corporate Veil, 100 Nw. U. L. Rev. 405; Stephen M. Bainbridge, Abolishing Veil Piercing, 26 J. Corp. L. 479, 535 (2001); Thompson, Piercing the Corporate Veil: An Empirical Study, 76 Cornell L. Rev. 1036 (1991).

④ 参见英国《公司法》第 24 条。

⑤ 参见英国《破产法》第 213～215 条。

⑥ 参见英国《破产法》第 216～217 条。

⑦ 参见英国《公司法》第 349 条。

⑧ See Sandra K. Miller, Piercing the Corporate Veil Among Affiliated Companies in the European Community and in the U. S: A Comparative Analysis of U. S, German, and U. K. Veilpiercing Approaches, 36 Am. Bus. L. J. 73.

题,适用条件亦与英美趋同。① 日本学者研究认为法人格否认应适用于法人形骸化和法人格被滥用两种情形。在存在上述控制公司滥用公司法人制度设立子公司或利用既存子公司之情况下,控制公司应对子公司之劳动债务负连带清偿责任。同时日本在规制雇主不当劳动行为上亦引入公司法人格否认理论,以提供劳动者充分的保护。② 法国事实上董事理论与英美之揭穿公司面纱原则具有相同的立法趣旨,但是在适用条件上挣脱了揭穿公司面纱原则的理论桎梏,以事实上董事的观点为认定标准,直接处理母公司干涉子公司经营的问题。法国学者通过对其事实上董事理论的研究,认为关联企业之母公司若介入子公司与其职员的关系时,则母公司的责任即应成立。与此同时,母公司应与子公司对子公司职员的劳动债务负连带清偿责任,此种情况下母公司并无免责抗辩的权利。③

4. 针对雇主和劳动法适用范围的研究。国外对雇主概念的定义主要有三种方式:其一,内涵界定法,采用非此即彼的反推方法,即雇员的另一方即是雇主,如德、加;其二,外延界定法,有正面列举也有反面排除,如,美、日;其三,内涵加外延界定法,用内涵来防止外延遗漏,用外延防止内涵不确定,如,新加坡等国。国外透过法人格形骸化理论与功能性雇主概念适用以扩张雇主概念和责任。④ 学者们研究虽认识到雇主概念和责任扩张趋势,但较多停留在对雇主行为的规制论上,且缺乏统一标准引发适用争议。⑤ 国外对劳动法适用范围的规定也主要存在三种模式:其一,列举规定模式,范围宽窄不一,如日本;其二,全面适用模式,仅例外排除某些劳动者或行业适用,如韩国和新加坡;其三,分别规定模式,各单行法

---

① See Carston Alting, Piercing The Corporate Veil in American and German Law-Liability of Individuals and Entities: A Comparative View, 2 TULSA J. COMP. & INT'L L. 187, 199 (1984); Sandra K. Miller, Piercing the Corporate Veil Among Affiliated Companies in the European Community and in the U. S: A Comparative Analysis of U. S, German, and U. K. Veilpiercing Approaches, 36 Am. Bus. L. J. 73.

② 参见昭和 45 年仙台工程公司案。日本昭和 61 年修正商法草案第 14 条建议:控制股东须对子公司之劳动债务负直接清偿责任。转引自王泰铨:《比较关系企业法之研究》,我国台湾地区"行政院科学委员会"2001 年补助专题研究计划成果报告,第 161 页。

③ 刘连煜:《控制公司在关联企业中法律责任之研究》,载《律师通讯》,(173);王泰铨:《比较关系企业法之研究》,我国台湾地区"行政院科学委员会"2001 年补助专题研究计划成果报告,第 126 页。

④ 例如,美国司法早已承认多重雇主概念,且明确共同雇佣情形;德国法上提出"双重劳动关系"理论;日本藉由法人格否认理论扩张雇主概念。同时,美国法上"刺穿公司面纱原则"、日本法上"法人格否认理论",以及德国法上"穿透责任理论"即是雇主责任扩张的重要尝试。

⑤ 正如日本学者荒木尚志和菅野和夫所言,比起请求确认劳动关系存在,请求一次性金钱给付的要件可宽松一些。

所保护对象和适用范围各自规定,如德国。国外研究认为"跨法人格劳动关系"诱发传统劳动法的适用困惑,从扩张雇主责任或重构劳动法适用范围角度寻求妥善解决。① 可见,各国学者们研究认可了现代劳动关系发展对传统劳动法适用范围的挑战,劳动法适用范围的调整应是必须,但遵循何种路径改造尚无统一认识。

5. 对关联企业与劳动者权益保护具体问题的研究。② 包含对关联企业的定义、关联方式和认定规则等基本问题的研究,以准确界定什么是关联企业;对关联企业调职问题的研究,以解决与调职相关的劳动者保护问题;对关联企业集体协商问题的研究,以保障关联企业旗下劳动者集体协商权利的落实等问题。

综上,国外对关联企业劳动关系问题的研究比较充分。劳动法学者从劳动法视角研究关联企业的劳动者权益保护问题,而商法学者则从公司法视角研究关联企业的劳动法问题。各国经验表明对因关联企业引发的劳动法问题从不同视角予以不同分析,差异一定会有,但只有这样才能找到劳动者保护的最佳路径。遗憾的是,在此问题上各国并没有形成明确定论,研究成果虽然颇丰,但在具体问题的处理上相关规则并不完全统一。与此同时,域外各国受法律功利主义思想作用,针对关联企业的引发的雇主概念争议、劳动关系认定问题以及法律责任性质不明等核心问题缺乏持久论证与逻辑推演。

究其原因,受经济发展程度和外部竞争环境影响,各国对是否以及如何提供关联企业劳动者权益保护的态度迟疑不一。担心过高的保护水平会增加企业的用工成本,削弱用人单位企业的竞争力。尤其是在经济全球化背景下关联企业是一国参与对外竞争的主要组织形式,减缩关联企业的用工成本是提高其参与对外竞争能力的重要助力。在上述古典经济学理论影响下关联企业涉劳动法议题愈

---

① 例如曼弗雷德·魏斯和马琳·施密特结合传统"雇主"的概念,提出了"类似雇员"的概念以扩大劳动法保护范围;Jeremias Prassl 认为应借鉴功能性雇主概念重塑劳动法适用范围;日本学者中岛正雄研究认为,对于集团劳资关系中雇主判断采扩张雇主概念理论,在个别劳动关系里采默示的劳动契约论。

② Phillip I. Blumberg, Control and the Partly Owned Corporation: A Preliminary Inquiry into Shared Control, 10 Fla. J. Int'l L. 419; John Scott, Corporate Groups and Network Structure in Corporate Control and Accountability 291, 302; Krasnow, Corporate Interdependence: The Debt and Equity Financing of Japanese Companies, 24 Cal. W. Int'l L. J. 55, 58 (1993); Phillip I. Blumberg, The Corporate Entity in an Era of Multinational Corporations, 15 Del. J. Corp. L. 283; Ben Marsh, Corporate Shell Games: Use of the Corporate from to Evade Bargaining Obligations, 2 U. Pa. J. Lab. & Emp. L. 543;黄馨慧:《日本调职法理的形成与发展》,载我国台湾地区"劳动法学会"编:《劳动法裁判选辑(三)》,103 页,台北,元照出版公司,2000。

加动态复杂,对关联企业从属劳动者权益保护问题的研究日益紧迫。除此之外,国外研究文献表明劳动关系的发展变迁促使劳动法适用范围调整应是必然,但遵循何种路径调整尚无统一认识。国外对雇主概念和责任扩张的研究也取得了丰富成果,能够为我国类似问题研究提供借鉴。同时,国外对雇主概念的研究是以雇主责任扩张为背景展开的,该种研究思路对我国具有重要的启示意义。

第三节　研究创新点

"学术研究的本质在于学术创新。科学研究者从事学术研究的目的归根结底是要形成有别于前人的创新性学术观点或理论。"①可见,创新是学术研究的生命之源。本书在以下方面存在创新:

1. 研究视角创新。从劳动法视角对关联企业引发的劳动者保护问题展开研究,结合其他部门法领域对关联企业已有的研究成果对关联企业这一法律术语的内涵和外延予以劳动法解读。深入分析关联企业对劳动关系主体和内容,以及从属性标准的影响。系统研究和论证关联企业劳动者权益保护具体问题,并针对性提出对策和解决措施。

2. 用关联企业理论补充传统劳动法理论的不足并予以理论证成研究。通过分析关联企业性质的理论基础,将企业主体理论引入劳动法上以补充传统从属性标准的适用。依循企业主体理论之基本观点,借鉴综合企业标准对关联企业整体和关联企业内设机构的用人单位资格予以具体分析。在此基础上,提出关联企业劳动关系认定的可行路径。对劳动法上的用人单位概念予以创造性释义,回应新经济新业态新模式对劳动法适用带来的挑战。

3. 提出了构建关联企业用人单位连带责任制度的设想并展开涉及论证。依循关联企业参与用工的现实状况,分别就关联企业整体的用人单位责任和关联企业内部分成员间的用人单位连带责任予以具体设置。除此之外,劳动法上的用人单位责任应分别由与劳动者建立劳动关系的关联企业各成员独立承担。以廓清关联企业劳动关系迷雾为核心,完善劳动法上的用人单位责任并予以具体承担方

---

① 刘燕青:《创新性学术观点或理论形成的可能路径和方式》,载《长安大学学报》(社会科学版),2009(2)。

式考量,自有严密的逻辑推演。

4. 对关联企业引发劳动者保护问题提出有效的应对措施并针对性完善制度研究。针对关联企业的调职问题,分别从调职权合法性依据和行使的合理性审查两方面予以法律规制思考。针对关联企业的劳务派遣用工问题,主张应予以全面禁止。针对关联企业的混同用工问题,主张应重点关注劳动者在关联企业内的均等待遇落实情况。具体包含,劳动者无固定期限劳动合同的签订、关联企业规章制度的适用效力和劳动条件的保护等方面内容。针对关联企业内用人单位主体变动后的法律效果,主张应就其引发的劳动关系情况予以具体评判以实现劳动者的存续保障。

5. 立足国情,研究推动劳动法治理体系和治理能力现代化。本研究旨在从推进国家治理体系和治理能力现代化大局出发,审视并纠正传统劳动立法逻辑的缺憾,从创新治理机制法律配置角度寻求关联企业劳动关系劳动法治理的有效路径。本研究立足国情,以破除劳动法制变革体制机制顽疾为目标,利于凝聚改革共识推动我国劳动关系市场化、契约化和法治化进程。

第一章 关联企业劳动者权益保护基本问题

本章首先梳理国内外有关关联企业或关联关系的既有成果,探究劳动法语境下关联企业概念的内涵和外延。在此基础上,就关联企业对劳动关系的影响从劳动关系主体和内容两方面予以分别阐释。最后,运用实证分析法归纳整理出关联企业劳动者权益保护的具体问题以明确研究主题。

第一节 关联企业的劳动法界定

一、关联企业的一般界定

关联企业有广义、狭义之分。广义的关联企业,泛指一切与他企业之间具有控制关系、投资关系、业务关系、人事关系、财务关系以及长期业务合作关系等利益关系的企业。狭义的关联企业,是指与他企业之间存在直接或间接控制关系或重大影响关系的企业。[①] 在法学领域关联企业并非陌生概念,通过已有立法的文本梳理便于系统掌握关联企业的一般规定。

(一)我国部门法上的实践

1. 商法

商法领域有关关联企业的直接或间接法律规范主要体现在《公司法》和《上市公司章程指引》等法律法规的具体条文中。[②]《公司法》上没有明确规定关联企业

---

① 时建中:《论关联企业的识别与债权人法律救济》,载《政法论坛》,2003(5);马军:《关联企业的法律属性》,载《理论前沿》,2009(20)。

② 参见《公司法》第216条、《上市公司章程指引》第192条。

的概念,而是就关联关系、控股股东和实际控制人等相关术语予以法律界定。依条文规定:控股股东,是指其出资额占有限责任公司资本总额50%以上或者其持有的股份占股份有限公司股本总额50%以上的股东,或出资额或者持有股份的比例虽然不足50%但依其出资额或者持有的股份所享有的表决权已足以对股东会、股东大会的决议产生重大影响的股东。实际控制人,是指虽然不是公司的股东,但通过投资关系、协议或者其他安排能够实际支配公司行为的人。关联关系,是指公司控股股东、实际控制人、董事、监事、高级管理人员与其直接或间接控制的企业之间的关系,以及可能导致公司利益转移的其他关系。2014年证监会修订的《上市公司章程指引》对控股股东、实际控制人和关联关系概念的法律界定与《公司法》规定的内容相同。

基于上述判断,商法领域的相关立法并没有对关联企业的概念做出明确的法律规定。但是,通过其相关法律条款对"关联关系"的界定,可以帮助厘清关联企业的内涵。依循上述法律条文的分析,商法领域将"关联关系"界定为"直接或间接的控制关系或导致利益转移的其他关系",并明确规定以50%以上持股比例或具有重大影响的表决权作为确认关联关系的形式标志。是以,可以将商法上的关联企业定义为具有控制从属关系或导致公司利益转移的其他关系的企业。

2. 经济法

经济法涵盖子部门法较广。其中,涉及关联企业或关联关系内容的规定主要在税法、金融法和竞争法等有关法律文本中。

(1) 税法

税法中涉及关联企业的直接或间接规定,主要体现在《企业所得税法》《企业所得税法实施条例》《税收征收管理法》《税收征收管理法实施细则》和《国家税务总局关于修订〈关联企业间业务往来税务管理规程〉的通知》等法律条文中。[①] 依规定,具有下列关系之一的企业、组织或个人被认为构成关联企业。包含:在资金、经营、购销等方面,存在直接或者间接的拥有或控制关系;直接或者间接同为第三者所拥有或控制;在利益上具有相关联的其他关系。与此同时,《国家税务总局关于修订〈关联企业间业务往来税务管理规程〉的通知》第1章通过对直接或间

---

① 参见《中华人民共和国企业所得税法》第41条、《中华人民共和国企业所得税法实施条例》第109条、《中华人民共和国税收征收管理法》第36条、《中华人民共和国税收征收管理法实施细则》第51条和《国家税务总局关于修订〈关联企业间业务往来税务管理规程〉的通知》第1章。

接拥有或控制关系的具体细化以认定是否构成关联企业。

通过对相关条文的法律解读,可以发现税法上对关联企业的规定也主要通过对"关联关系"的界定以认定不同企业是否构成关联企业。但是与商法不同,税法中对"关联关系"范围的界定更加具体,将包含控制从属关系和人事、财务、投资、亲属等方面的利益关系均包含在内。

(2) 金融法

与上述部门法规定相似,金融法领域的立法也并没有对关联企业的概念做出直接且明确的法律界定,但是可以透过相关法律规范对"关联方"的界定一窥端倪。[①] 依规定,关联方是指一方控制、共同控制另一方或对另一方施加重大影响,以及两方或两方以上同受一方控制、共同控制或重大影响。也就是说,透过对"控制和重大影响关系"的界定作为判断是否构成关联方的标准。与此同时,一些条文对"控制和重大影响"亦做出了明确的法律界定。控制,是指有权决定一个企业的财务和经营决策,并能据以从该企业的经营活动中获取利益。共同控制,是指按照合同约定对某经济活动所共有的控制,仅在与该项经济活动相关的重要财务和经营决策需要分享控制权的投资方一致同意时存在。重大影响,是指对一个企业的财务和经营决策有参与决策的权力,但并不能够控制或者与其他方一起共同控制这些政策的制定。为进一步帮助厘清对关联方的判断,在符合上述"控制和重大影响"标准的前提下法律亦采用例举式规定对一些具体情形予以明确。实践中,下列各方构成关联方。包含:母子公司、受同一母公司控制的企业、共同控制和施加重大影响的投资方、合营企业、联营企业、企业的主要投资者个人和关系密切的家庭成员、企业或母公司的关键管理人员及其关系密切的家庭成员以及上述人员控制、共同控制或施加重大影响的企业。[②] 基于此,金融法领域对"关联关系"的界定应主要就"控制或重大影响关系"而言的。

(3) 竞争法

竞争法中并没有明确规定关联企业的法律条文,但一些法律规范被认为是界定关联关系的间接条款。2007 年颁布实施的《反垄断法》对经营者集中做出如下规定:[③]经营者集中,是指经营者合并、经营者通过取得股权或者资产的方式取得

---

① 参见《企业会计准则第 36 号——关联方披露》第 3 条、第 4 条、第 5 条和第 6 条。
② 参见《企业会计准则第 36 号——关联方披露》第 4 条。
③ 参见《中华人民共和国反垄断法》第 20 条、第 22 条。

对其他经营者的控制权或经营者通过合同等方式取得对其他经营者的控制权或者能够对其他经营者施加决定性影响。必须明确,该条的立法价值主要在于通过对经营者集中的法律规制,要求法定情形下的经营者集中事先申报以维持市场竞争的有序开展,保障市场自由充分竞争。但是通过对该条文的法律解读,可以发现判断经营者集中的核心标准在于"控制和重大影响"标准,并进一步明确"控制和重大影响"应可以通过合并、股权、资产和合同等具体方式获得。结合上文分析,对经营者集中的判断标准应与我国相关部门法中有关关联企业或关联关系的规定内容基本相同。基于此,可以认为经营者集中是关联企业的一种具体实现途径。

通过法律文本梳理,发现现阶段我国对关联企业的立法主要集中在商法、金融法、税法和竞争法等法律部门。上述立法从不同视角对关联企业或关联关系的概念、特征和认定规则作出了规定,并通过规制关联企业的交易行为,保护从属公司债权人、中小股东和利害关系人的利益。如商事立法主要在于控制关联方交易,保护公司外部债权人和中小股东的利益;①税收类立法主要通过确定关联企业间业务往来公平正常的交易额,对不按独立企业间业务往来收取或支付价款、费用、而减少应税收入或应纳税所得额的,依法进行调查、审计并实施纳税调整工作,以防止企业间利用关联关系偷、漏税行为的发生,保障国家的税收;②金融领域的立法主要通过对关联方交易信息披露的规制,实现利害关系人信赖利益的维护;③竞争法领域有关关联企业的间接条款集中体现在对经营者集中的法律规制上,以防止关联企业不当集中实施垄断行为损害市场竞争的有序开展,保护其他经营者和消费者的合法权益。④

总而言之,现阶段我国相关部门法中有关关联企业或关联关系的直接条款和间接条款不在少数。虽然受部门法价值取向制约在具体规定上或有差异,但通识在于关联企业是指具有"控制或重大影响关系"的企业。依立法逻辑分析,"控制

---

① 参见《公司法》第216条、《上市公司章程指引》第192条。
② 参见《企业所得税法》第41条、《企业所得税法实施条例》第109条、《税收征收管理法》第36条、《税收征收管理法实施细则》第51条和《国家税务总局关于修订〈关联企业间业务往来税务管理规程〉的通知》。
③ 参见《企业会计准则第36号——关联方披露》第3条、第4条、第5条和第6条。
④ 参见《中华人民共和国反垄断法》第20条。

或重大影响关系"应为界定关联关系的核心标准,并通过对关联关系的界定实现关联企业的认定。在此基础上,通过对关联企业交易行为的法律规制或引入"公司法人格否认制度"要求控制公司对被控制公司的债务承担责任,保护被控制公司相关利害关系人的合法权益能够得到维护。

(二)国外对关联企业的界定

国外对关联企业的研究开展较早,成果亦较为丰富。但受立法传统文化不同国情差异影响,域外对关联企业的概念也并没有形成统一认识。相关国家和地区的立法实践经验表明,各国主要通过对关联关系的界定以实现对关联企业性质认识的廓清。

美国法上针对关联企业的法律规定主要集中在其各州的立法文本中,联邦成文法鲜有就关联企业的统一立法。[①] 各州立法中也并没有对关联企业的概念予以统一定义,主要通过对"控制关系"的界定实现关联企业的认定。与此同时,美国判例法中法院在认定是否构成关联企业时通常以"对他公司持有过半数股权而实际控制他公司"为认定标准。但上述"过半数股权"的判断过于绝对,司法实践中难以准确把握。因而,司法法院在随后的判例法发展中比较倾向于采纳通过对企业间实质关系的判断,以事实上是否具有"控制关系"作为关联企业的认定标准。[②] 美国学者研究认为,所谓"控制"应是指有能力主导子公司董事的选举以及借此获取子公司业务经营能力的权能而言。[③] 是以,美国法上主要以"实质控制关系"作为界定关联关系的标准。并明确指出股份控制并不是承认关联关系的基础,实践中应结合企业间经济交往的相互关系、财务和管理的关系、人事关系、决策制定等诸方面因素综合考量企业与另一企业间是否存在实质控制力为标准以界定关联关系的有无。[④] 与此同时,针对关联企业的责任问题,美国法上主要通

---

① 在美国,一些联邦特别立法中亦有被认为是关联企业的规定,如美国内地税法中规定,两个以上之营业组织为同一权益团体所直接或间接持有或控制者,得以对团体间交易收入的费用予以纳税调整。参见《美国内地税法》第 482 条。

② John Scott,"Corporate Groups and Network Structure in Corporate Control and Accountability",291,302(1993).

③ Phillip I. Blumberg,*The Law of Corporate Groups:Procedure Problems in the Law of Parent and Subsidiary Corporations*,1983,pp.30-37.

④ Phillip I. Blumberg,"Control and The Partly Owned Corporation:A Preliminary Inquiry Into Shared Control",10 Fla. J. Int'l L. 419.

过刺穿公司面纱原则、深石原则和控制股东忠实义务原则的适用,实现对从属公司外部债权人和少数股东合法权益的保护。[①]

德国法上有关关联企业的立法规定,主要集中于其 1965 年《股份法》的相关条文中。依企业间结合基础的不同,该法主要将关联企业分为事实上关联企业和契约上关联企业两类。事实上关联企业是指,以股权或表决权的参与作为结合基础而形成的关联企业,包含多数参与企业和被多数参与企业、从属企业和控制企业、关系企业及其分子企业、相互参与企业。契约上关联企业,是指以企业契约的订立为结合基础而形成的关联企业,在契约的具体类型上主要包含控制契约、盈余输纳契约、部分盈余输纳契约、盈余共同体契约、营业租赁契约和营业委托经营契约。[②] 同美国法形似,德国法上亦倾向于通过对"控制或影响程度"的界定来判断企业支配力行使是否使相关企业至于统一领导管理之下,作为判断关联关系的核心标准。并通过对控制公司及其负责人责任的规制,以保障外部股东、债权人和利害关系人的利益不至于因控制公司行为遭受过多损害。

大陆法系德国法上关系企业的立法模式得到欧盟其他成员国的广泛借鉴,有关关联关系的界定标准也大抵相同。但在欧盟成员国法律移植的过程中,法国结合事实董事理论用以补充"实质控制"标准的适用对关联关系予以法律界定,并将其控制具体区分为单独控制、共同控制以及具有重大影响力三种形式。法国法上的实质控制观点认为,应以两公司资产业务是否密切结合,一公司是否事实上以另一公司董事的角色介入经营,而不论形式上是否担任任何职务。[③] 通过对相关条文的法律解读,在关联关系的界定上我国台湾地区亦采纳"实质控制"标准。与此同时,该法主要以持股比例为基准用以具体判断是否存在控制从属关系。进一步指出,上述判断应结合企业间人事和财务等方面的利益关系做出实质判断。

---

① "刺穿公司面纱原则,也称公司法人格否认制度,是指在关联企业中,从属公司基于关联企业整体利益而牺牲自身利益时,法院为保障从属公司债权人利益得以否认从属公司与股东为个别存在的主体,而要求控制公司及相关股东对公司债务负连带责任;深石原则,是指在从属公司破产时,控制公司为从属公司的债权人时,其债权受偿顺序应次于其他债权人或不被允许;控制股东忠实义务原则,是指在关联企业情形下,为保护从属公司的少数股东,控制公司应对从属公司和少数股东负忠实义务。"See H. C. Hamilton & J. R. Alexander, The Law of Corporation § 152 (2 red), 1983, p.370.

② 参见德国 1965 年《股份法》第 15～22 条、第 291～338 条。

③ 王泰铨:《比较关系企业法之研究》,我国台湾地区"行政院科学委员会"2001 年补助专题研究计划成果报告,第 121～126 页。

综上所述,域外各国和地区的实践经验表明对关联企业的认定应首先界定关联关系。其中"控制关系"被认为是界定关联关系的主要标准,该观点与我国部门法上的实践成果基本相同。

二、劳动法语境下的关联企业

劳动立法并未有关联企业的专门规定,涉及具体问题的处理时以其他法律法规的直接引证为主。但是,具备社会法属性的劳动立法应独具自身的定位与功能。因而,实有必要就劳动法上的关联企业予以界定以廓清范围。

(一)劳动法语境下的"关联关系"

通过上文对我国部门法中相关规定的立法梳理,可以发现不同法律部门基于自身价值取向的不同对关联企业或关联关系的界定结果并不相同。而通识在于,关联企业是指具有关联关系的企业。是以,对关联企业的判断必须首先清晰界定关联关系。

国内立法以"直接、间接的控制关系或导致利益转移的其他关系"或是以"控制或重大影响关系"作为界定关联关系的标准,并结合具体法律部门作出不同界定,范围宽窄不一。与此同时,域外对关联企业的概念也并没有形成统一的认识,而有关方面的立法经验和司法实践表明,对关联企业的认定应以关联关系的界定为前提。其中,"控制关系"作为界定关联关系的核心标准得到了大多数国家和地区的认可。基于此,如何准确界定关联关系是认定关联企业的核心要素。

不论是域外的"实质控制"标准还是我国的"控制和重大影响"标准,二者在本质上是相同的。对关联关系的界定应摒除形式主义而采纳更为合理的实质控制标准,就企业间是否存在控制关系或重大影响关系予以实质分析判断。从劳动法上对关联关系予以界定,更应该以此为基准方能不违背劳动法倾斜保护弱势劳动者的立法宗旨。劳动关系领域劳动者相对于用人单位来说居于弱势地位,实属"强资本、弱劳工"之经济现实所逼。为调整该种不对等性带来的社会不公和利益分配不均等问题,劳动法更多具有社会法属性。因而,劳动法上关联关系的界定除却商事交易主体的一般特性外还应体现相应的人文情怀,从保护弱势劳动者立场出发予以价值衡量。

基于此,笔者主张应引入法国法上事实董事理论对控制和重大影响标准予以实质判断。亦即不论一企业是否担任另一企业的董事或其他职务,只要一方如同另一方董事般参与到另一方事务中,即应认定双方存在控制或重大影响关系。在控制和重大影响关系的具体判断上,应结合劳动法保护弱势劳动者的立法宗旨,将与劳动者相关的企业间利益关系均应纳入考虑因素。劳动法上,影响劳动关系的因素有很多,难以悉数厘清。部分劳动经济学家认为,劳动力市场内劳动者的选择偏好并非全基于理性思考所为。多数情况下,劳动者的选择极具随意性。如:工作舒适度、家庭情况、企业环境、人事关系等。① 是以,劳动法上的企业间利益关系外延较宽泛。劳动法上的关联关系应主要通过对股权关系、投资关系、业务关系、财务关系、亲属关系和包含用工在内的人事关系等企业间相关利益关系的具体甄别,以判断一企业是否事实上如董事般对另一企业行使权力作为判断标准。通过上述标准的具体运用,若一企业事实上如另一企业的董事般参与到另一企业的事务中,则应认定企业间存在关联关系。

综上所述,劳动法上对关联关系的界定应从劳动关系的本质出发,结合劳动法倾斜保护弱势劳动者合法权益的立法宗旨做出具体评判。除却传统相关部门法上对企业间财务和经营决策等因素的考量外,还应将是否实质控制或影响企业用工关系的具体运行等因素纳入考量。对企业间用工关系的开始、运营乃至解除或终止任一环节是否受相关主体的控制或重大影响情况予以全面分析,以具体界定是否存在关联关系。

(二)关联企业的劳动法解读

1. 劳动法上关联企业的内涵和外延

公司法理论发展至今,主流观点认为关联企业是指存在直接或间接控制关系或重大影响关系的企业。② 笔者认为,劳动法上的关联企业理应采纳此种定义。劳动关系具有从属性,且考虑到劳动法倾斜保护劳动者的立法价值取向理应将与企业用工有关的人事关系也纳入控制和重大影响标准的考量因素以界定关联关系并进而对劳动法上的关联企业做出具体甄别。

基于此,劳动法上的关联企业是指作为用人单位的企业与另一企业之间存在直接或间接的控制关系和重大影响关系的企业。该种控制关系和重大影响关系具体表现在股权关系、投资关系、业务关系、财务关系、亲属关系和包含用工关系

---

① H. Simon,"Rational in psychology and economics' journal of Business",59(1986),pp209-224.
② 时建中:《论关联企业的识别与债权人法律救济》,载《政法论坛》,2003(5)。

在内的人事关系等一切可能产生控制或重大影响关系的相关利益关系。

对劳动法上关联企业判断相对于其他法域的不同之处在于,将用工关系作为界定关联关系的重点考量因素之一。通过观察一企业是否渗透至另一企业的用工安排并事实上实质控制或重大影响着另一企业用工关系的进展,而不论其是否事实上在另一企业担任董事或其他任何职务。以此扩大劳动法上关联企业的范围或外延以寻求对弱势劳动者权利的更有效保护,不仅可行而且十分必要。虽然劳动法上关联企业的范围较广,但是并不能从根本上背离法学其他部门法领域对关联企业的研究成果。在关联关系界定之某些具体因素的考量上,尚应借鉴相关部门法上已有的立法成果适度衡量以做出合理判断。

2. 劳动法上关联企业的类别划分

对关联企业进行类别划分在各国已有先例,利于加深对关联企业的性质认识用以佐助对规制其不当行为。德国法上的关联企业称谓为"关系企业"。德国法依循企业间结合基础的不同,将其关系企业分为事实上关系企业和契约上关系企业两类。[①] 具体到我国,结合关联企业的概念特征,劳动法语境下的关联企业应包含垂直关联企业和平行关联企业、组织型关联企业和加入型关联企业两类。

(1) 垂直关联企业和平行关联企业

关联企业的连接因素有很多,具体包含股权关系、投资关系、业务关系、合同关系、财务关系、人事关系和亲属关系等。不同类型连接因素所构成的关联关系在具体表现形式上有所区别,关联企业的结合程度也并不相同。通过对连接因素表象的实质分析,依循结合程度的不同可将关联企业分为垂直关联企业和平行关联企业两类。

垂直关联企业,是指基于控制从属关系,企业控制着另一企业的财务和经营决策而另一企业从属于该企业控制的关联企业,如母子公司、总分公司。平行关联企业,是指控制从属关系之外的其他类型的关联企业,企业间不存在相互控制或隶属关系而是基于控制从属关系之外的其他关联关系所形成的关联企业,如董事任职公司与董事自营公司构成平行关联企业。无论是垂直关联企业还是平行关联企业,其关联关系的构成有可能是基于相似的连接因素存在,但是在关联关

---

① 王泰铨:《比较关系企业法之研究》,我国台湾地区"行政院科学委员会"2001年补助专题研究计划成果报告,第42页。

系的具体结合程度上并不相同。

由劳动法倾斜保护弱势劳动者的立法价值取向决定,劳动法上关联企业的分类不必要完全依循公司法上的相关规则。也就是说,垂直关联企业考量的重点在于作为用人单位一方的企业是否受另一主体的控制或者实际控制着其他企业,双方之间是否存在控制从属关系。若是,则应认定上述各企业构成关联企业。而不论该控制与被控制主体是否都应该符合我国公司法上有关公司设立或登记的条件。举例说明,用人单位企业和其他企业为彼此独立法人格的企业,各成员间互不隶属,但同属于某集团控制下子公司。该集团总部只负责宏观经营计划的制定和集团内重要人事的任免与调整,各分支机构在集团计划的框架内具体开展经营活动且受集团总部监督。此种情况下,集团总部虽不具有法人资格,但仍旧构成劳动法上关联企业的控制一方,与下属企业间存在关联关系。

除此之外,在平行关联企业下应将受同一企业或自然人控制的企业认定为关联企业。此种情况下,虽然双方之间可能不存在控制从属关系或重大影响关系,但从保护劳动者立场出发应将此种情形下的企业亦纳入平行关联企业对待。平行关联企业的实质在于实现该种关联关系的连结因素较为隐蔽,不显现。但并不影响企业间达成合作的共谋,各成员企业整体上作为用人单位一方与劳动者对立。无疑,该种情况加重了劳动者一方的谈判成本。劳动关系变得脆弱,劳动者权利被侵犯的风险提高。与此同时,由于平行关联企业的连结因素较为隐蔽,发现并最终证实关联关系存在十分困难。是以,为保障劳动者的合法权益,对平行关联企业的劳动法规制尤为重要。

(2)组织型关联企业和加入型关联企业

依关联企业成立时间的不同,分为组织型关联企业和加入型关联企业。组织型关联企业,是指关联企业成立之时已经存在的关联企业成员,彼此间构成关联企业。加入型关联企业,是指关联企业成立之初并不作为原始会员存在,而是企业间合并、签订合同、取得股权或资产等方式成为关联企业的成员,即为关联企业成立后新加入的企业。

传统上,对关联企业的分类大多依循关联关系的结合情况予以静态分析。该种分类方式较能真实反映关联企业在某个静态区间内的真实情况,就一段时间内的关联企业运行状况予以调整和规制。但问题在于社会经济活动的运行是不断变化的过程,关联企业的具体成员构成情况也可能随时发生改变。关联企业存续过程中总是伴随着一些成员企业的退出与另一些新成员企业的加入而持续动态变化。基于此,该种静态的法律调整难以应对社会经济活动的不断变化,在辨明关联企业的责任归属和劳动者利益保护方面争议不断。承认经济活动的现实变化,依循成立时间将关联企业分为组织型关联企业和加入型关联企业,较能更为合理和有效地解决利益纠纷,明确责任归属。当然,该种分类的重点在于对关联企业责任的具体细化。

在劳动法语境下理解关联企业,即表现为劳动关系一方主体的用人单位之间的联合。以关联企业成立时间为标准对关联企业进行分类,能较为清晰合理的设置关联企业的用人单位责任,维护弱势劳动者权益不至于受损。如组织型关联企业中只要成员企业不退出,该成员企业就需要对关联企业存续期间的所有劳动债务承担责任,若申请退出也可能需要承担自其退出之日前的所有劳动债务。在加入型关联企业中,新成员有可能需要对其加入前和加入后的所有劳动债务承担责任。以时间为标准将关联企业划分为组织型关联企业和加入型关联企业,是对用人单位滥用公司法人格独立制度随意"关、停、并、转"旗下成员企业以逃避劳动法义务和具体责任的有效应对,积极意义明显。

第二节　关联企业对劳动法的挑战

一、关联企业对用人单位的影响

用人单位概念是我国劳动法律的独创,具有鲜明的时代特征、改革特征和中国特色。我国传统劳动立法逻辑也是以"用人单位"为中心,辨明劳动关系和劳动者展开的制度设计。关联企业对传统用人单位概念带来了挑战。

(一)劳动法上用人单位的概念澄清

用人单位,是指具有用人权利能力和用人行为能力,使用一名以上职工并且向职工支付工资的单位。[①] 我国劳动法律上的用人单位仅是一种类别而非概念,体现在劳动立法并没有对用人单位概念做出明确的法律界定,仅是在相关法律条文中对用人单位的范围予以列举。依规定,我国劳动法上的用人单位具体包含企

---

① 王全兴:《劳动法》(第三版),105～106 页,北京,法律出版社,2008。

业、个体经济组织、民办非企业单位等组织、国家机关、事业单位、社会团体、会计师事务所和律师事务所等合伙组织和基金会，以及依法取得营业执照或登记证书的用人单位设立的分支机构。①

考察我国的现有立法，对用人单位的法律界定主要从劳动合同的缔约角度入手，劳动法上的用人单位仅是作为劳动者的缔约对象而存在的。亦即，我国劳动法上的用人单位概念仅指劳动者的劳动契约雇主，无涉功能性雇主概念。② 所谓劳动契约上的雇主，是指劳工请求确认劳动契约上受雇地位的相对人以及负有支付工资等劳动契约义务的人。③ 基于此，劳动者有权请求确认与劳动契约雇主间劳动合同的法律效力，且有权请求劳动契约雇主履行支付工资等劳动合同法定和约定的义务。在此情况下，对于非劳动合同的缔约方，不能作为劳动者的劳动契约雇主对待，也无需承担契约法上赋予劳动契约雇主应予承担的法律责任。是以，劳动契约雇主概念将雇主责任严格限定为与劳动者签订劳动合同的相对人，由其承担契约法规定的雇主责任。除此之外任何非与劳动者签订劳动合同的相对方都无法律义务承担劳动法上的用人单位责任。该种制度安排，为用人单位逃避劳动法上的雇主责任提供了方便，对居于弱势地位的劳动者将会造成难以弥补的损失。在此背景下，为扩大劳动者受保护的范围，实现法律对劳动关系领域弱势劳动者更有效地保护，适度扩大和解释劳动法上"用人单位"这一法律术语的外延，十分有必要且已有实践。

在这一问题上，大陆法系国家率先引入功能性雇主概念，作为对劳动契约雇主概念的一种补充。所谓功能性雇主，是指将行使雇主权能和职权的自然人均认定为雇主，而不限于与劳动者签订劳动合同的劳动契约雇主。④ 持功能性雇主概念的学者认为，在劳动关系中劳动合同一方当事人为法人或非法人组织的情形下，实际具有雇主功能与行使雇主职权的只可能由法人或非法人组织的自然人代表具体执行。或在劳动关系一方主体为法人或非法人组织的情形下雇主的权能

---

① 参见《中华人民共和国劳动法》第 2 条、《中华人民共和国劳动合同法》第 2 条、《劳动合同法实施条例》第 3、4 条。

② 大陆法系劳动法理论的发展将雇主区分为契约上雇主和功能性雇主两类，功能性雇主主要针对执行雇主功能和职权的自然人而言。

③ 我国台湾地区"劳动法学会"编：《劳动基准法释义—施行二十年之回顾与展望》（第二版），31 页，台北，新学林出版社，2009。

④ 黄程贯：《劳动法》（修订再版），77～78 页，台北，空中大学印行，2001。

行使发生分离。表现为：一方面，享有雇主地位的该法人或非法人组织得以向劳动者行使劳务请求权；另一方面，雇主的指挥命令权则需由自然人代表雇主方能向劳动者具体行使。[①] 但是，反对引入功能性雇主概念的学者观点认为，功能性雇主概念可能被用来当作分割雇主责任的借口，影响法律的安定性。这里笔者无意对上述观点进行评价，仅考量正反两方面的观点，发现并凝聚可能的共识。可以发现，学者们对功能性雇主概念的争论，其最终目的都在于如何实现劳动者利益的最大化保护。

与大陆法系其他国家和地区的劳动立法比较，我国对用人单位概念的研究显得缺乏。我国劳动立法上将与劳动者签订劳动合同的用人单位作为劳动者的唯一雇主对待，该种简单机械式制度设计难以实现弱势劳动者利益的有效保护。实践中，劳动争议发生后雇主身份不明确或互相推诿用人单位责任导致劳动者利益受损的案例经常发生。

综上所述，我国劳动法所创设的"用人单位"这一术语实为一种狭义的雇主概念，其仅指劳动者的劳动契约雇主。源于我国实定法的传统，司法实践中审理具体案件的法官并没有造法的功能。《关于确立劳动关系有关事项的通知》明确了"用人单位"要符合法律法规规定的主体资格，[②]劳动司法中法官确定劳动关系一方主体的用人单位是否适格往往需要首先查实个别劳动合同或通过各种事实因素确定劳动合同的真伪性。是以，有劳动合同就有劳动关系，没有劳动合同劳动关系的认定就比较困难。立法者们的忽视，人为加深了劳动关系的复杂性，劳动争议案件扑朔迷离，利益受损的最终是绝大多数的普通劳动者。在此背景下，应将我国劳动法上的用人单位概念予以重新解释，使其既包含传统意义上的劳动契约雇主概念，尚应引入功能性雇主概念。如此，方能实现劳动立法所规定之用人单位义务真正意义上得到明确和落实，劳动法律关系的权—责—义体系和内容始能清晰。

（二）关联企业的用人单位迷雾

关联企业和劳动关系的结合为现代经济发展的必然需求。但是，受制于现有劳动立法的缺漏，关联企业整体和关联企业内设机构的用人单位资格受到质疑。

---

① 黄越钦著：《劳动法新论》（第四版），128 页，台北，翰芦图书出版有限公司，2012。

② 参见《关于确立劳动关系有关事项的通知》（劳社部发［2005］12 号）。

归因于关联企业多元用工样态的选择,作为劳动关系一方主体的用人单位在关联企业具体参与用工情形下更是难以判断。

一方面,我国现有劳动立法上的用人单位实为劳动契约雇主概念的一种转化表达,未与劳动者签订个别劳动合同的关联企业具体成员难以认定为劳动者的用人单位,不需要承担劳动法上的用人单位义务。另一方面,我国劳动立法并没有明确承认功能性雇主概念,且传统功能性雇主理论一般要求以实际执行雇主权能和职权的自然人属之,对于法律属性本就模糊的关联企业整体和关联企业的内设机构而言,其能否能够作为劳动者的功能性雇主对待,尚存疑虑。

作为一种经济现象,关联企业和劳动关系的结合带来主流劳动法理论的桎梏。传统单一劳动契约雇主概念的理论无法解释关联企业整体和关联企业的内设机构具体参与用工时的劳动法律关系变化,用人单位义务和具体责任承担不明确。为解决上述问题,功能性雇主概念被提及。但是受制于传统功能性雇主理论的瑕疵,即享有劳动者功能性雇主地位的相对方只可能是具体执行雇主权能和职权的自然人,此种理论建构与现实经济中关联企业用工引发的用人单位识别议题难以契合。因而,对上述问题的解决无法通过简单理论引入塑造制度变革的方法得到实现。是以,关联企业的出现对劳动关系中用人单位的认定带来了巨大冲击,关联企业中从属劳动者用人单位的身份识别与具体归属迷雾重重。

1. 关联企业对劳动契约雇主概念的冲击

(1)一重劳动合同下劳动契约雇主身份的模糊

基于劳动合同的相对性,劳动者有且仅能与关联企业某一家成员企业签订劳动合同,明确双方权利和义务的具体内容。仔细探究,其可能存在的具体表现形式有两种:①劳动者与平行关联企业中某成员企业具体签订劳动合同的情形;②劳动者与垂直关联企业中居于主导地位的控制企业签订劳动合同的情形。

细加分析,上述两种情形的共同点为个别劳动者仅与关联企业内某特定成员企业签订劳动合同,有且仅有一个劳动合同且缔约主体具有特定性。依循传统劳动法理论对劳动契约雇主概念的定义解读,似乎很容易就确定此种情况下劳动者的雇主为与其签订劳动合同的该关联企业某特定成员。但是,事实并非如此。一方面,归因于关联企业交替变换用工单位的安排,非与劳动者签订劳动合同的其他关联企业成员亦实际上行使着对劳动者的用工职能。但是由于不满足劳动契约雇主要求缔结劳动合同的形式要求,上述关联企业的实际用工单位不能作为劳动者的劳动契约雇主对待,亦不需要就自身行为承担违反劳动法义务的用人单位责任。劳动者接受实际用工单位的工作指示提供劳动力,可实际用工单位无明确劳动法规定的义务,权利和义务严重不对等。此种情形下,劳动关系偏向本已强势的用人单位一方,劳动者权益受损不可避免。

另一方面,受制于对关联企业本质属性认识的争议,对劳动者与关联企业签订劳动合同的效力范围存在争议。在关联企业实际参与用工选择时,劳动者的劳动契约雇主具体对象指向不明。此种情形,若是依循法人格独立理论将关联企业各成员分别对待,原则上劳动者的劳动契约雇主只可能为与其签订个别劳动合同的关联企业某特定成员,且该特定成员无权代表其他未与劳动者签订劳动合同的关联企业成员。无独有偶,若是将关联企业在整体上视为一个主体对待,关联企业参与用工选择时的劳动契约雇主可能由关联企业的所有成员集合构成。在个别劳动者仅与关联企业某特定成员签订个别劳动合同的情况下,其他未与劳动者具体签订有劳动合同的用人单位的关联企业各成员有可能被推定视为加入到该劳动合同的劳动契约雇主一方,获得该个别劳动者的雇主地位并需要承担劳动法上的雇主责任。

是以,对关联企业本质属性认识上的偏差,直接影响到对个别劳动关系领域劳动者劳动契约雇主身份的认定。理论认识上的不同,造成实践中具体制度建构的混乱。综上所述,在个别劳动者与关联企业仅存在一重劳动合同的情况下,劳动契约雇主身份易于混淆的现实关乎着个别劳动者的具体权益能否充分实现。

(2) 多重劳动合同下劳动契约雇主身份的混乱

多重劳动合同,是指基于关联企业多元用工安排的事实,个别劳动者与关联企业不同成员分别订立数个劳动合同,该数个劳动合同可能同时订立也可能先后订立。由于我国劳动立法原则上对双重或多重劳动关系的态度迟疑,因而这里主要分析个别劳动者与关联企业各成员先后订立数个劳动合同的情形。具体存在以下两种表现形式:①个别劳动者与关联企业不同成员企业先后订立彼此独立的劳动合同,该前后订立的劳动合同不具有关联性;②个别劳动者与关联企业不同成员先后订立劳动合同且该先后订立的个别劳动合同间具有关联性,后订立的劳动合同承继在先劳动合同的主要内容和条款。

归因于对关联企业本质属性认识的差异,该先后订立的数个劳动合同所能引起的劳动法上的效果也并不相同,集中表现在对关联企业雇主身份认识上的差异。首先,个别劳动者与关联企业各成员先后订立彼此独立的数个劳动合同情形。此种情形可能具体引发以下两种不同的法律效果:第一种情形,若是将关联企业各成员分别独立对待,劳动者的劳动契约雇主将伴随着缔约对象的变换而随之发生改变。基于先后订立的劳动合同的独立性,与劳动者订立并保持个别劳动合同的关联企业特定成员为该时段个别劳动关系的劳动契约雇主一方。第二种情形,若是将关联企业视为一个整体对待,先后订立的劳动合同将不会引起劳动者劳动契约雇主身份的变化,劳动契约雇主地位始终由关联企业整体享有。在此情形下,个别劳动者与关联企业不同成员间先后订立的劳动合同,应视为劳动者与关联企业间原有劳动合同内容的一种变更。遵循劳动合同双方当事人意思自治原则,以劳动法规制劳动合同变更的法律规则调整即可,否则即会产生相应地法律效果。

其次,个别劳动者与关联企业各成员先后订立的个别劳动合同具有关联性情形。依循劳动法关于劳动关系承继制度的具体设置,个别劳动者与关联企业特定成员后订立数个劳动合同被认为是对原始劳动合同的承继,劳动合同约定的权利义务会一直延续。如上,亦会引发以下两种不同的法律效果:第一种情形,若是将关联企业各成员分别对待,用人单位方关联企业参与劳动合同缔约的具体成员变化应视为原有劳动关系一方主体的用人单位发生变动。第二种情形,若将关联企业视为一个整体对待,因劳动契约雇主地位一直由关联企业整体享有,除非作为先劳动合同缔约主体的用人单位企业退出关联企业否则个别劳动合同的承继并不会导致用人单位变动的法律效果出现。在此背景下,与劳动法上劳动合同承继制度的具体内容相违背,影响法律的安定性。

综上所述,在个别劳动者与关联企业存在多重劳动合同情形下关联企业的用人单位身份混乱,对关联企业具体参与用工选择时劳动契约雇主身份的判断亦比较困难。

(3)无明确劳动合同下劳动契约雇主的缺漏

劳动契约雇主概念源于劳动合同的存在,从形式上看应以与劳动者缔结劳动合同的相对人始得为劳动者的劳动契约雇主对待。要求认定劳动者的劳动契约雇主身份必须以劳动合同的真实存在及有效确认为前提条件,如此机械的形式化标准难免陷入法律过度僵化适用的困境。

与此同时,实践中鲜活的案例表明有些用人单位和劳动者之间并未签订有书面的劳动合同。在关联企业实际参与用工时,基于其混同用工安排的选择偏好,个别劳动者和关联企业并没有及时签订书面劳动合同且事后也难以通过既有证据准确判断劳动关系的归属。该种情形下,一味坚持劳动契约雇主概念将会导致个别劳动者在法律上无劳动法上的用人单位可循。是以,对劳动契约雇主概念持反对意见的学者也多以此作为其反对意见的有力佐证。[①]

与上述关联企业本质属性认识的差异带来一重劳动合同和多重劳动合同劳动契约雇主身份认定的复杂局面不同,在无明确劳动合同存在的情况下,无论对关联企业性质的认识持何种态度,劳动者的劳动契约雇主都将难以得到及时认定。构成用人单位的关联企业间互相推诿,不愿意承担劳动法上的用人单位义务,个别劳动者陷入法律保护的真空。

2. 关联企业对功能性雇主概念的冲击

一直以来,我国的劳动立法对用人单位采取劳动契约雇主的规制模式。但是,这并不意味着功能性雇主在我国具体用工实践中不存在。事实上,在劳动争议案件具体裁判实践中,审理案件的法官倾向于将企业管理者的行为认定为一种职务行为,法律风险归于企业主体承受。是以,用人单位企业的法定代表人或经理等管理者对劳动者行使的监督管理行为被认为是代表用人单位利益实际执行雇主权能的一种表现,该种行为可能引发的劳动法效果亦应由用人单位承受。依循功能性雇主理论,法定代表人或经理等管理者对劳动者予以管理实际上是执行用人单位的雇主职权和权能,理应属于功能性雇主范畴。传统民法代理理论认为,代理法律关系中代理人受被代理人指示所为具体行为的法律后果应归于被代理人承受,此即代理行为的本质。[②]

传统上,功能性雇主概念要求能够实际执行雇主权能的必须为自然人。但是,关联企业参与用工样态的多元化对传统功能性雇主概念的适用带来了挑战。

一方面,关联企业参与具体用工选择情形下,实际执行雇主权能的主体可能并非都具备自然人身份。此种情况下,受制于功能性雇主理论的局限性却难以将其认定为劳动者的功能性雇主对待。如关联企业为统筹各成员人力资源而设立的专门对劳动者日常事务进行管理且取得营业执照或登记证书的分支机构,对非

---

① 黄程贯著:《劳动法》(修订再版),75~78 页,台北,空中大学印行,2001。
② 马俊驹、余延满著:《民法原论》(第三版),222 页,北京,法律出版社,2009。

与其签订劳动合同但在关联企业内工作的劳动者施行日常事务管理并有权对其予以指挥监督。依现有功能性雇主概念的定义解读,关联企业的分支机构由于不具有法律上的自然人身份并不能界定为劳动者的功能性雇主对待。该依法设立的分支机构有权行使雇主的指挥管理权,却仅因为自身不具备自然人身份而不需要履行雇主义务,实属不当。

另一方面,对关联企业性质或本质属性的不同认识,导致功能性雇主身份的具体判断结果亦不相同。应可分为以下两种情形具体分析:第一种情形,若是将联企业各成员分别对待,原则上劳动者的功能性雇主必然是代表用人单位关联企业实际执行雇主职权的自然人,而不能为非用人单位的关联企业其他成员的自然人。依公司法人格否定理论,只有在法定事由发生时得否定劳动者所属用人单位关联企业的法人格并追究控制公司的责任。依理论假设,推定此时劳动者的功能性雇主尚可能包含执行关联企业之控制公司雇主职权或权能的自然人。第二种情形,若将关联企业视为一个整体对待,关联企业于对外关系上被视为一个单一的企业整体。此种情况下,劳动者的功能性雇主范围可能包含关联企业各成员具体执行雇主职权和权能的自然人。牵涉人数过多,具体义务人判断起来十分不易,法律责任如何设置和分配更需进一步明确。是以,传统功能性雇主理论遇到适用瓶颈,现实问题亟待理论完善和制度回应。

综上所述,和劳动契约雇主概念一样,关联企业对功能性雇主概念亦产生一定的冲击。由于我国立法并没有明确引入功能性雇主概念,有关方面的研究尚比较缺乏。也许,关联企业劳动者保护问题的出现能为我国功能性雇主概念的引入和研究起到相应地推动作用。

3. 关联企业内设机构的雇主资格困惑

关联企业内设机构,是指关联企业作为一个整体设置的用于应对关联企业整体事务的分支机构,具体包含人力资源管理、整体经营计划、财务管理等事项的决策或执行机构。该分支机构可能具有法人资格也可能不具有法人资格,但并不包含关联企业各具体成员用于本成员企业事务管理分别设立的机构。

作为一种经济现象,关联企业是生产社会化背景下市场主体逐利的一种自发选择。通过简单的资本集聚扩大产品供应量以增加利润率。从根本上而言,关联企业内生于市场必然抹不去市场固有的缺陷,市场失灵带来一系列负外部性问题。为持续获利在其他生产要素不变的前提下,合理减缩用工成本是企业习以为常的一种获利途径。是以,因关联企业过度逐利引发的劳动法问题日益凸显。

在这其中,因关联企业内设机构的用工安排导致的劳动争议案件时有发生。如实践中关联企业经常选择的一种用工样态为通过设立总管理处的形式统一招聘劳动者并安排工作,总管理处事实上行使着用人单位的指挥命令权。劳动者受总管理处雇佣而实际上被安排在关联企业各具体成员处工作,该实际用工单位与劳动者双方签订或不签订劳动合同均可,劳动者随时有被变换用工的风险,极不稳定。该种随时变动的工作环境使劳动者难以产生职业归属感,团结权得不到保障。究其原因,上述问题的凸显归因于关联企业内设机构的雇主资格不明确,其能否作为劳动者的用人单位对待尚存异议。

依现有劳动立法规定,对依法设立并取得营业执照或登记证书的用人单位分支机构应能够作为劳动者的用人单位对待,享有雇主资格。对于未依法取得营业执照或登记证书的用人单位分支机构可以受用人单位委托以用人单位的名义与劳动者签订劳动合同,该分支机构不具有雇主资格。[①] 是以,对关联企业内设机构雇主资格的判断理应分成不同情况予以分别探讨。包含两种情形:①对依法设立并取得营业执照或登记证书的关联企业内设机构雇主资格的认定;②对没有依法设立且未取得营业执照或登记证书的关联企业内设机构用人单位资格的认定。

仔细分析,上述两种不同情形下对关联企业内设机构雇主资格具体判断的结果并不相同,随之引发的劳动法效力更需进一步明确。结合上文对劳动契约雇主概念和功能性雇主概念的具体阐释,检视我国劳动立法关于用人单位的制度实践。一方面,我国劳动法上的用人单位实为劳动契约雇主的另一种称谓,二者无本质区别。因而,对于未与个别劳动者签订劳动合同的关联企业内设机构可能难以认定为劳动者的用人单位对待。另一方面,传统功能性雇主概念要求执行雇主职权和权能的自然人始得被认定为劳动者的功能性雇主对待,而关联企业的内设机构实为法人或组织的一种。不符合"自然人"这一条件,所以将其视为劳动者的功能性雇主对待似乎不太现实。在此背景下,针对关联企业内设机构雇主资格的困惑持续存在,实有待立法进一步厘清。

---

① 参见《劳动合同法实施条例》第 4 条。

二、关联企业劳动关系内容的变化

劳动关系内容，整体而言，包含个别劳动关系和集体劳动关系两方面内容。于个别劳动关系层面而言，主要关涉劳动者劳动力的提供和用人单位工资对价的支付。在劳动者劳动力的提供方面，主要涉及工作地点、工作时间、劳务给付方式、休息休假和工时的延长或缩短等事项。而关于用人单位工资对价的支付方面，主要包括工资构成、工资发放方式与时间、工资保护、加班工资和特殊情况下支付的工资等事项。除此之外，劳动保护、退休和劳动关系终止或解除时的经济补偿金或赔偿金等事项亦属于个别劳动关系的内容。于集体劳动关系层面而言，主要涉及集体谈判和集体行动，具体表现为组织工会和参与集体协商。关联企业劳动关系具有多边供需结构特征，单个劳动者面对复数用人单位企业，传统劳动法理论下关于劳动关系的解释框架很难直接移植到关联企业内的劳动关系领域。

（一）对工资的影响

工资，即劳动者因工作而获得的报酬，包含计时工资、计件工资、奖金、津贴和补贴、加班加点工资和特殊情况下支付的工资。[1] 依学界研究，工资的构成要件包含三点：需由用人单位给付劳动者、是劳动者提供劳动力的对价和须为经常性给与。[2] 传统上，劳动关系双方主体均一元构成，表现为一方为个别劳动者而另一方为相对应的一元用人单位。在此情形下，工资作为劳动者提供劳动力的对价，判断起来较为清晰。在关联企业参与劳动用工时，因关联关系引发的劳动者工资构成和工资发放方式变得复杂，传统意义上的工资难以清晰界定。

1. 关联企业对工资构成的影响

实践中，因关联关系引发的关联企业具体用工方式的选择具有多样性，其实际用工主体和劳动合同缔结主体可能并不唯一。是以，传统工资构成的考量因素判断起来十分不便。

首先，工资作为劳动力对价的特征不再明显。一方面，在关联企业混同用工安排下，名义用人单位并不实际使用劳动者提供的劳动力但依劳动合同约定需承担支付劳动者工资对价的义务，而实际用工单位事实上使用着劳动者提供的劳动

---

①　参见《关于工资总额组成的规定》第4条。

②　刘志鹏：《谈劳基法上的"经常性给与"》，载刘志鹏著：《劳动法理论与判决研究》，475～478 页，台北，元照出版公司，2002。

力但可能并不需要承担劳动法上支付工资对价的义务。另一方面，关联企业整体基于共同用工的需求，统一招聘劳动者并与之缔结劳动合同，双方建立劳动关系。而后通过调岗或出借等形式安排劳动者在关联企业内不同成员处工作，劳动关系与劳务关系并存。劳动者基于关联企业统一的用工安排，向非用人单位之关联企业其他成员提供劳动力实属正常。基于此，关联企业具体参与用工安排时劳动者所获取的工资在性质上既可能包含劳动力的对价，亦可能包含其在关联企业其他成员处获取的劳务报酬。是以，传统意义上工资作为支付劳动力对价的特征不再明显。

其次，关联企业实际用工情形下劳动者工资的支付义务主体并不限于与个别劳动者签订有劳动合同的名义用人单位。归因于关联企业多元化用工方式的选择，劳动者提供劳动力的对象并不仅限于名义用人单位。与此同时，负有支付劳动者工资对价的义务主体既包含作为劳动者用人单位的关联企业，亦可能由构成关联企业的其他成员企业承担。也就是说，关联企业情形下劳动者的名义用人单位与实际用工主体双方可能就支付劳动者的工资对价作出约定。如双方约定由其中一方主体向劳动者支付工资或是约定由双方各自承担相应部分的工资报酬，或是约定名义用人单位仅承担支付劳动者的基本工资，而加班工资、绩效工资、奖金和津贴等特殊工资均由实际用工单位承担或是约定由实际用工单位承担支付劳动者的劳务报酬等独具个性的具体情形。是以，在关联企业参与具体用工选择情形下承担劳动者工资支付义务的主体并不唯一。

最后，关联企业整体用工安排下"经常性给予"对判断劳动者工资属性的作用日渐甚微。传统劳动法理论认为，能否判定为工资的核心要件在于对"经常性给与"的判断。所谓经常性给与，是指在相当长时间内依用人单位的规章制度安排用人单位负有给付义务时，该给付义务即为经常性给与。基于此，判断经常性给与的核心要素在于对用人单位规章制度的理解，应主要结合劳动合同、集体合同、工作规则和企业以往实践习惯加以界定。在关联企业混同用工安排下，劳动者在关联企业不同成员处被交替变换用工单位，劳动立法上劳动者的用人单位无法有效确定。该种情形直接导致的法律后果是劳动者的工资发放主体并不唯一，对"经常性给与"的认定愈发困难。与此同时，关联企业各成员基于推诿用人单位义务承担的不法目的，倾向于通过短期用工的方式以逃避奖金、津贴和其他特殊工资发放的行为时有发生。或是将本来意义上劳动力支付对价的工资变为一种随意发放的用人单位恩惠对待,使其不具经常性。在此背景下,劳动者获取工资报酬似乎不再具有"经常性",而更多具有"偶然性和不确定性"。是以,劳动者赖以生存维系的工资得不到保障,作为基本人权的生存权面临挑战。

综上所述,基于关联企业构成的复杂性和特殊性,在其具体参与用工选择时劳动者的工资构成与传统一元主体相比并不相同,呈现出更多的不确定性和随意性。法律如何因变,是十分值得研究的问题。

2. 关联企业对劳动者工资发放方式和发放时间的影响

(1) 关联企业对劳动者工资发放方式的影响

依现有立法规定,工资应当以法定货币支付,不得以实物或有价证券替代支付。[①] 实践中,用人单位主要通过现金或银行转账的方式向劳动者发放工资。然而,关联企业参与用工安排极有可能改变这种现状。

如上所述,关联企业用工安排下负有工资支付义务的主体不再限于与劳动者订立有劳动合同的劳动契约雇主,尚包含其他非与该劳动者缔结劳动合同的与劳动契约雇主存在关联关系的关联企业其他成员。关联企业内实际用工主体就其实际用工行为支付劳动者的劳动力对价或提供相应的劳务报酬,主要依循关联企业的整体规划或关联企业各成员间的相互约定而较少依循劳动法上有关工资支付的法律规定。是以,关联企业内某特定成员向劳动者支付的"工资"在法律属性上既可能是基于其用人单位身份承担的使用劳动力的对价,亦可能表现为不具有劳动契约雇主身份的关联企业其他成员就其实际用工事实承担的一种劳务报酬给付义务。基于此,关联企业中劳动者获取的工资报酬在法律上可能同时具有劳动法意义上的劳动力对价和民法意义上劳务报酬兼具的属性。在此背景下,关联企业中劳动者最终获得"工资"的途径变得多种多样,既包含传统意义上用人单位以货币形式通过现金或银行转账方式发放的工资对价也包含非劳动契约雇主的关联企业其他成员以其他形式发放的劳务报酬,支付形式并不唯一。

现阶段,我国二分法的法律调整路径对劳动关系和劳务关系严格区分,二者受保护程度大相径庭,劳动者所属雇主被赋予的法律义务差异较大。实践中,关联企业为缩减用工成本多以剥离实际用工主体和工资发放主体的形式以逃避加班加点等特殊工资支付的义务,工资足额发放较难实现。该种以劳务报酬的形式

---

① 参见《工资支付暂行规定》第5条。

取代劳动法上的工资支付义务,实为关联企业以合法形式掩盖非法目的的一种行为。劳动法应予以及时对策考量,以保障工资能够足额发放。

（2）关联企业对劳动者工资发放时间的影响

依现有劳动立法规定,工资发放必须按照用人单位与劳动者约定的日期如时支付,具体包含年资、月资或按周、日、时发放的工资。对完成一次性临时劳动任务或某项具体工作任务的劳动者,用人单位应按有关协议或合同规定在其完成劳动任务后即应支付工资。[①]

关联企业混同用工安排情形下,劳动者的名义用人单位和实际用工主体不同一。法律上负有工资支付义务的用人单位可能事实上并不实际使用着劳动者所提供的劳动力。即劳动者在关联企业内一家成员企业处工作,但其可能在关联企业其他成员处获得工资或由关联企业一家专门负责劳动者日常事务管理的机构具体承担支付劳动者工资的义务。劳动者提供劳动力与获取工资并非一对一的对应关系,分歧显现。受关联企业各成员整体意志影响,对个别劳动者的工资支付更多由具有关联关系的关联企业成员间的相互约定所决定而无涉劳动者个人的意志。此种情况下,劳动者的工资支付具有更大的随意性和不确定性,无法保证工资都能够按时发放。与此同时,关联企业内不同成员企业为逃避劳动者工资的支付义务,彼此间互相推诿克扣或无故拖欠劳动者工资的情形时有发生。

基于此,关联企业参与用工情形下导致劳动者工资支付的时间难以统一和明确,按时发放工资的劳动法义务无形中被架空,不利于弱势劳动者合法权益的实现和有效维护。

3. 关联企业对劳动者工资保护的影响

工资是劳动者因工作而取得之报酬,是保障劳动者基本生活的重大劳动基准事项。国际劳工组织(简称 ILO)要求各会员国订定最低工资标准,以保障劳动者的基本生活所需。[②] 我国劳动法律亦明确规定国家实行最低工资保障制度,并对最低工资标准的确定和调整等事宜予以明确规定。[③] 最低工资标准,是指劳动者

---

① 参见《工资支付暂行规定》第 7 条和第 8 条。

② 1970 年,第 54 届国际劳工大会通过了面向发展中国家特别推荐建立最低工资确定办法的第 131 号建议书。

③ 参见《中华人民共和国劳动法》第 48 条、第 49 条和《最低工资规定》(原劳动和社会保障部第 21 号)。

在法定工作时间内或依法签订的劳动合同约定的工作时间内提供了正常劳动的前提下,用人单位依法向劳动者应支付的最低劳动报酬。① 我国最低工资标准的确定采取各地区全行业统一的制度,仅针对全日制劳动者和非全日制劳动者作出了月最低工资标准和小时最低工资标准的区分。

实践中,具有关联关系的关联企业各成员企业可能居于不同的地区,不同地区经济发展水平的差异决定了各地具体制定的最低工资保护标准并不相同。在此背景下,关联企业参与具体用工选择时各成员企业可能适用不同地区的最低工资保障标准。如此情形,便会导致个别劳动者在关联企业的不同成员处提供劳动时可能会适用不同地区的最低工资保护标准,同一劳动者在工资受保护程度和范围上会有较大的差别。作为实际用工主体的关联企业成员企业也可能基于降低用工成本的需要,通过调整劳动者的工作地点来规避法定最低工资保护的要求,实现其从高标准到低标准的具体适用。与此同时,我国最低工资标准的适用以劳动关系的有效确立为前提条件。但是,在关联企业多元化用工样态的选择下关联企业的劳动关系本就难以界定,最低工资标准的适用显得捉襟见肘。关联企业通过混同用工的安排,交替变换劳动者的实际用工单位,造成个别劳动关系判断上的困惑。该种情形下,关联企业内若干实际用工单位互相推诿以否定与个别劳动者建立并保持劳动关系,从而逃避适用法定的最低工资标准。

除此之外,我国现有工资保障制度并没有将兼职劳动者、劳务派遣工等非典型就业人员纳入保护范围,该类人群的权利失衡现象比较严重。实践中非典型就业人员,尤其是涉及关联企业内的非典型就业者之同工不同酬现象非常严峻。基于关联企业交替变换用工单位的安排,个别劳动者分别为关联企业不同成员工作,彼此互相独立。整体来看,该个别劳动者为关联企业某一特定成员工作均不符合全日制劳动关系的特征,属于非全日制劳动关系。表面上,个别劳动者与关联企业内实际用工单位分别建立数个非全日制劳动关系且互相独立。实际上,该数个非全日制劳动关系正好构成了一个完整的全日制劳动关系。从根本上而言,上述行为实则是关联企业利用其成员企业间关联关系的特点故意将与个别劳动者建立的一个完整的全日制劳动关系拆分成若干个非全日制劳动关系,实现其所雇佣劳动者从典型就业到非典型就业的身份转换以减轻劳动法上的用人单位义

---

① 参见《最低工资规定》第 3 条。

务和逃避责任。各实际用工单位企业依循独立法人格理论，主张关联企业的各成员企业为独立的法人实体，亦享有分别的雇主资格。是以，各实际用工单位负有的劳动法义务并不相连，承担独立的雇主责任。

基于这种认识，关联企业交替变换实际用工单位，肆意变更劳动者的工作地点。一方面，规避全日制劳动关系下劳动者最低工资标准的法定适用。另一方面，逃避劳动法上对加班加点工资支付的特殊要求。如此，在关联企业参与具体用工情形下，对劳动者工资权益的保障变得愈加困难。

（二）对工作时间和工作地点的影响

1. 关联企业对工作时间的影响

工作时间，顾名思义，是指劳动者提供劳动用于进行工作的时间。依劳动合同的基本法理，劳动者依约负有给付劳务的义务。即劳动者将其劳动力使用权让渡至用人单位使用，至于用人单位是否实际上支配和使用劳动者提供的劳动力并用于同自身生产资料相结合以实现劳动过程则并非考量重点。是以，只要劳动者依劳动合同约定提供劳动力并置于用人单位的支配状态下，该时间即应属于工作时间。[1]

传统上，依循劳动者结合工作任务的具体程度为标准，与工作相关的时间包含如下四类：正常工作时间、备勤时间、待命时间和候传时间。[2] 正常工作时间属于劳动法上劳动者的工作时间，应无疑义。但有关备勤时间、待命时间和候传时间能否计入劳动者的工作时间对待，本就争议较大。在关联企业实际参与用工安排情形下，对劳动者工作时间的界定变得愈加复杂。

一方面，资讯时代和共享经济的来临，带来劳动者更加弹性化的工作安排，工作时间和非工作时间的界限日趋模糊。因应经济发展方式的变迁我国正着手弹性劳动力市场的构建，其改革路径在于构建全国统一的弹性的劳动力市场结构。在此背景下，传统每天工作 8 小时、每周工作 40 小时的标准工作时间制受到挑

---

[1] 黄程贯：《劳动法》，412～413 页，台北，空中大学印行，2001。

[2] 正常工作时间是指实际从事工作的时间。备勤时间是指劳动者虽未实际从事工作，但处于随时注意准备给付其劳务的状态，主要以工作内容具有断续性质的服务业人员，以及监视性、间歇性工作人员。待命时间是指劳动者基于特别约定或依用人单位的指示，于特定时间在雇主指示的地点等候，遇有特殊情况时得随时处理用人单位所交付的工作任务。候传时间是指劳动者于此情况下并无停留于特定地点等候的义务，仅需告知用人单位其所停留的处所以及联络的可能性，以便于必要时加以传唤。参见黄越钦：《劳动法新论》（第四版），324～325 页，台北，翰芦图书出版有限公司，2012。

战,取而代之的是更加灵活的弹性工作时间安排。是以,劳动者可以在标准工作时间之外继续工作,用人单位也可以通过综合工作时间制的运用灵活安排劳动者的工作任务,工作时间和非工作时间的界限日益模糊。关联企业作为整个社会经济活动的一个单元,弹性劳动力市场结构的改革必然对其产生重大影响。与此同时,为实现生产要素的优化配置,关联企业中劳动者工作时间的弹性化变迁不可避免。

另一方面,关联企业的整体用工安排使劳动者的备勤时间、待命时间和候传时间明显增多。上述基本工作之外的与工作相关联时间的增加,其法律性质如何界定,能否作为劳动者的工作时间对待关乎个别劳动者的切身利益。实践中劳动者基于多种途径受关联企业雇佣在关联企业各成员间交替变换劳动力的提供对象,实属常态。基于合同相对性的基本法理,在关联企业交替变换用工单位实际情况发生后劳动者的名义用人单位只有一个而实际用工单位可能存在多数。在此背景下,受关联企业雇佣的劳动者基于服从用人单位指挥监督的需求被调动至关联企业的不同成员处提供劳动。劳动者日常工作时间被人为分割,断断续续。该种情况下,劳动者在关联企业不同用工单位处的工作时间能否合并计算为劳动者的整体工作时间,或是就各个用工单位处的工作时间分别予以计算。针对于此,现有劳动立法并无明确规定。

除此之外,关联企业参与用工选择时对劳动者工作时间的影响还涉及劳动基准的工时保护问题。关联企业选择具体劳动者用于同生产资料结合实现劳动过程,有关个别劳动者法定最高工时的保护是将关联企业作为一个整体统一适用单一的法定最高工时保护标准,还是基于对关联企业各不同成员针对该名个别劳动者实际用工与否的判断结果予以分别适用独立的法定最高工时保护标准。选择的具体路径不同,其最终导致的法律效果相差甚远。

综上所述,劳动者基于关联企业的统一指挥管理负有随时向关联企业不同成员提供劳动力的义务,或是受关联企业的整体用工安排负有于特定时间内于某指定地点听后指示以随时给付劳务的义务。关联企业作为市场经济体制下的最基本构成,实现劳动力的市场化,保障该类要素市场的灵活性是优化资源配置的最有效途径之一。因而,在劳动关系领域关联企业的加入更是加剧了对劳动者工作时间定性的法律障碍。无独有偶,针对关联企业所雇佣个别劳动者法定最高工时保护标准的具体选择,现有制度亦出现法律调整的真空地带。

2. 关联企业对工作地点的影响

工作地点,是指劳动者从事劳动的实际范围,具体可分为固定区域(包含:厂房,办公室和车间等)和不固定区域(包含户外工作地点、餐厅等)。[①] 固定区域比较容易理解,主要指用人单位生产资料所在的物理区域。不固定区域,一方面是指那些由于工作性质特殊而经常变换的工作地点,另一方面则需要与劳动者的生活休息场所相区分。

传统上,我国劳动立法明确规定以用人单位生产经营所在地,即劳动者所在岗位具体位置的物理空间区域作为判断工作地点的标准。但是,在关联企业多元用工安排下劳动者的工作地点变得不固定。劳动者在关联企业不同成员处被交替用工实属常态,个别劳动者的工作地点可能经常变化。此种情况下,如何界定关联企业中个别劳动者的实际工作地点比较困难。与此同时,依循现有劳动立法规定工作地点应是签订劳动合同的必备条款,以杜绝用人单位肆意变更劳动者工作地点的不当行为。[②] 劳动者的工作地点应在签订劳动合同时即与用人单位约定,用人单位无权单方面就劳动者的工作地点随意变更。是以,劳动者依法有权拒绝用人单位的不合理变更而至非用人单位处工作。

依现有立法规定,关联企业的整体用工安排实难存在合法依据。除非关联企业作为一个整体和个别劳动者签订劳动合同,否则其他任何情形下关联企业对个别劳动者交替变换用工单位的行为应属违法。但实践中,为保护关联企业整体用工的经济利益法律对此并没有全然拒绝。更多是通过采纳一种事后补救的方式以实现劳动者权利维护和关联企业整体经济利益维持的平衡。然而,归因于现有制度的模糊评价和受制于劳资双方的不平等性,关联企业旗下劳动者利益受损严重,保护不充分且不平衡。

是以,对劳动者工作地点的判断劳动立法应该采取更为灵活的弹性化考量。基于关联企业混同用工安排的实质,应将关联企业各成员生产经营所在地所辖之物理区域整体纳入劳动者工作地点的考量范围。在具体判断上,应结合个别劳动者提供劳动力的实际用工单位情形做出对该个别劳动者实际工作地点的具体判断。如此,方能实现关联企业参与用工安排下劳动者实际工作地点的准确判断,

---

① 陶建军:《工伤认定的若干问题探讨》,载《经济师》,2009(1)。

② 参见《中华人民共和国劳动合同法》第 17 条。

切实维护弱势劳动者的合法权益。总而言之,与传统一元用人单位企业相比关联企业情形下对劳动者工作地点的准确认定变得日趋复杂。

(三)对劳动关系其他内容的影响

1. 关联企业对劳务给付对象的影响

劳务给付和工资对价是劳动关系最为重要的两方面内容。探究劳动关系的本质,实际上是指一方提供劳动力用于同另一方的生产资料相结合的一种社会关系。在劳动关系运行过程中,劳动者负有劳务给付的义务。劳务给付在本质上是一种债的交换关系,即带有强烈人身色彩的劳动之债的交付。其与普通民事之债的区别在于劳动之债具有强烈的社会法属性,依循倾斜保护劳动者的立法宗旨予以制度设计。但是,劳动之债在本质上仍旧属于一种债。民法中有关债之履行的基本规则,原则上仍应适用于劳动之债。基于此,劳动者给付劳务应在法律规定情形下全面、亲自、及时、正当和诚信履行,并应优先适用劳动合同的约定。[①] 据此,有关规制合同履行的基本规则应较能适用劳动合同之债的履行。

传统上劳动者基于其与用人单位间的劳动合同,双方明确约定劳动者劳务给付的对象。劳动者仅需要向特定的用人单位给付劳务并服从其指挥监督和管理,劳资双方对此并没有特别大的争议。劳务给付法律关系在法律上表现为劳动者个人与单个用人单位间的一一对应关系,且原则上不允许劳动合同之外的主体参与其中。依循劳动合同所涉劳务给付的人身性特征,用人单位有权要求劳动者亲自履行而拒绝他人的替代履行。同时,劳动者也有权拒绝为非劳动合同缔约的用人单位相对人给付劳务的权利。

在关联企业情形下,该种一一对应的法律关系因关联企业多元化用工样态的选择被打破。在关联企业整体用工安排的背景下劳动者的名义用人单位仅有一家,即是与劳动者签订劳动合同的劳动契约用人单位。受关联企业交替变换用工单位的影响,劳动者的实际用工单位可能存有多数。与个别劳动者所属用人单位具有关联关系的关联企业其他成员基于实际用工的选择,均可能成为该个别劳动者的实际用工单位。依循上文对劳动契约雇主概念的分析,该多数实际用工单位并没有与个别劳动者签订劳动合同,并不能作为该名劳动者的劳动契约雇主对待。但是,该名个别劳动者需要服从关联企业的统一安排向非劳动契约雇主给付

---

① 参见《中华人民共和国合同法》第 60 条。

劳务,关联企业内没有和该名劳动者签订具体劳动合同的用工单位实际上接受了该名劳动者的劳务给付。基于此,劳动关系领域劳动者的劳务给付对象发生了改变。且此种改变突破了传统一元用人单位企业下劳动合同约定明确给付对象的限制,劳动者需要向非劳动合同缔约主体的用工单位给付劳务。

传统劳务给付法律关系中的一一对应关系,被一对多的对应关系所替代。具体表现为在关联企业多元用工安排下,一个劳动者需要向多个对象给付劳务。该多个接受个别劳动者劳务给付的主体具体包含劳动者的名义用人单位和非劳动契约雇主身份的实际用工主体。应该说,关联企业中劳动者劳务给付对象的该种变化符合关联企业的经济现实,实为关联企业优化要素配置实现经营效益的一种有效途径。但是,基于劳务给付法律关系的一对多演变,关联企业之劳动者名义用人单位和实际用工单位互相推诿忽视劳动法义务的行为更加凸显。因而,法律在肯定该种劳务给付对象变化的合法性之余,应更多就其不良后果予以事前消解以切实保护弱势劳动者权益不至于过度动荡受损。

2. 关联企业对劳动者解雇保护和职业安全的影响

（1）对劳动者解雇保护的影响

解雇,是指用人单位基于企业一方的原因或劳动者自身原因而解除劳动合同的一种行为,即此种情况下的劳动关系解除是由用人单位主导的。依现有立法规定,解雇作为劳动法上劳动合同终止之事由必须在符合法律规定的情形下始得行使,其与劳动者主动辞职或劳动合同期限届满的自然终止并不相同。

学理上,对解雇权的行使主要存有四种理论争议,包含"解雇自由说"、"解雇权滥用说"、"正当事由说"和"法定事由说"。[①] 解雇自由说和解雇权滥用说原则上仍以民法上契约自由原则为适用法理,对雇主解雇权行使并无实质制约,对劳动者合法权益亦无法实现充分保障。正当事由说和法定事由说通过援引劳动者生存权维护之根本,对民法上契约自由原则予以重大修正,体现社会法理念下劳

---

① 解雇自由说,是指援引民法契约自由原则,雇主的雇佣与解雇均是其经营自由,应不受任何形式的干预。解雇权滥用说,是指援引生存权为基本的劳动权以修正契约自由原则绝对适用的桎梏,原则上仍应肯定雇主的解雇自由,但以滥用之禁止作为雇主解雇自由权的一种限制。正当事由说,是指基于正当事由,雇主不得解雇雇员,此说是对民法契约自由原则更大程度的一种修正。法定事由说,是指必须基于劳动法或其他相关法律明文规定之情形,雇主使得行使解雇,即解雇事由必须符合法定情形下的构成要件。参见黄越钦:《劳动法新论》(第四版),212页,台北,翰芦图书出版有限公司,2012。

动法倾斜保护弱势劳动者权利的立法宗旨。只是法定事由说相对于正当事由说而言是对民法契约自由原则更大程度的一种抑制,雇主解雇权的行使受到更多制约。

我国劳动立法采法定事由说,在劳动相关立法中列举出用人单位可以解除劳动合同的法定情形并明确规定用人单位不得解除劳动合同的法定情形。[①] 与此同时,为保护弱势劳动者的生存得以维系劳动立法进一步规定了经济补偿金条款和用人单位违法解除劳动合同时的赔偿金条款,体现了社会主义国家劳动立法的优越性。依法律规定,除却劳动者主动辞职和劳动者违法遭解除外,用人单位在解除与劳动者的劳动合同时需要支付劳动者相应地经济补偿金或赔偿金。尽管对于经济补偿金或赔偿金的法律性质或许仍旧存有争议,但将其作为劳动者非自愿丧失工作后的一种救济应是社会法基本目标的具体实现。立法如此设计的本意在于维持劳动关系的稳定性,保护劳资双方的利益不至于动荡受损。但是我国劳动立法主要针对一元用人单位企业而言,在制度设计之初并未将关联企业纳入考量。

关联企业混同用工的安排,使非劳动法意义上的用人单位实质上有可能行使着指挥监督劳动者的权利。关联企业中任何一家成员企业都有能力且有可能参与到对个别劳动者的解雇决定中去,它们通过直接做出解雇与否的决定或是对最终的决策通过各种方式施加影响。无疑,在关联企业具体参与用工选择时劳动者被解雇的风险提高。如,关联企业内具有控制权限的控制公司实质控制着劳动者所属的用人单位企业,基于控制公司的利益诉求要求被控制公司做出了解除与该名劳动者劳动合同的决定,在这之后与该名劳动者缔结具体劳动合同的用人单位企业以合法途径解雇该名劳动者。上述情形实则可以概述为关联企业"利用影响力解雇"劳动者情形,关联企业内享有控制权的控制公司实际上对其他受控制关联企业成员与自身所雇佣劳动者劳动关系的建立、运营和终止一系列环节能够施加决定性影响。在此情形下,与非控制地位关联企业成员建立劳动关系的劳动者其具体权利的实现受到非用人单位企业的控制或影响,有关劳动法义务的履行也需要接受关联企业内控制公司的具体评价。或者说,关联企业各成员以交替签订

---

① 参见《劳动法》第24条、第25条、第26条、第27条,《劳动合同法》第36条、第39条、第40条、第41条和《劳动合同法实施条例》第19条。

劳动合同的形式逃避与劳动者签订无固定期限劳动合同的义务,实现最大化减少因不签订无固定期限劳动合同所需承担的变相解雇成本。与此同时,关联企业各成员也可能采取调岗的方式通过变换劳动者实际工作地点的方法逼迫劳动者主动辞职以降低解雇劳动者的违法成本。如,劳动者所属的用人单位企业在作出具体解雇决定前可通过将劳动者调动至经营效益较低的另一家非用人单位的关联企业成员处工作,以实质减少其解除劳动合同时经济补偿金或赔偿金的计算基数。或者是,通过新用人单位与个别劳动者重新签订劳动合同的形式以逃避具体义务的承担。如此种种,对劳动者的权益都将造成难以弥补的损失。

综上所述,不论是垂直关联企业还是平行关联企业,归因于关联企业用工的混同和劳动关系法律界定上的不易,关联企业的参与对劳动者解雇保护提出了种种新的挑战。

（2）对劳动者职业安全保护的影响

劳动关系发展至今,对劳动者职业安全的关注越来越深。随着经济发展方式的转变我国正着手弹性劳动力市场改革,其核心在于构建弹性安全的劳动力市场结构。其中,灵活、弹性的劳动力市场必须以"安全"托底。基于工资保障和社会保险的就业安全是劳动者平衡工作与生活的关键,反就业歧视是职业安全的应有之义。

因上面就关联企业对工资保障的影响已有阐述,这里不再赘述。而社会保险涉及领域较广,这里主要就争议较大的工伤保险问题加以探讨。

依循现有立法,对劳动者的工伤认定主要依循三要素标准,即工作时间、工作地点,因工作原因受到的事故伤害。关联企业和劳动关系的糅合,对该种认定标准产生了冲击。基于关联企业交替变换用工单位的事实,劳动者的工作时间断续,工作地点不固定。基于此,认定工伤的工作时间和工作地点要素变得不明确,关联企业的劳动者在发生事故伤害时难以得到工伤认定。而与此同时,关联企业工伤责任体系构建的欠缺也极易使关联企业各成员间互相推诿以逃避用人单位责任的承担。如关联企业中名义用人单位与实际用工单位间就劳动者的工伤问题互相推诿,拒不承担工伤责任。其可能表现为,劳动者的名义用人单位基于事故伤害发生在实际用工单位处主张应由实际用工单位承担责任,而实际用工单位基于其并非劳动者劳动法意义上的用人单位转而要求名义用人单位担责。或者说,关联企业内劳动者的名义用人单位和实际用工单位互相推诿以逃避工伤保险费的缴纳义务,使劳动者的法定工伤待遇无法实现。同时,劳动者在关联企业内被交替变化用工单位的现实情况也容易导致劳动者在工伤待遇的具体计算上大打折扣,劳动者的合法权益得不到充分保障。基于此,在关联企业背景下劳动者的工伤问题愈加凸显。

关联企业对劳动者职业安全的影响,尚体现在劳动者因关联企业特殊性所导致的就业歧视问题上。如,关联企业内控制公司基于其负责人个人喜好要求被控制公司拒绝招聘女性,法律在要求实质从事差别对待行为的招聘单位(关联企业内被控制成员企业)承担责任之余能否要求关联企业的控制公司担责尚有疑虑。或者说,该控制公司的负责人基于其关联企业控制公司的董事地位而性骚扰被控制公司的女性劳动者,如何追究该名负责人的性骚扰责任等问题,都需要立法进一步阐明。

3. 关联企业对集体劳动关系内容的影响

除却上述个别劳动关系内容方面,关联企业对劳动关系内容的影响尚体现在其对集体劳动关系内容方面的影响,主要表现在关联企业组织工会和集体协议效力两方面。集体劳动关系的理论依据源于劳动三权,即团结权、集体协商权与争议权。[①] 依我国台湾地区学者观点劳动三权属于劳动基本权的范畴,源于大陆法系德国和日本的立法实践。[②] 其本身并不是目的,而仅是劳动者实现生存权的手段,但是相互之间却存在一种手段与目的的关系。团结权和集体协商权行使的目的在于保障争议权的行使,而争议权行使的同时又能促进劳动者团结权和集体协商权的落实。

具体到我国,劳动三权的行使类似于我国宪法基本权的结社自由。[③] 其具体又可进一步区分为个人意义上的结社自由和集体意义上的结社自由两方面。个人意义上的结社自由是指劳动者有权加入或不加入工会,维持或取消工会会员身份。集体意义上的结社自由,是指工会组织有权就劳动者的劳动条件等事项与用人单位或其代表交涉,以提高劳动者待遇。我国通过专门立法对组织工会和工会运作等方面做出了明确的规定,劳动者有权组织或加入工会并受到工会的保护。与此同时,工会应代表劳动者利益与用人单位就关涉劳动者切身利益的事项进行

---

① 黄程贯:《劳动法》,146~148 页,台北,空中大学印行,2001。
② 黄越钦:《劳动法新论》(第四版),55~59 页,台北,翰芦图书出版有限公司,2012。
③ 参见《宪法》第 35 条。

协商,通过达成集体协议的方式规制双方的权利和义务关系。

在关联企业参与实际用工安排背景下,工会维护劳动者权益的职能被稀释。一方面,关联企业交替变换用工单位的安排使劳动者职业趋于不稳定状态,难以找到一个对应的工会组织予以接纳。其实,工会职能的发挥首先需要有相对稳定的会员作为基础,频繁变动的会员并不利于工会职能的运作。因而,在关联企业交替变换用工单位背景下劳动者频繁更换实际工作单位,工会并不倾向于接纳其为会员。与此同时,归因于我国现今工会制度的不完善,工会在劳动关系中的角色定位并不清晰,工会始终处于比较尴尬的可有可无境地。基于此,关联企业中被频繁变换工作地点的劳动者对加入工会组织的积极性并不高。另一方面,在关联企业多元用工安排下工会代表劳动者订立集体协议的效力范围受到重大冲击。在关联企业中劳动者的名义用人单位仅是与其签订劳动合同的关联企业成员企业,但实际用工单位可能存有多数。在此背景下,作为劳动者名义用人单位的工会与用人单位签订的集体协议效力能否及于该名劳动者被调动至与用人单位具有关联关系的关联企业其他成员处的用工关系,尚存疑问。或者说,实际用工单位违反劳动关系所指明用人单位与工会签订的集体协议导致劳动者利益受损,工会是否有权代表劳动者维权。也就是说,关联企业中劳动者加入的工会与所在成员企业签订的集体协议,其效力范围应如何认定。此种情况下,该集体协议是在整个关联企业内都有效,还是仅能够在作为用人单位的关联企业成员处生效。

除此之外,关联企业对集体劳动关系内容的影响尚表现在劳动者争议权的具体行使方面。

第三节　关联企业劳动者保护的具体问题

一、关联企业引发劳动法问题的实证考察

通过数据统计(见图 1-1),①不难发现自 2013 年至 2019 年,我国涉关联企业劳动争议案件呈高位增长态势,且处理起来相当复杂。全国涉关联企业劳动争议案件分别为 2013 年的 133 件、2014 年的 554 件、2015 年的 707 件、2016 年的

---

① 　数据来源于中国裁判文书网案例搜集整理后得出。

1876 件、2017 年的 2581 件、2018 年的 2719 件、2019 年的 1778 件,7 年时间内竟然增长了十几倍。与此同时,统计发现高院审理的涉关联企业劳动争议案件从 2013 年的仅有 2 件一跃至 2019 年的 26 件,且在 2017 年一度达到了 42 件。另绝大多数涉关联企业劳动争议案件很难一审终结,上诉至中院的居多。数据表明,因关联企业用工引发的劳资诉求增加,亦彰显出关联企业劳动争议案件的复杂性。

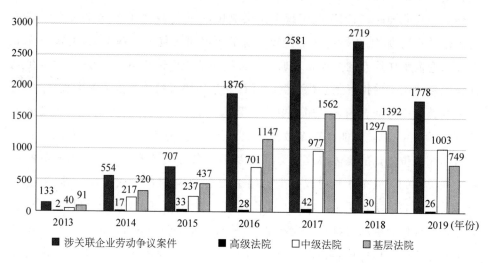

图 1-1　2013—2019 年全国涉关联企业劳动争议案件统计

　　另通过对相关部门的走访调研,笔者发现实务中因关联企业引发的劳动争议在司法实践中的处理难度远比想象的更为复杂。由于现今劳动立法并没有将关联企业参与具体用工引发的劳动关系问题纳入调整思考,实践中的处理规则并不统一,有关方面的用工争议成为司法实践中较难处理的疑难案件。依据调研结论,实务人员普遍认为劳动法上的"关联关系"并不是一个明确的法律概念而仅代表劳动关系联系的纽带,具体可表现为"主体关联"和"内容关联"两种情形。"主体关联"是指作为劳动关系一方主体的用人单位具有关联性而引发的劳动法律关系问题,主要指关联企业这种情形。"内容关联"是指基于某种连接因素的存在,劳动关系的内容具有关联性而引发的劳动法律关系问题,涉及劳动对象、劳动工具和劳动管理等方面的联系。

　　基于前面对劳动法上关联企业的界定,劳动工具、劳动管理和劳动对象等劳动关系内容方面的联系应被视为界定劳动法上关联关系的具体考量因素对待。因而,笔者认为"内容关联"应可纳入关联企业情形下的劳动关系问题予以同等思考。正如前所述,公司法领域对关联企业问题的研究比较成熟,对关联企业概念、特征和认定规则的认识已渐趋统一,较无争议。但是,劳动法领域鲜有人对关联企业做出自己的判断,针对关联企业的劳动关系问题乏人问津。其实,在关联企业产生之前由谁承担劳动者保护责任的问题即已存在,只是关联企业的出现加重了此类问题的处理难度。基于对实务中关联企业引发劳动法问题的案例搜集和走访调研,整理后发现司法实践中关联企业引发的劳动法困惑主要集中体现在如下几方面的争议。

(一)判断劳动关系归属引发的争议

实务中,基于关联企业的混同用工安排,个别劳动者劳动关系的最终归属难以得到确认。相关案例表明,归因于关联企业整体用工安排的事实极易使个别劳动者在关联企业内的劳动关系归属产生混淆,有关方面的用工争议成为司法实践的频发地带。

如李某诉 A 公司支付拖欠工资一案。[①]该案中,A、B 两家公司的经营业务一样且 A、B 两家公司的法人代表系父子关系,且两家公司的办公场所在同一地点,所有工人均由 A 公司招聘并由 A 公司法人张某负责安排具体工作任务。李某经由张某招聘,与 A 公司签订了一份试用期协议。后 A 公司以改革为由要求与李某签订一份新的劳动合同。李某不同意,要求先发放拖欠的工资再协商签订新合同事宜。双方意见发生分歧,后 A 公司解除其与李某之间的劳动关系。该案审理中,A 公司辩称双方不存在劳动关系。抗辩理由认为 A 公司和 B 公司有口头约定由 B 公司负责招人,只是由 A 公司和员工签订具体劳动合同。A 公司有工程项目时员工就在 A 公司工作。而实际上李某一直在 B 园林公司工作,并未在 A 公司提供劳动且工资也一直由 B 公司发放。故而,A 公司主张李某应向 B 公司要求支付拖欠的工资。

实际上,此种情况下劳动者先后或同时接受关联企业多家成员企业的指挥监督,服从该具有关联关系的多家企业的工作安排和调整用度。在此背景下,劳动者事实上从属于关联企业的若干成员企业,关联企业内个别劳动者表现为具有多

---

① 案例来源李彦宏:《关联企业用工乱象亟待规范》,载《中国卫生人才》,2013(11)。

重从属性。而我国劳动立法原则上仅承认一重劳动关系,否定双重或多重劳动关系存在的可能性。基于此,需要在关联企业若干具有从属性的法律关系中寻找从属劳动者唯一的劳动关系归属,以此明确双方的权利和义务关系。但是,关联企业内劳动者被关联企业交替变化用工单位的情形经常发生,被混同用工的劳动者其劳动关系的最终归属不易判断。

(二)用人单位识别引发的争议

关联企业整体用工安排情形下,劳动者在关联企业的不同成员企业间被交替变换用工单位。在此情形下,对劳动者劳动法意义上唯一用人单位的识别具有窒碍难行之处。

如张某与某出版社劳动争议一案。[①] 该案中,某市为宣传文化促进旅游需要,由市旅游局与某出版社联合成立编辑部出版宣传该市旅游文化的书籍。该出版社以自身名义招用劳动者,待出版工作完成后即解除双方关系。是以,被解除关系的劳动者以出版社未与其签订书面劳动合同为由主张双倍工资待遇和违法解除劳动合同的赔偿金,遂提请仲裁。

该案中具有用工主体资格的法人单位因特定目的联合起来成立一个不具有用工主体资格的临时性组织,对受雇于该临时性组织从事具体工作的劳动者其劳动关系归属的判断存有疑虑。谁是该劳动者的用人单位?应由谁承担违法解除劳动合同的用人单位责任?针对上述因用人单位识别引发的系列问题,实务人员意见并不统一。一些人认为,基于出版社以自身名义招用劳动者的事实且书籍出版工作本就属于出版社的经营范围,故应认定出版社为劳动者的用人单位且应由出版社承担违反劳动法义务的用人单位责任。另一些人则认为,上述情形表明市旅游局亦参与到与劳动者的具体法律关系中且同样享有劳动者作出的劳动成果,故而也应作为该劳动者的用人单位对待。据此,该案引发实务中观点对立且争议不断。是以,在关联企业具体参与用工情形下劳动者的用人单位难以得到有效识别。

(三)计算工作时间引发的争议

劳动者在关联企业不同成员企业处交替工作,此种情况下劳动者的具体工作时间应如何计算较难统一定论。与此同时,对劳动者工作时间的计算可能涉及全

---

① 案例来源于武汉市劳动仲裁委员会。

日制劳动关系与非全日制劳动关系的具体甄别问题。不同性质的劳动关系引发不同的法律效果,对劳动者权益的影响也并不相同。实践中,因工作时间计算引发的争议比较突出。

如自然人乙要求确认劳动关系一案。[①]该案中,自然人甲从事家具销售业务,分别在某市 W 区和 H 区三个家具市场(均为法人单位)内设有 A、B、C 三个门店用于开展家具销售具体经营活动。自然人乙受甲雇佣,分别为 A、B、C 的三家门店提供劳动,甲并未与乙签订书面劳动合同。现乙因签订劳动合同、缴纳社会保险等事项与 A、B、C 和三个家具市场发生争议,乙遂将上述五家单位同时列为被申请人(除了 C)并提请仲裁,要求被申请人支付其未签订书面劳动合同的双倍工资、未签订无固定期限劳动合同的双倍工资、休息日加班工资、节假日加班工资和社会保险损失等各项权益损失金额。受案仲裁院经查明,乙在甲设立的三家门店内交替劳动且乙具体负责销售和安装、维修等售后服务。同时,乙虽经常往返于 W 和 H 等地,但是其在 A、B、C 三家门店的总体工作时间若合并计算可以达到每天 8 小时,也就是说乙向 A、B、C 提供的劳动时间加起来达到了全日制工的标准,仅是乙交替为三家企业提供劳动而已。甲辩驳认为乙是他个人招用然后被分派到各门店处工作,乙实际上与 A、B、C 任何一家门店间都不存在劳动关系。基于此,双方产生争议遂提请仲裁。

此案引发的问题较多,关涉关联企业混同用工下劳动者工作时间的具体计算方法。上述问题的评判,需要重点厘清几个问题:首先,一个自然人设立的多家企业是否构成关联企业?其次,该自然人招用的劳动者在多家企业间交替劳动,如何确定劳动关系的归属?再次,该劳动者一天之内在该自然人设立的多家企业处提供劳动,每家企业工作两三个小时但总体工作时间达到 8 小时全日制标准,那么此种情况下是将其确立为多个非全日制劳动关系,还是选取其中一家主要的企业作为用人单位主张其与该劳动者建立了全日制劳动关系?若是支持后者,确定关联企业用人单位的标准是什么?是以,在关联企业混淆用人单位交替变化用工情形下劳动者先后或同时在具有关联关系的不同成员企业处提供劳动力,准确界定劳动者的工作时间是实现劳动者权益保护的前提条件。

---

① 案例来源于武汉市劳动仲裁委员会。

（四）适用规章制度引发的争议

我国劳动立法明确规定,用人单位可以劳动者严重违反单位规章制度为由解除与劳动者之间的劳动关系。[①] 实践中,就该条文的具体适用产生不少争议。而关涉关联企业参与实际用工安排时对用人单位具体适用该项条款的争议表现尤为突出,集中在对关联企业规章制度适用效力范围上的争议。

如甲与公交公司违法解除劳动合同纠纷。[②] 该案中,某公交总公司下设多家分公司(分公司均注册登记取得用工主体资格)用以承担日常营运工作。现某分公司以自身名义与甲签订劳动合同,行使用人单位职责。后该分公司以甲严重违反规章制度为由,解除其与甲之间的劳动关系,甲不服遂提请仲裁。仲裁院经审理查明,该分公司并没有建立和完备自身的规章制度,与其他分公司一样一贯依循公交总公司的规章制度予以具体人事管理。该分公司解除其与甲之间的劳动关系也是依循总公司的规章制度做出的。

该案中,讼争双方主体因关联企业规章制度的效力范围产生争议。细加考量,本案争议焦点在于总公司制定的规章制度效力范围能否适用于总公司旗下的分公司与分公司独立雇佣劳动者之间所建立的劳动关系。或者说,分公司能否援引总公司的规章制度对自身所雇佣劳动者予以劳动人事管理,并以劳动者违反总公司规章制度为由解除其与劳动者之间的劳动关系。与此同时,实践中因规章制度适用产生的争议尚表现在具有控制从属关系的其他具体类型的关联企业情形下,如母、子公司间规章制度的适用效力问题。

（五）适用服务期和竞业禁止协议引发的争议

同规章制度的适用问题一样,实践中因服务期和竞业禁止协议引发的关联企业劳动法问题亦慢慢凸显。其中,问题的核心在于对劳动者服务期和竞业禁止协议效力范围上的争议。

有关方面的争议可从集团公司与合资公司诉陈某违反服务期要求支付赔偿金纠纷一案中得到体现。[③] 该案中,陈某与某集团公司签订1998年至2004年为期6年的劳动合同,双方同时约定服务期。在合同期限内,2001年陈某受用人单位委派出国带薪脱产学习1年。2002年原用人单位与外方合资成立了合资公

---

① 参见《劳动合同法》第39条。
② 案例来源于武汉市劳动仲裁委员会。
③ 案例来源于刘文华:《服务期内离职引发的劳动争议》,载《中国劳动》,2007(1)。

司,陈某遂被安排至该合资公司处工作。但是,集团公司一直未与陈某解除劳动合同并继续为其缴纳社会保险费及公积金。2003 年 2 月合资公司与陈某签订培训协议,协议约定陈某须为合资公司服务 10 年,若服务期未满陈某提前解约需按协议约定数额支付赔偿金。后合资公司先后于 2003 年和 2005 年派陈某出国学习考察。2005 年 11 月,陈某离开合资公司到一家与合资公司有竞争关系的同业企业工作。现集团公司与合资公司提请诉讼,要求陈某分别向各自支付其违反服务期约定的赔偿金等主张。

此案为典型的关联企业服务期履行问题,核心在于界定关联企业服务期的效力范围和时效。主要涉及以下几个方面的问题。陈某辞职时劳动关系的归属在哪里? 是集团公司抑或合资公司? 劳动合同期限届满而服务期尚未届满,劳动者辞职是否需要追究其违约责任? 集团公司与劳动者的服务期约定效力范围如何确定? 集团公司与劳动者约定的服务期协议是否在关联企业所有成员处均有效力? 或者说,母公司与劳动者的服务期约定效力能否及于子公司? 和服务期争议相似,在关联企业混同用工安排下,有关竞业禁止协议的法律效力该如何解读? 具体到本案中表现如下:如果陈某与集团公司签订有竞业禁止协议,那么集团公司能否要求陈某承担违反竞业禁止协议的法律责任? 此种情况下,合资公司是否有权要求陈某担责? 亦即,关联企业竞业禁止协议的效力范围如何确定? 或者说,集团公司与劳动者签订的竞业禁止协议效力范围是否及于集团旗下的关联企业所有成员?

（六）无固定期限劳动合同引发的争议

目前劳动者在关联企业之间变换劳动关系归属的,其劳动合同订立次数如何计算,法律、法规并没有做出明确规定。基于关联企业的特殊性,该种企业间的联合为混同用工提供了方便。一方面,关联企业混同用工是实现其资源优化配置的最有效方式之一,具有积极效应。另一方面,关联企业混同用工混淆劳动关系实质内容的行为,为其规避劳动法上的义务承担提供了方便,负外部性显现。实务中,关联企业通过交替变换劳动者用工单位的安排以规避劳动法上无固定期限劳动合同的法定义务已有呈现。

如侯某与 WS 集团劳动争议一案。[①] 该案中,WS 集团总公司下设 WS 商业

---

① 　鲁志峰:《在关联企业之间转移劳动关系劳动合同订立次数是否连续计算》,载《中国劳动保障报》,2015-09-22。

有限公司、北京 WS 销售有限公司以及 WS(中国)投资有限公司三家全资子公司。侯某于 2006 年 7 月入职于 WS 商业有限公司。2011 年 7 月待劳动合同期满后,侯某又与北京 WS 销售有限公司签订了为期 2 年的劳动合同。2013 年 7 月,因工作需要侯某被 WS 集团总公司任命为 WS(中国)投资有限公司的副总经理,双方也依法签订了劳动合同。2015 年 7 月 31 日,WS(中国)投资有限公司与侯某的劳动合同期限届满。鉴于侯某在任期内表现平平,且在本单位连续工作时间不满 10 年,WS(中国)投资有限公司决定终止双方的劳动合同。在劳动合同终止通知书送达侯某之时,侯某表示不服。侯某认为其与 WS 集团所属的公司已连续订立了 3 次固定期限的劳动合同,依法已经具备订立无固定期限劳动合同的条件,应订立无固定期限劳动合同。基于此,侯某提请仲裁。

在关联企业情形下,关联企业不同成员轮流与劳动者订立劳动合同的,因劳动合同订立次数的计算问题而产生的争议比较普遍。其中,关涉劳动者无固定期限劳动合同权益保障问题。用人单位基于规避无固定期限劳动合同的签订义务主张劳动者与关联企业不同成员企业签订的劳动合同应独立对待,不能够连续计算。而劳动者一方基于自身无固定期限劳动合同的签订需求,主张其与关联企业不同成员企业间轮流签订的劳动合同应连续计算次数以适用劳动立法有关无固定期限劳动合同的签订要求。实践中,因此问题产生的争议不在少数。其实,针对该问题的解决需要重点考量如下两个问题:首先,需要清晰界定关联企业的本质属性是什么。其次,需要厘清关联企业之间转移劳动关系的实质是什么。在明晰上述两个问题的基础上,最后乃能对关联企业之间转移劳动关系的劳动合同订立次数是否应该连续计算有较为清醒的认识。

二、关联企业劳动者保护问题的具体呈现

基于上述对关联企业参与用工情形下引发劳动法问题的实证考察和涉关联企业劳动争议案件的数据统计分析,运用法学抽象演绎的方法,以劳动关系建立、维持、运营和解除为主线,归纳得出现阶段我国关联企业的劳动者保护问题主要涵盖如下具体方面问题。

(一)劳动关系的认定问题

在关联企业具体参与用工情形下,劳动者在关联企业不同成员企业处被交替变换用工单位。劳动者先后或同时接受多家用工单位的指挥监督服从其工作安

排和调整,劳动关系表现为具有多重从属性。而与此同时,我国立法原则上仅承认一重劳动关系,否定双重/多重劳动关系的存在。基于此,需要在关联主体若干具有从属性的法律关系中界定劳动关系的最终归属,以此明确双方的权利和义务关系,实现弱势劳动者合法权益的有效保障。但是,实践中关联企业为逃避违法用工的法律成本或出于降低自身人力成本的考量通过混同用工或交替变换劳动者用工单位的安排阻碍劳动关系的认定,关联企业旗下劳动者劳动关系的最终归属难以确定。基于此,立法原则和司法实践产生分歧。有关一重劳动关系和双重/多重劳动关系的争议持续发酵,关联企业内劳动关系的认定愈发困难。

（二）关联企业的调职问题

调职是企业最为经常使用的用工安排方式,具体可分为企业内调职和企业外调职两种类型。通过调职,可以帮助具有用工需求的企业快速找到适合的劳动力用于组织生产,同时亦能帮助企业减少不必要的人事开支以降低用工成本。关联企业也经常通过调职的方式合理安排劳动力,优化人力资源配置以实现利润的最大化。但是受制于关联企业本质属性的认识争议,对关联企业调职行为的法律界定并不明确。实践中,因调职引发的关联企业用工纠纷比较复杂。如:关联企业对劳动者有无调职权? 关联企业调职权的合法性依据何在? 如何判断关联企业对劳动者行使调职行为的合法与非法的界限,标准如何确定? 关联企业调职权行使的合理性审查标准如何界定? 关联企业调职是一种企业内调职还是归属于企业外调职? 劳动者在具有关联关系的企业间被调动是否需要重新签订劳动合同? 这些问题都需要立法进一步明确。

（三）关联企业的劳务派遣用工问题

关联企业以劳务派遣方式安排用工下劳动者权利如何保障,依循现有劳动立法规定难以得到明确答复。我国劳动立法上明确禁止用人单位自营派遣业务,对劳务派遣用工予以严格规制。[①] 但对于关联企业内的劳务派遣用工缺乏明确规定,该种情况是否属于劳动法上的自营派遣业务尚并不明确。实务中,具有关联关系的企业间通过劳务派遣用工方式安排劳动者在关联企业不同成员处工作的情形经常发生。受制于立法规定的不明确,对关联企业该种用工方式的选择法律并没有明确的规制路径。与此同时,关联企业内专营劳务派遣业务的成员企业可

---

① 参见《劳动合同法》第 67 条。

能基于关联企业的整体用工安排向关联企业的不同成员企业派遣用工以规避劳动法上有关劳务派遣条款的适用。此种情况发生后使关联企业内劳动者的真正用人单位有能力逃脱劳动法上用人单位义务的承担,劳动者权利受损严重。据此,因关联企业劳务派遣用工引发的劳动者保护问题,愈发凸显。

(四) 关联企业混同用工引发的问题

1. 劳动合同续签或重签的问题

关联企业各成员与劳动者轮流订立劳动合同的,劳动者先后与用人单位具有关联关系的不同企业签订的劳动合同其法律性质应如何界定?司法实务中,针对此类问题主要存在两种争议。一种意见认为,基于企业间关联关系的存在,应将劳动者在关联企业交替提供劳动的事实视为在同一企业内对待。故而,其先后与关联企业之不同成员企业签订的劳动合同应视为对原有劳动合同的续签。另一种意见认为,企业间关联关系的存在并不会对传统公司法人格独立性产生任何影响,主张劳动者先后与关联企业不同成员签订的劳动合同应分别独立对待。也就是说,应将此种情况下签订的劳动合同视为对原有劳动合同的一种修订行为对待。即废止原约而建立新约,否则即有违我国一重劳动关系的立法传统。据此,针对用人单位及其关联企业与劳动者轮流签订劳动合同的行为,实践中主要存在续签和重签两种法律性质的争议。而劳动合同的续签或重签引发的法律效果并不相同,对劳动者权益的影响也存有差异。其中可能涉及劳动者无固定期限劳动合同的主张能否实现的问题,引发各方争议不断。是以,从保护劳动者立场出发需要对此行为予以法律界定。

2. 工龄是否合并计算的问题

依循现有劳动立法之规定,用人单位及其关联企业与劳动者轮流订立劳动合同情形下,计算经济补偿金或赔偿金的工作年限时应可以合并计算①。对该条司法解释的具体适用是以劳动合同的有效存在为前提条件。对于未与劳动者签订劳动合同的关联企业交替变换劳动者用工单位的安排,劳动者的工龄是否应当连续计算立法并未明确规定。实践中,关联企业为规避该条款的适用,在做出具体用工安排时想方设法不与劳动者签订书面劳动合同。由于现今我国劳动法律制度对事实劳动关系的规制尚不完善,该种情形下劳动者的工龄能否合并计算必然

---

① 参见《最高人民法院关于审理劳动争议案件适用法律若干问题的解释(四)》第5条。

存在极大的不确定性。基于此,如何解释和适用该条款以更有效地保护关联企业旗下的劳动者利益,司法裁判规则必须更加明确。

3. 工作时间如何计算的问题

关联企业混同用工安排情形下,劳动者在关联企业不同成员企业处交替提供劳动的工作时间应如何计算成为司法实践中的难点问题。针对劳动者的工作时间,是合并计算为一家用人单位的整体工作时间还是分别计算,存有疑虑。若劳动者一天之内在多家企业提供劳动且在每家企业工作两三个小时但总体工作时间达到 8 小时全日制标准,那么,此种情况下是将其确立为多个非全日制劳动关系还是选取一家主要的企业作为用人单位建立全日制劳动关系对待? 该种情况下,确定非全日制工或全日制工的具体标准是什么? 与此同时,若个别劳动者在关联企业不同成员企业处的总体工作时间超过了法定最高工时保护基准,劳动法对此应如何规制? 不同的处理思路引发不同的法律效果,对劳动者权益的影响也并不相同,亟待法律对此做出回应。

4. 规章制度、服务期和竞业禁止协议的适用问题

我国劳动立法明确规定,用人单位可以劳动者严重违反规章制度为由解除与劳动者的劳动关系。[①] 实践中,因适用此条文引发的劳资纠纷不断。在关联企业整体用工安排下,对用人单位及其关联企业适用该条文的司法困惑尤为突出。一方面,我国劳动立法坚守一重劳动关系的立法传统,原则上劳动者只能与一家用人单位建立和保持劳动关系并要求其承担劳动法上的用人单位责任。另一方面,在关联企业整体用工安排情形下,劳动者可能需要同时接受与用人单位具有关联关系的关联企业其他成员的指挥监督并遵守其规章制度。在此背景下,劳动关系领域劳资相对方权利和义务失衡,劳动者权益受损严重。据此,在关联企业情形下因适用用人单位规章制度而引发的争议持续存在。与此同时,劳动立法尚需要就关联企业参与具体用工情形下与劳动者相关的服务期和竞业禁止协议的效力范围做出回应,减少劳资双方因履行服务期和竞业禁止协议而产生的适用争议。是以,明晰关联企业之规章制度、服务期和竞业禁止协议的效力范围并予以谨慎适用,严防关联企业不当扩大解释其效力范围并行以不合理使用,给劳动者权益造成过多的损害。如此,较能符合劳动法之基本价值目标追求所需。

---

① 　参见《劳动合同法》第 39 条。

（五）用人单位主体变动后的法律效果评判问题

关联企业情形下劳动者所属用人单位企业和与其具有关联关系的其他关联企业成员在发生合并、分立或其他主体变动情形时，与劳动者原有劳动关系如何处理成为困扰实务人员的难题。此种情况下，可能引发劳动关系的变更、承继或调职等不同的法律后果。依循劳动法基本法理及现有制度安排，劳动关系变更、承继或调职的法律性质并不相同，对劳动者权益的影响亦存有差异。劳动关系的变更实属新劳动关系的建立而废止原劳动关系，应遵循劳动法上有关劳动关系建立的要求行以制度规制，重新签订劳动合同以明确彼此的权利和义务关系。劳动关系承继发生在用人单位主体法定变动情形下，需符合劳动法上的适用条件。针对劳动关系的承继，劳动立法基于维持劳动关系稳定和保护弱势劳动者合法权益的价值思考明确规定原有劳动合同继续有效，应予履行。① 针对调职，我国劳动立法上视其为用人单位行使指挥监督权的固有内涵，并未过多加以限制。② 基于此，劳动者的用人单位企业和与其具有关联关系的企业在发生合并、分立或资产重组等企业主体变动情形时，对主体变动可能引发的法律后果具体评判结果不同，劳动者权益所受到的影响也并不相同。是以，从保护劳动者立场出发必须对用人单位主体变动后的法律效果予以具体规制思考。

本 章 小 结

从劳动法语境下对关联企业予以界定，必须借鉴其他部门法上的已有成果。基于我国部门法实践的梳理，对关联企业的认定必须首先厘清关联关系。部门法经验表明，应以"控制关系或重大影响关系"为界定关联关系的标准。与此同时，域外对关联企业的认识亦主张以关联关系的有效界定为前提，而关涉"关联关系"的界定标准与我国部门法实践基本相同。

在此背景下，劳动法上的关联企业应是指作为用人单位的企业与另一企业之间存在直接或间接的控制关系和重大影响关系的企业，表现在股权关系、投资关系、业务关系、财务关系、亲属关系和包含用工关系在内的人事关系等一切可能产

---

① 参见《劳动合同法》第34条。
② 参见《劳动合同法》第35条。

生控制或重大影响关系的相关利益关系。劳动法上的关联企业较其他部门法范围更广,且在关联关系的具体界定上应引入法国法上的"事实董事理论"以实质分析企业间的控制关系或重大影响关系以切实体现劳动立法倾斜保护弱势劳动者的价值追求。

关联企业的出现对传统劳动法上的劳动关系产生重大影响,主要涉及劳动关系的主体和劳动关系的内容两方面。对劳动关系主体的影响主要表现为对我国劳动法上用人单位的影响。传统劳动法理论认为,雇主应主要包含劳动契约雇主概念和功能性雇主概念两类。仔细分析,其实我国劳动法上的用人单位概念仅是指劳动者的劳动契约雇主而言。在关联企业情形下,作为劳动关系一方主体的用人单位难以厘清。一方面,劳动契约雇主概念要求以与劳动者签订劳动合同的相对方始能为劳动者的用人单位,对于未与劳动者签订劳动合同的关联企业成员或关联企业整体难以认定为劳动者的用人单位。与此同时,在关联企业各成员与劳动者轮流订立劳动合同的情况下,关联企业内存在多重劳动契约,依循劳动契约雇主概念劳动者的用人单位难以得到准确认定。另一方面,功能性雇主概念在我国劳动立法上的缺失导致实践中很多事实上承担雇主职权和权能的主体难以认定为劳动者的功能性雇主对待。关联企业对我国劳动法上用人单位的影响,尚表现为关联企业内设机构的用人单位困惑。即关联企业整体的内设机构,其能否享有劳动契约雇主资格或被视为劳动者的功能性雇主对待,尚存疑虑。关联企业对劳动关系内容方面的影响,集中表现为工资、工作时间和工作地点、劳务给付对象、劳动者解雇保护和职业安全保护以及集体劳动关系等方面内容。

通过对关联企业劳动法问题的数据统计和实证考量,实务中的因关联企业引发的劳动者保护问题有很多。具体表现为:劳动关系的认定问题、关联企业的调职问题、关联企业的劳务派遣用工问题、关联企业混同用工引发的问题和用人单位主体变动后的法律效果评判问题。而问题的核心,在于关联企业混同用工导致旗下劳动关系的混淆,个别劳动者劳动关系归属不易判断。可以说,关联企业的出现对劳动法实现保护弱势劳动者的基本价值目标提出了更高的实践要求。法律应如何完善,以实现关联企业中劳动者利益的更有效保护是我国劳动立法不得不重新考虑的问题。

第二章　关联企业劳动者权益保护不能的成因分析

本章首先就关联企业参与用工的特殊性和多元化的用工样态予以具体分析，辨明关联企业劳动者保护的现实困境。其次通过分析从属性标准的理论桎梏阐释关联企业劳动关系适用传统从属性的理论困惑，探究关联企业劳动者保护不能的理论背离原因。最后通过对我国现有劳动立法的梳理和司法活动的检视，进一步指出关联企业劳动者保护的制度障碍。

第一节　关联企业用工的本质特性

一、关联企业参与用工的特殊性

关联企业用工具备一般企业用工的特点，同时具备自身的独特性，难以直接适用劳动法予以规制。

传统劳动法理论认为，劳动关系是指劳动力所有者与劳动力使用者之间为实现劳动过程而发生的一方有偿提供劳动力，而用于同另一方提供的生产资料相结合的一种社会关系。[①] 是以，此种情况下的劳动关系具有封闭性，发生在一方为个别劳动者与另一方为接受其劳务给付的一元用人单位企业之间。劳动关系的建立和运行细化为若干相互独立的个别劳动关系调整，具有单一性和独立性。

伴随着现代企业制度的建立和资本市场的推行，企业间结合以实现规模效应的经济现象愈发突出。在此背景下，关联企业参与劳动用工直接导致旗下个别劳

---

① 王全兴著：《劳动法》（第三版），29 页，北京，法律出版社，2008。

动关系间的联系性加强。受制于企业间关联关系的存在,关联企业的用工表现出与普通企业不一样的特点,较具特殊性。

首先,关联企业情形下用工方式的选择更为灵活多样,劳动法意义上的用工和非劳动法意义上的用工并存。一方面,关联企业内具有法定用人单位主体资格的某成员企业或某机构通过与劳动者签订劳动合同的方式建立劳动关系,吸纳劳动者为其生产组织的一员以参与劳动过程。此种情况下,劳动关系双方主体以有效存在的劳动合同明确彼此间的权利和义务关系,劳动者必须服从用人单位的指挥监督并接受其管理。与此同时,身为个别劳动者劳动契约雇主的关联企业的某成员企业或某机构必须对与其签订有劳动合同的劳动者履行劳动法上的劳动契约雇主义务,承担劳动法上规定之保护劳动者的用人单位责任。

另一方面,基于关联企业整体的用工安排,劳动者在关联企业内被交替变化实际用工单位的情形经常发生。此种情况下,受制于我国一重劳动关系的立法传统,关联企业内个别劳动者的劳动关系归属不宜判断,名义用人单位和实际用工单位交错并行。与此同时,劳动者与关联企业内实际用工单位企业间形成的用工关系可能表现为一种非劳动法意义上的用工关系,如劳务关系。此时,劳动者与关联企业内的实际用工单位企业双方之间应按照劳务用工安排明确彼此的权利和义务关系。该种情形下,劳动者为关联企业内的实际用工单位企业提供服务,而该实际用工单位企业仍需依法向劳动者支付劳务报酬,作为其提供劳务的对价而非劳动法意义上的工资对价。归因于上述劳务用工的判断,关联企业内多发生转换劳动用工为劳务用工的情形,以借此逃避劳动法上的用人单位责任,个别劳动者的合法权益保护需求难以落实。

其次,基于关联企业内多数企业联合的事实,“跨法人格”的用工关系在关联企业内凸显。随着社会化分工的加剧,在关联企业情形下劳动者的招聘与使用发生分离的现状日益明显。事实上招用劳动者的名义用人单位可能并不实际使用着劳动者提供的劳动力,转而将劳动者变换至关联企业的其他成员企业处工作,由该关联企业成员真实用工。或是表现为,关联企业内劳动者的名义用人单位企业与关联企业的其他成员企业共同行使着对劳动者的用工权能,劳动者需要同时或先后为关联企业的不同成员企业工作。实现一家企业招工,多家或甚至为所有企业共同用工的效果。是以,个别劳动者与关联企业的用工关系实则为关联企业内不同成员与该个别劳动者建立的多个用工关系的联合或叠加。

在此背景下，基于对关联企业的各成员企业独立法律人格地位尊重的考量，关联企业内形成多个"跨法人格"的用工关系。该"跨法人格"的用工关系是视为一个完整的劳动关系还是分别对待，较具争议。若是分别对待则与我国现有一重劳动关系的基本劳动法理相悖，难以实现。而与此同时，劳动者在关联企业内被混同用工成为事实。个别劳动者需要分别向各实际用工单位做出劳务给付但是却无法获得劳动法意义上的用人单位对价。如此，加重了本就为弱势方的劳动者义务，使关联企业旗下劳动者遭受更多的不公平，劳动法倾斜保护弱势劳动者的立法宗旨沦为纸面之谈。

总而言之，基于多数企业联合的现实情况，关联企业参与用工与单一企业相比具有特殊性。因此，运用传统一元用人单位企业用工的处理思路难以实现对关联企业用工关系的有效法律规制传统劳动法理论必须有所突破，以更好地用于指导相关制度的完善实践。

二、关联企业用工样态的复杂性

和一般企业用工相比，关联企业参与用工安排具有独特性。关联企业选择具体用工方式比较多元化，具体用工样态高度复杂，直接造就了关联企业适用劳动法的困惑。

关联企业具体用工选择时，其对劳动者的招聘与使用发生分离。劳动者受关联企业内一家成员企业招工，其可能在关联企业内另一家成员企业处被用工。关联企业内劳动者的招聘与使用发生分离的情形或是表现为劳动者受关联企业内某一家成员企业雇佣招工，双方建立个别劳动关系，但是该名被雇佣劳动者却实际需要同时为关联企业的其他成员提供劳动。是以，实务中关联企业具体用工样态的选择多种多样，比较复杂。

第一种情形，关联企业的各成员企业分别招用员工，各成员企业分别管理自身的劳动事务维持各自劳动关系的独立运行。亦即，关联企业用工依循一元企业用工的处理思路，由具备用人单位主体资格的成员企业分别与劳动者缔结劳动合同，建立劳动关系，各成员企业既招聘劳动者又实际使用劳动者提供的劳动力。此种用工方式的选择为实务中关联企业最为常见的一种用工样态。关联企业的各成员企业依循自身生产经营的实际情况，核定所需劳动力以用于企业日常生产经营的维持。各成员企业分别组织招聘员工并与之签订劳动合同，明确彼此间的权利和义务关系。在此情形下,关联企业内各成员企业分别招聘劳动者并组织用工,关联企业内存在数个独立且平行的劳动关系建立和运行维度,彼此互不干涉。如集团所属各全资子公司分别招用员工并与之建立劳动关系,各全资子公司就其所招用并与之建立劳动关系的劳动者分别施加管理和使用,彼此相互独立且集团公司亦不做干涉。

第二种情形,关联企业的各成员企业分别招用员工并与之建立劳动关系,但关联企业整体上存在一个统一的人力资源管理机构。亦即,关联企业内劳动者的招聘与使用统一,仅与管理相分离。与上述第一种用工样态的选择相似,关联企业的各成员企业分别雇用员工用于组织企业的日常生产经营,成员企业既招聘又实际使用劳动者。各关联企业成员与其所雇用员工间建立劳动关系,该种用工样态下关联企业内也存在数个彼此独立且平行的劳动关系维度。不同之处在于,在该种用工样态下于关联企业整体设有一个专门负责旗下各成员公司所雇员工日常劳动事务管理的人力资源管理机构。该人力资源管理机构通过对关联企业各成员企业人力资源的集中控制和管理,合理优化配置劳动力以提高关联企业整体的生产经营效率并协调关联企业各成员间的劳资关系运行。如集团公司通过设立人力资源管理处的方式对旗下所有全资子公司招用且建立劳动关系的劳动者予以集中管理和配置,保证员工在集团内的合理流动,实现劳动力的优化配置。

第三种情形,关联企业内某成员企业雇用员工,而后派遣至其他成员企业处工作。也就是说,就个别劳动者而言招聘与使用相分离。该种用工样态具体表现为由关联企业内某成员企业负责招聘员工并与之建立劳动关系以用于自身的生产经营活动。就该成员企业与旗下劳动者的关系而言,招聘与使用同时进行。而与此同时,该招用员工的关联企业成员企业亦将所招用的员工派遣至与自身具有关联关系的关联企业内其他成员企业处工作,为关联企业其他成员提供用于其生产经营所需的劳动力。就关联企业内实际用工单位和劳动者关系而言,招聘与使用相分离。整体而言,上述关联企业用工样态的具体选择突破了传统一重劳动关系的运行维度。虽然表面上仍旧符合一重劳动关系的建构特征,由劳动契约雇主承担劳动法上的用人单位义务。该具体招聘并实际使用劳动者的成员企业居于劳动者的用人单位地位,与旗下劳动者之间建立符合法律规范的劳动关系。但是,与劳动契约雇主具有关联关系的其他成员企业也事实上对劳动者用工。此种情形下,被劳动契约雇主派遣至关联企业其他成员企业处工作的劳动者,其与接受该劳动者具体劳务给付的实际用工单位企业间形成的用工关系应如何界定,现有立法尚不明确也难以从制度实践中得到明确答案。其中,具体可能涉及劳务派遣用工,或用人单位的调职等问题。如集团所属 A 公司招用劳动者甲并与之建立劳动关系以明确彼此的权利和义务,随后 A 公司将所招用劳动者甲派遣至集团所属 B 公司处工作,此种情况下甲与 B 公司的法律关系如何处理,则存有疑虑。

第四种情形,关联企业整体招聘员工且在关联企业内统一管理和配置劳动力,劳动关系集中控制和管理。和关联企业统一经营决策目的相同,为落实关联企业规模经济效应实现资源优化配置,整体上关联企业对劳动者的招聘与使用统一安排。由代表关联企业整体的某机构或关联企业内的控制公司招聘员工并与之建立劳动关系,作为劳动者的劳动契约雇主对待。与此同时,该种用工样态选择下关联企业内各成员企业自身并不招聘劳动者,而是由负责招聘的关联企业某机构或控制公司统一配置和安排劳动力在各关联企业成员处的使用情况。关联企业旗下员工的雇佣、解雇和惩罚等劳动日常管理活动均由该负责招聘的关联企业某机构或控制公司统一做出。实际上,关联企业被视为一个整体对待,各成员企业让渡用工自主权仅由关联企业整体享有,招聘并使用劳动者。劳动者被分派至关联企业不同成员企业处工作的事实,应是其与关联企业之间劳动关系的题中之意。但是将关联企业视为整体对待,统一用工的安排突破了传统劳动法理有关用人单位主体资格的理论主张,且没有对应的法律依据,实为现有劳动法制度所不容忍。针对该问题,是严格取缔还是做出立法的修改,都难以一蹴而就。无疑,实务中关联企业该种用工样态的选择带来了我国制度实践的难题。如集团的控制公司统一招聘劳动者并与之建立劳动关系,而后通过集团整体的人事安排决策将劳动者派往集团所属各全资子公司处工作,即属此情形。

关联企业本就为比较复杂的经济现象,对其劳动用工的法律界定尤为困难。如上所述,实务中关联企业具体用工样态的选择多种多样。劳动者在关联企业内被用工具有区别于普通企业用工方式的明显特点,其中劳动法意义上的用工和非劳动法意义上的用工并存。必须明确,在我国现今二元化劳动法制调整背景下用工样态的不同劳动者所能受到的法律保护也并不相同。劳动法仅保护劳动关系下的劳动者,对于非与用人单位建立劳动关系的非劳动法意义上的用工劳动法并未对该部分人员提供有效的法律保护。实践中,关联企业基于逃避用人单位责任的考量往往采取上述混淆用工的方式阻碍劳动关系的认定,劳动者权益受损严重。与此同时,归因于关联企业多种用工样态的选择使劳动者在关联企业内被交替变换用工单位的情形经常发生。关联企业内,劳动者的名义用人单位和实际用工单位交叉存在且经常不同一。在此背景下,很难对关联企业参与用工情形下劳动者用人单位的最终识别予以明确,劳动者权益保护难以落实。

综上所述,归因于关联企业具体用工样态选择的复杂性关联企业的劳动者权益保护较难充分实现。

第二节　从属性理论的瑕疵

一、从属性标准的理论桎梏

传统劳动法理论衍生于工场社会下的社会化大生产时期,以相对独立的单一企业内的劳动关系为研究对象,以承认一重劳动关系为前提展开的理论构造。在此理论指引下,劳动立法上有关劳动者和用人单位各自权利义务的具体设置以劳动关系归属的有效确认为条件。

然而,基于尊重劳资双方经济力量上的不对等性,劳动者相对用人单位来说居于弱势地位,劳动立法在进行具体制度设计时需更多关注弱势劳动者权益的维护。与此同时,归因于劳动关系领域劳动者在人身上和经济上从属于用人单位的基本现实,传统劳动法理论以从属性标准作为判断个别劳动者劳动关系最终归属的认定标准对待。

的确,在漫长的劳动关系发展历程中从属性标准对劳动关系的认定起到了根本性的指导作用。时至今日,从属性标准仍旧对劳动关系的研究起到重要的推动作用,传统经济发展样态下劳动者身份的识别和具体权益的保护仍受益于从属性标准的理论成果,积极意义明显。

但是,随着社会经济发展方式的变革,尤其是以"互联网＋"为契机引发的新科技革命带来劳动关系新的特点。区别于工场社会下劳动关系表现出来的稳定性和整体性,现阶段劳动关系的片段化和碎片化使运用从属性标准确认劳动关系的归属遇到了较多的挑战。是以,从属性标准自身所面临的理论桎梏越来越凸显,传统理论较难直接适用现实情况。在这其中,归因于关联企业参与用工的特殊性和具体用工样态选择的复杂性,简单机械适用传统从属性标准分析关联企业参与用工情形下的劳动关系具体情况尤为困难。在此背景下,其直接引发劳动法适用关联企业的障碍,关联企业内的劳动关系构成无法具体甄别使关联企业的劳动者权益保护难以实现。

（一）从属性标准概述

从属性标准源于大陆法系国家对劳动关系认定规则的理论抽象。具体到各国,有关从属性标准的具体阐释或适用存在差异。

在德国,法院判决和学界的主流学说倾向于采用人身从属性标准作为认定劳动关系的决定性标准。日本学者认为单纯依赖人身从属性标准并不能对劳动关系作出准确判断,主张应结合人身从属性标准和经济从属性标准认定劳动关系的最终归属。在英美判例法国家,从属性标准更多地被法院通过衡平法规则阐述为"受控制"标准。亦即,通过判断劳动者工作内容的受控制程度,用于具体分析认定劳动者与用人单位间发生的关系是否为劳动关系。[1] 此处采大陆法系国家通说观点进行探究,即主张从属性标准应具体包含人身从属性和经济从属性两方面内容。

1. 人身从属性

人身从属性,是指负有劳务给付义务的劳动者基于明示、默示或依劳动的本质在相当长时间内必须接受用人单位的指挥监督,对自己的习作时间不能自行支配。[2] 由于劳动力与劳动者人身须臾不可分割,用人单位对劳动力使用的同时亦实际上对劳动者人身行使某种程度的支配。

在劳动关系运行过程中,用人单位将劳动者纳入其生产组织内用于同自身的生产资料相结合以实现劳动过程,且决定着劳动者劳动力提供的时间、地点和方式等具体内容。劳动者的劳务给付必须按照用人单位的要求提供即等于劳动者将自身置于用人单位的控制范围之内,用人单位得支配劳动者的人身。也就是说,用人单位对劳动力的支配等于支配劳动者个人的人身,且在劳动者有不服从用人单位指挥监督情形下用人单位得对其施加惩罚以维护其指挥管理者的权威。[3]

---

① 冯彦君、张颖慧:《"劳动关系"判定标准的反思与重构》,载《当代法学》,2011(6)。
② 黄越钦:《劳动法新论》(第四版),124 页,台北,翰芦图书出版有限公司,2012。
③ 黄程贯:《劳动法》(修订再版),63 页,台北,空中大学印行,2001。

在用人单位和劳动者发生关系领域,界定人身从属性的核心在于对用人单位指挥命令权行使的考量。劳动关系领域用人单位的指挥命令权完整且明确,实为企业经营自由权所派生之用人单位所享权利,这与委托关系或承揽关系中委托人或定做人指挥命令的意义并不相同。委托关系中,委托人的指挥命令仅具有指示参考意义,作为执行具体事务的受托人应为委托人利益进行独立思考以完成所托事项。与此同时,在承揽关系中定作人的指示命令仅为定作合同的特殊要求,代表责任分配的关键。

总而言之,劳动关系领域用人单位的指挥命令权范围相当广泛。用人单位指挥命令权的行使通常以规章制度予以明确规范,且内容涉及劳务给付的时间、地点、方式和奖惩等具体事项。与此同时,为保障用人单位指挥命令权具体行使,法律得以肯定作为用人单位一方的企业得以派生享有另一项权利,即惩戒权。赋予用人单位惩戒权的主要目的在于,用来处罚不服从用人单位指挥管理的劳动者并用以维护其指挥管理者的权威。

2. 经济从属性

经济从属性,是指作为劳动关系一方当事人的劳动者基本上没有经济实力而为无产者,必须受用人单位雇佣从事劳动换取工资对价以保证生产生活所需的物质财富供给。[1] 经济从属性表明劳动者并不是为自己提供营业劳动,而是从属于用人单位为实现用人单位的生产经营目的而劳动。[2] 经济从属性可以理解为劳动者经济上的不独立性,对用人单位的经济依赖性。由于用人单位自始至终对生产组织、工具和原材料等生产资料具有所有权,劳动生产的最终成果归于用人单位,且风险和效益也归于用人单位承受。劳动者提供劳动力是为了用人单位的生产经营目的提供服务的,给付劳务必须同用人单位提供的生产资料相结合才能创造出劳动价值。劳动者不享有生产资料也不能对生产过程施加任何决定性影响,必须服从用人单位的指挥监督和管理。

具体而言,劳动者对用人单位的经济依赖主要表现在三个方面:其一,劳动者劳务给付最终目的在于换取工资对价以维持自身的生产生活所需,而用人单位控制着工资报酬的发放;其二,劳动力的再生产依赖于用人单位物质财富的支持,且

---

[1] 刘志鹏:《劳动法理论与判例研究》,23 页,台北,元照出版公司,2002。

[2] 黄越钦:《劳动法新论》(第四版),125 页,台北,翰芦图书出版有限公司,2012。

市场上提供的用于维持劳动力再生产所需之物质和精神产品或服务的价格往往有由用人单位企业决定；其三，劳动者提供的劳动力必须与生产资料相结合才能实现其价值，而用人单位掌握着生产资料并自行决定如何配置。

基于此，经济从属性表明劳动者作为经济上的弱者为了维持生计必须将劳动力使用权让渡至用人单位使用以交换用人单位支付劳动力的工资对价等物质财富供给，维持生产生活所需和劳动力再生产。重要的是，基于劳动力市场发展的不平衡性劳动力供给者往往居于弱势地位，十分被动。

（二）对从属性标准的理论检讨

1. 对人身从属性标准的检讨

人身从属性，即劳动者在提供劳动力的过程中必须服从用人单位的指挥监督。人身从属性强调用人单位对劳动者行使指挥命令权的具体考量。在具体判断上，传统人身从属性标准主要依循用人单位对劳动者工作地点、工作时间和工作方式等方面的安排权限而劳动者并无自由决定上述事项的权限作为确定用人单位行使指挥命令权的具体考量因素。

确实，在传统工场社会之一元劳动关系领域用人单位居于管理者地位，对劳动者有雇佣、使用、分派、解雇或终止和奖惩的权利。但是，劳动关系发展至今表现出更多新的特点，该种考量因素变得不太现实。一方面，非典型就业的兴起带来了劳动者更为弹性的工作地点和工作时间安排，劳动者给付劳务的对象有可能并不唯一。传统工场组织结构下固定工作地点和限定工作时间等方面的要求日趋模糊，用人单位的弹性工作安排也愈来愈普遍。如企业的技术工作者，其工作职责在于产品的研发和技术完善研究，对于自身工作结果的实现并不受固定工作地点和限定工作时间的限制，较具有主观随意性。在此背景下，劳动者的工作地点不固定，工作时间难以准确界定，劳务给付对象也并不单一。此时，若单纯以指挥命令权行使主体的认定作为人身从属性的判断依据很难据此认定劳动关系竟从属于谁。

另一方面，劳动关系发展至今表现形式日趋多样复杂，劳动关系的片段化和碎片化使用人单位的工作安排日趋零散。该种变化在关联企业用工安排下表现得尤为明显。在关联企业情形下，可能发生关联企业内多数成员企业对劳动者都具有一定程度上的指挥管理权限，但单独的任何一家成员企业都难以单独决定劳动关系的某项内容。在关联企业内劳动者不仅需要服从受雇公司的指挥监督，而且亦同时需要遵守集团总公司的人事安排决策,劳动者也可能因为违反总公司的规章制度而受到惩罚。在此背景下,关联企业内的个别劳动者有可能需要同时服从若干成员企业的指挥监督,与之相对,关联企业内多数成员企业对劳动者都有能力予以工作安排。相较于普通企业用工,关联企业用工具有特殊性。对劳动者招聘、用工和管理的非对应性在关联企业参与用工选择时较容易发生,因而很难通过对劳动者指挥命令权的行使来判断劳动者所属用人单位的具体身份。是以,依循传统方法很难对劳动者的人身从属性情况做出审慎分析。

综上所述,伴随着新经济样态的发展工作场所、工作时间和劳务给付方式日趋弹性化,劳动关系被强制切割成众多的片段部分。尤其是关联企业具体参与用工选择时,劳动者的招聘和使用可能发生分离,或是用工与管理发生分离。基于此,用人单位指挥命令权的行使受到冲击或是被分散。传统劳动法理论寄希望于通过对用人单位指挥命令权行使的判断或对劳动者人身隶属性有无的判断以认定劳动关系归属的方式,实践中变得愈加困难重重。

2. 对经济从属性标准的检讨

经济从属性是就劳动力提供方的劳动者对用人单位的经济依赖性而言的,劳动者必须提供劳动力供用人单位使用以换取生产生活和劳动力再生产所需的物质财富供给。对经济从属性的判断,离不开对劳动关系双方主体之劳动者和用人单位间经济联系的现实考量。集中表现为劳动关系中劳动者对用人单位一方的经济依赖性。

基于上面对经济从属性标准涵盖内容的具体分析,劳动者对用人单位的经济依赖主要表现在三个方面,即工资报酬的依赖、劳动力再生产的依赖和生产资料的依赖。是以,下面也主要从该三个方面对传统劳动法理论之经济从属性标准予以省思。

(1)工资报酬的依赖性减弱

劳动关系中劳动者对用人单位经济依赖的最主要表现形式莫过于劳动者提供劳动力的对价在于换取生产生活所需的工资报酬,而用人单位控制着工资报酬的发放。但是伴随着劳动关系片段化和碎片化特点的出现,劳动者工资对价的支付主体与实际接受劳务主体不再对应,经济从属性的该条考量因素受到了挑战。如关联企业中劳动者受关联企业整体雇佣并指派在关联企业内不同成员企业处提供劳动,但劳动者的工资支付义务主体可能自始至终都未发生变化;或是关联企业各成员在符合法律规定的条件下,通过协商确定由某一主体专门负责劳动者的工资支付;或是表现为劳动者在关联企业不同成员处均取得部分收入。是以,传统劳动法理论下劳动关系之劳务给付和工资对价——一对应的格局被打破。在此背景下,劳动力接受方与工资支付主体发生分离,即实际用工方与支付劳动者工资报酬的责任主体并不同一。传统上,试图以工资报酬的发放判断经济从属性的现实情况明显失真,且不具有可操作性。

(2)劳动力再生产的依赖变得多元

劳动力的再生产需要全社会的共同努力,但无疑用人单位在这其中起着比较直接的促进作用。劳动力的储存和维系依赖于用人单位的物质财富支持,需要用人单位源源不断的经济支撑。在劳动关系存续期间,用人单位除了需要支付使用劳动力的工资对价外,尚需要为劳动者劳动力的再生产提供众多的物质和精神条件支撑。具体表现在用人单位负有保护劳动者的法定休息休假、劳动保护和职业技能培训等诸多权益方面。但是随着劳动力市场的渐趋成熟,以及国家在劳动者保护方面角色的重新认识和定位,越来越多的公益培训和劳动力再生产服务机构由政府职能部门设立并积极参与到劳动力再生产的服务中。劳动者劳动力再生产方面对用人单位的经济依赖性越来越弱,该项因素对认定经济从属性的作用亦不再明显。

(3)生产资料的依赖性不再唯一

劳动者提供劳动力必须与用人单位的生产资料相结合,且纳入用人单位的生产组织机构中方能创造出劳动价值。可以说,用人单位掌握的生产资料强力吸收了劳动者的劳动力,决定劳动者具体供给劳动力的方式,劳动力必须依附于生产资料方能实现其价值。在此过程中,基于劳资双方经济实力的差距生产资料只可能由用人单位所有且掌握,劳动者无力也无法获得生产资料。实践中,劳动者掌握生产资料并用于和自身劳动力结合的情形是存在的,但更多体现为一种非劳动关系。如,表现为一种承揽关系或自营业务。但是在具体判断中,基于生产资料的依附性很难对经济从属性的具体情况作出准确判断,尚需要就劳动者对生产资料依附性的具体情况作出准确界定后方能区别劳动关系与非劳动关系。换句话说,也就是意味着具有生产资料依附性的不一定就是劳动关系,其可能是承揽关系或纯粹的自营业务。在关联企业交替变换用工情形下劳动者在关联企业内不同成员企业处提供劳动,个别劳动者拥有的劳动力先后与不同成员企业的生产资料相结合或同时与不同成员企业的生产资料相结合。在此情形下,劳动者与关联企业内多家实际用工企业的生产资料紧密结合且都存在一定的依赖关系,很难基于生产资料的依赖性对劳动者的经济从属性作出准确判断。

综上所述,对经济从属性标准的机械适用并不能对劳动关系的认定做到准确无误。相反,对劳动关系的认定可能会变得更加复杂。

(三) 从属性标准的检讨结果:左右为难

通过上文对人身从属性标准和经济从属性标准的法律检讨及存在问题的分析,发现单纯理论抽象后的从属性标准并不能做到对劳动关系认定的准确无误。[①] 我国是成文法国家,劳动关系的认定依循严格的法律逻辑。具体表现为,"一个完全的法条构成大前提,将其具体的案件事实视为一个事例,而将之归属法条构成要件之下的过程则是小前提。结论是对此案件事实应赋予该法条所规定的法律效果"。[②] 在三段论法律逻辑推演之下,劳动法上劳动关系认定之立法规定为大前提,实践中关系构成的具体事实因素符合从属性标准之构成要件为小前提,得出结论是该种关系构成应认定为劳动关系。

应该承认,劳动法是以传统的、一般的、标准的劳动关系为规制对象而诞生和发展的。但在面对以非典型劳动关系为代表的新型劳动关系时,从属性标准在适用上面临着一些困境和盲区。

一方面,受制于从属性标准的法律桎梏,非典型劳动关系难以得到劳动法的承认,非典型劳动者的合法权益难以有效保障。基于此,劳动法的保护范围变窄,极其不利于劳动者权益的平等维护。若是进一步发展,其可能导致社会不公和不平等现象加剧。另一方面,传统从属性标准的机械适用难以对一些复杂的劳动关系作出准确界定,极易将一些具有一定程度从属性的其他关系认定为劳动法上的劳动关系对待。此种情况下,其可能导致劳动法的保护范围变宽。如在关联企业混同用工情形下劳动关系与非劳动关系并存,若简单依循从属性标准对劳动关系加以判断很可能会对关联企业内的劳动关系予以重复认定,产生双重乃至多重劳动关系的问题。

总而言之,从属性标准本身存在的理论瑕疵既有可能导致劳动法保护范围变

---

① 冯彦君:《和谐社会建设与社会法保障》,211~219 页,北京,中国劳动社会保障出版社,2008。

② 郝建设:《司法推理大前提建构中的价值判断问题》,载《法律方法》,2012(1)。

窄,排除一些不符合法定形式要件的劳动关系的认定。也有可能促使劳动法保护范围变宽,将一些虽具有劳动关系表象的非劳动关系一定程度上也界定为劳动关系对待。如此,传统从属性理论下适用经济从属性标准和人身从属性标准对劳动关系的认定出现左右为难的局面。

二、关联企业适用从属性标准的困惑

关联企业劳动关系呈现出多边供需结构关系的新特点,反映在劳动关系主体和劳动关系内容方面均不同于传统意义上的劳动关系。该种多边供需结构劳动关系,不仅表现为劳动力提供者和劳动力接受者的非对称性,尚深度影响着劳动关系的具体内容。与此同时,归因于关联企业作为市场主体的活跃性,以及选择具体用工方式的灵活性,衍生于工场社会背景下用于认定标准劳动关系的从属性标准,愈发手足无措。

(一)关联企业劳动关系的表象

关联企业参与用工对劳动关系一方主体的用人单位和劳动关系内容之工资、工作时间、工作地点和劳务给付对象等方面内容均产生较大影响。关联企业的劳动关系在具体表现形式上具有与传统单一企业内的劳动关系不同的特点,二者在表象上存有较大差异。

传统劳动立法主要以单一企业为规制对象,以与劳动者签订劳动合同的相对方为劳动法上的用人单位对待,即劳动契约雇主。质言之,与个别劳动者签订个别劳动合同的相对方为劳动关系中劳动者的真实用人单位且一般不会发生变更,否则原有劳动关系即会受到破坏。在此背景下,个别劳动者与用人单位间的劳动关系表现为一一对应的关系。但是,该种一一对应的法律关系在关联企业具体参与用工情形下得以被打破。一方面,依循现有劳动立法精神,有权与劳动者签订劳动合同的只能是关联企业的某成员企业或关联企业内具有用工主体资格的某机构,对关联企业整体的用人单位资格并不认同。另一方面,关联企业基于整体经济利益的考量而采取混同用工的方式,非与劳动者签订劳动合同的用人单位关联企业其他成员可能事实上行使着对劳动者的用人单位职权。

基于此,关联企业内便会出现劳动者名义用人单位与实际用工主体不同步的状态,即劳动者的名义用人单位仅为其劳动契约雇主而实际用工主体可能包含其他成员企业。

作为劳动者劳动契约上的用人单位事实上可能并不行使着其用工的权能,或将其用工权利部分让渡至关联企业内的其他成员享有。与此同时,该名义用人单位亦有可能在劳动者不知情的情况下与关联企业其他成员企业共同约定分担劳动法上的用人单位责任,或是直接退出用人单位责任体系拒不承担劳动法上保护劳动者的用人单位义务。关联企业为实现其逃避法定义务的目的,通过关联企业的整体决策,对旗下劳动者施行招聘、使用和管理的分离,人为制造出多种障碍因素以混淆个别劳动者劳动关系归属的认定。在此背景下,劳动关系内容在关联企业内被分离居于常态,劳动关系的权利和义务渐趋失衡。

也就是说,关联企业参与具体用工情形下劳务给付变成个别劳动者对两个或两个以上多数实际用工单位的提供,二者为一对多的对应关系。劳动者权益受损害的风险系数不断提高,劳动关系变得日渐复杂和动荡不安。

(二)关联企业对从属性标准的影响

通过上文对关联企业具体参与用工选择时的劳动关系表象的分析,可以明确基于关联企业对劳动者招聘、使用和管理的混淆安排,关联企业内劳动关系内容被分离居于常态。如此分离的劳动关系内容,对关联企业中劳动者从属性的认定产生巨大冲击。随之而来的是关联企业内劳动关系的最终归属难以明确,关联企业劳动者权益保护的障碍因素也随之增多。

1. 关联企业对劳动者人身从属性认定的影响

依循传统从属性理论,人身从属性的重要特征表现为用人单位的指挥命令权行使,与此同时尚包含用人单位的惩戒权行使。具体来说,劳动者对用人单位的人身从属性可归纳为劳动者有义务服从用人单位的工作规则和指示,且需要接受用人单位的监督检查和制裁。

(1)关联企业对用人单位指挥命令权行使的影响

指挥命令权,是指在劳动关系存续期间劳动者劳务给付的方式、时间和地点等劳动关系内容受用人单位一方的片面拘束,劳动者对此并无单独决定的权利。德国法上认为,应通过对雇主书面或口头指挥权行使的甄别,予以个案具体判断雇主指挥命令权是否行使以及行使的程度。并指出,随着资讯时代劳动关系表现内容的片段化和碎片化,非典型劳动关系的兴起使该种判断特征并不具绝对意义。针对雇主行使指挥命令权,日本法上发展出相应地判断标准以界定雇主的指挥命令权行使状态。依日本劳动基准法研究会 1985 年提出的"关于劳动基准法之'劳工'的判断基准"报告书,对"指挥监督下之劳动"的判断基准主要可参考如下几点:对于工作之委托、执行业务之指示是否有拒绝权;对业务之执行、完成过程中有无受指挥监督;拘束性之有无和代替性之有无。①

基于上述用人单位指挥命令权界定的域外经验分析,认为对用人单位指挥命令权行使的判断应主要通过考量劳动者在劳务给付方式、时间和地点等方面是否需要听从用人单位的指示并服从其安排为依据。经过判断,若为肯定答案即应构成用人单位对劳动者指挥命令权的具体行使,如若不然。但是,在关联企业情形下该种判断标准并不能对用人单位指挥命令权的行使予以清晰界定。

一方面,关联企业改变了劳动者劳务给付对象单一的固化概念,突破传统上劳务给付一一对应的关系,劳动关系中的劳务接受方与指挥命令权行使方发生分离。关联企业混同用工的事实导致了劳动者需要向关联企业的不同成员企业给付劳务,形成一对多的对应关系。而劳动者基于关联企业整体的用工安排向非劳动契约上的用人单位提供劳动力,同时仍旧需要接受劳动契约上用人单位的管理监督。基于此,劳务给付对象与传统意义上用人单位指挥监督权行使主体发生分离,二者并非一一对应关系。另一方面,关联企业劳动关系的片段化和碎片化导致劳动者的工作时间混淆、工作地点外延扩大,用人单位对劳动者工作时间和工作地点的控制权限日渐缩小。个别劳动者被关联企业多数成员企业实际用工,一个完整的全日制劳动关系被拆分成若干非全日制劳动关系,劳动关系基本构成之内容被混淆,无法准确判定。弹性化的工作时间安排有利于合理配置劳动力以提高用工效率,同时也符合劳动者平衡家庭生活和工作需求的愿望。为此,灵活多样的工作时间安排越来越被劳资双方所亲耐,符合关联企业的具体用工实际要求。与此同时,关联企业交替变换用工单位的事实导致传统上工作地点固定化的局限性越来越明显,个别劳动者提供劳动力用以实现劳动过程场所的工作地点外延得以扩大。

综上所述,在关联企业背景下劳动者的工作时间和工作地点与用人单位的指挥监督行使发生分离,用人单位对劳动者工作时间和工作地点的绝对掌控变得不再现实和必然。是以,关联企业参与用工情形下传统意义上的用人单位指挥命令权被稀释,直接导致指挥命令权行使主体不再唯一,对个别劳动者人身从属性的

---

① 黄程贯:《劳动法》(修订再版),71~72 页,台北,空中大学印行,2001。

判断更加不易。

（2）关联企业对用人单位惩戒权行使的影响

惩戒权，是指劳动者在用人单位的生产组织中提供劳动力必须遵从用人单位的生产秩序，否则即会受到用人单位的制裁和处罚。具体来说，用人单位的惩戒权主要包含监督检查和制裁两方面内容。用人单位的监督检查，是指用人单位有权对劳动者就工作相关事项予以监督和检查，以确定劳动者是否遵从用人单位的工作规则和指示。用人单位的制裁，是指用人单位依循劳动者的工作表现和对劳动者工作相关事项的检查结果，就劳动者的错误行径给予相应的制裁。其实，赋予用人单位对与其存在劳动关系的劳动者一定程度上的惩戒权是保障其指挥命令权行使的一种手段。意即在劳动关系中，若劳动者违反用人单位的指挥监督和管理，不听从用人单位的指挥命令，用人单位即有权对劳动者施以法律允许的惩处措施以维护其生产经营秩序。但是，就像用人单位的指挥命令权被稀释一样，关联企业情形下用人单位的惩戒权亦同样遭受被稀释的风险。

关联企业的多元用工安排，使劳动关系中用人单位的身份归属变得异常混乱。除却与劳动者签订劳动合同的劳动契约用人单位之外，尚存在一些与劳动者没有签订劳动合同的实际用工单位。关联企业的实际用工单位不仅实质上使用着劳动力，同时在某种程度上还行使着对劳动者的指挥命令权。一旦发生劳动者有不听从其指示安排或违反工作规则的情形，该部分实际用工单位还会对该劳动者施以某种程度的制裁。或者说，关联企业中劳动契约上的用人单位和实际用工单位共同对劳动者行使着用人单位的指挥监督权，并就劳动者的日常工作行为予以监督检查并施行制裁。

传统劳动法理论认为，有权对劳动者享有指挥命令权的主体只可能是用人单位，也只有是劳动关系一方主体的用人单位才有权对劳动者予以监督检查和制裁。但是，上述一贯遵循的劳动法理在实践中被公然打破。在关联企业实际用工安排情形下，似乎关联企业的所有成员企业对劳动者都有惩戒权而不需考量其是否为劳动者的用人单位，也无须明确实际行使惩戒权的成员企业是否存在明确的法律依据。在关联企业内此种情况实际发生后，居于弱势地位的劳动者对此虽有异议但往往无可奈何。

综上所述，在关联企业背景下惩戒权具体行使与用人单位发生分离，传统劳动法意义上的用人单位惩戒权被稀释。关联企业所有成员都可能有权对劳动者行使惩戒权,劳动关系项下之用人单位惩戒权行使主体不再唯一。是以,关联企业中惩戒权行使与用人单位没有必然联系,惩戒权作为劳动关系项下判断劳动者人身从属性的考量因素不再鲜明。

2. 关联企业对劳动者经济从属性认定的影响

经济从属性是就劳动者对用人单位的经济依附性而言的。从实现劳动过程而言,劳动者并不是以自己的利益从事劳动而是为实现用人单位的生产经营目的提供劳动。与此同时,个别劳动者通过提供劳动力能够换取用人单位支付的工资对价用以满足自身和家庭生产生活所需物质精神财富供给。基于上述对经济从属性内容的分析,关联企业对经济从属性的影响具体可从用人单位的工资支付、劳动力再生产和用人单位生产资料三方面内容予以详细展开分析。

(1) 关联企业对用人单位工资支付的影响

劳动过程中,劳动者向用人单位提供劳动力的最直接目的在于换取用人单位所支付劳动力的工资对价。因而,劳动者对用人单位的工资依赖性是经济从属性的首要表现形式。关联企业对劳动者的工资产生重大影响,具体表现为工资构成、工资发放方式和时间、工资保护三个方面。通过上文分析,得出关联企业用工和普通企业用工相比具有特殊性,其具体用工样态的选择多种多样。此种背景下,关联企业在对劳动者实际行使用工权能时,针对个别劳动者的招聘、使用和管理分离居于常态。劳动者名义用人单位和实际用工单位并存,且界限模糊。

从工资构成来看,个别劳动者从关联企业内所获得收入既可能表现为传统劳动法意义上的劳动力对价,亦可能表现为一般意义上劳动者给付劳务的劳务报酬,或是关联企业变相支付的劳动报酬。无疑,关联企业内个别劳动者收入构成的复杂性,混淆了传统意义上作为劳动力对价性质之工资的具体判断。直接影响着个别劳动者工资的发放方式和发放时间,以及劳动法对工资保护的有效适用。

从工资支付方式来看,关联企业情形下用人单位的工资支付与劳动者的劳务给付发生分离。个别劳动者的工资支付义务主体与实际接受其劳动力提供主体并不同一,二者非一一对应关系。与此同时,受关联企业混淆劳动者工资具体构成的影响,因而关联企业中用人单位的工资支付方式可能会突破传统劳动法上限定工资支付必须以货币或现金形式发放的要求,更具多元性。

从工资支付时间上来看,基于关联企业名义用人单位和实际用工主体并存的事实,用人单位的工资支付更具随意性和不确定性。传统有关工资支付时间的法律限制有可能被打破。

从工资保护来看,在关联企业情形下个别劳动者的工资支付大多基于关联企业的统一规定或名义用人单位与实际用工主体间的协议安排进行而无涉劳动者的个人意见。此种情况下劳动者的工资支付主体有很多,并不唯一。其既包含与劳动者签订劳动合同的名义单位,亦包括非劳动契约上的实际用工单位或关联企业的其他成员企业。因而,个别劳动者收入构成的复杂性实际阻碍了劳动立法有关工资保护条款的具体适用,最低工资保护和实际工资保护变得愈加困难。

基于此,以用人单位的工资支付作为判断关联企业内劳动者经济从属性的考量因素变得愈加混乱,不再可行。

(2) 关联企业对劳动力再生产的影响

劳动力属于易耗商品,其维系和储存赖于劳动力的再生产。劳动力再生产所需的物质财富往往掌握在用人单位手中,因而劳动者基于劳动力再生产的需求对用人单位存在经济从属性。与此同时,劳动者必须依赖于提供劳动力换取用人单位的工资对价以具体实现劳动力再生产物质精神财富的购买和积累。此种情况下,基于用人单位对工资对价及具体支付的掌控,实质上行使着对劳动力再生产的控制。除此之外,市场上用于劳动力再生产所需的物质和精神财富供给往往由用人单位提供,且用人单位实际上支配着商品供给的数量、种类、价格和其他的交易条件。作为市场上购买者一方的弱势劳动者居于消费者地位对此并无实质影响力,劳动者的消费力和购买力受到用人单位的绝对影响。从供给角度出发,劳动者基于劳动力再生产的需求对用人单位存在经济依附性。

传统劳动法理论以工场社会下典型劳动关系为调整对象,基于对劳动关系项下劳动力再生产的研究可得出上述一般性的结论。但是,在关联企业情形下劳动者对用人单位劳动力再生产上的依赖性发生了改变。

一方面,受关联企业对劳动者工资支付的影响,劳动者对名义用人单位的劳动力再生产依赖性减弱。关联企业中劳动者的工资支付主体与劳动契约用人单位发生分离,工资支付主体变得多元化。作为劳动力再生产物质财富购买力强弱标志的工资,不需要完全依赖于劳动者名义用人单位的支付水平。未予劳动者签订劳动合同的关联企业其他成员亦可能承担支付劳动者工资的义务或是实际给予劳动者一定的报酬。基于此,劳动者对名义用人单位的再生产依赖性减弱。另一方面,归因于关联企业统一组织生产和整体用工的现实,劳动者对关联企业内实际用工单位和关联企业整体的劳动力再生产依赖性增强。在关联企业混同用工安排情形下,关联企业中个别劳动者的工资支付主体和用人单位发生分离,使非劳动契约上的关联企业内实际用工单位亦有可能承担支付劳动者工资的义务。或者说,基于关联企业的整体用工安排,劳动者最终的工资水平和获得支付依赖于关联企业的统一管理和安排。

除上述原因之外,必须明确关联企业联合的目的本就在于扩大自身的生产经营效率,因而劳动力再生产所需物质和精神财富商品的市场价格大多受关联企业统一控制和决策影响。也就是说,劳动者在商品市场上的购买力和消费力很大程度上受关联企业整体的控制或影响。据此,在劳动力再生产方面,劳动者对实际用工单位和关联企业整体的依附性增强。

综上所述,关联企业中劳动者在劳动力再生产方面对用人单位的经济依赖性出现两极分离的变化。一方面,表现为对与劳动者签订劳动合同的名义用人单位的经济依赖程度减弱;另一方面,表现为对劳动者的实际用工单位和关联企业整体的经济依赖性明显增强。

(3) 关联企业对用人单位生产资料的影响

在劳动关系中劳动力和生产资料分别掌握在劳动者和用人单位手中,而劳动者提供劳动力必须与用人单位掌握的生产资料相结合才能实现劳动过程创造劳动价值。在此过程中,用人单位的生产资料强力吸收劳动者的劳动力,劳动者必须按用人单位要求的方式供给劳务,接受用人单位的指挥和监督。从劳动过程的实现方式来看,基于用人单位对生产组织结构、原材料和生产器械或工具等生产资料的控制,劳动者需纳入用人单位的生产组织领域或劳动组织内。劳动者为实现用人单位生产经营为目的供给劳务,且劳动力与生产资料结合的效益和风险一律归于用人单位承受。也就是说,个别劳动者拥有的劳动力必须真实且具体地与用人单位企业所掌握的生产资料相结合才能最终实现劳动价值。劳动力价值的最终实现取决于其与用人单位企业所提供生产资料的结合程度,劳动者自身并无决定权。是以,传统劳动法理论认为从劳动过程实现方式而言,劳动者对用人单位生产资料具有较强依附性。

但是,在关联企业情形下劳动者对用人单位生产资料的依赖性被稀释。一方面,关联企业的整体用工安排使非劳动契约上的实际用工单位也能够吸收劳动力用于同自身的生产资料结合,以实现劳动目的。此种情况下,关联企业基于整体的用工安排实质上具有支配各成员企业生产资料的能力甚至权力。因而，关联企业中劳动者对生产资料的依赖性更强烈地表现为劳动者对关联企业整体的依赖性，或是基于关联企业不同单位用工的实质对多数单位均存有依赖性。另一方面，关联企业中与劳动者签订劳动合同的名义用人单位，实质上仍具有吸收劳动力与其生产资料相结合以实现劳动过程的能力。因而，关联企业中劳动者对名义用人单位生产资料的依附性仍然存在。是以，传统劳动法理论以用人单位生产资料依附性作为判断劳动者经济从属性具体考量因素的事实难以及时澄清，直接导致劳动者从属性认定上的困惑。

综上所述，一方面，在关联企业整体用工安排下，关联企业整体对各成员所掌握的生产资料能够施加相当程度的影响，劳动者对用人单位生产资料的依赖性转化为对关联企业整体的依附性。另一方面，基于关联企业混同用工的事实，劳动者的名义用人单位和实际用工单位均有吸收劳动力用于同自身所掌握的生产资料相结合从而实现劳动过程的能力。在此背景下，无论是关联企业内劳动者的名义用人单位还是实际用工主体，劳动者对它们掌握的生产资料均具有依附性。但是，劳动者对关联企业中名义用人单位生产资料的依赖性被稀释。基于此，关联企业具体用工情形下有能力吸收劳动力的生产资料不一定属于劳动者的名义用人单位所有，其可能被其他实际用工主体所掌握。据此，寄希望于以生产资料的依附性判断劳动者的经济从属性，不再具体和明确。

传统从属性理论主要以人身从属性标准和经济从属性标准作为认定劳动关系归属的标准对待。对劳动者人身从属性的判断，具体涉及用人单位指挥命令权行使和惩戒权行使的事实判断。与此同时，对劳动者经济从属性的判断，主要涉及工资支付、劳动力再生产和生产资料三方面事实因素的考量。作为企业间联合的一种经济现象，关联企业具有和普通企业不一样的特性，对关联企业本质属性的认识本就存在争议。实践中，基于关联企业多样化用工样态的选择，有关方面的事实因素发生变化或变得不再明显。是以，该种建构在工场社会下通过对一元劳动关系涵盖内容和本质特征的理论抽象，难以直接适用关联企业参与具体用工选择时所引发的二元甚至多元劳动关系变化。针对个别劳动者，劳动关系与非劳动关系并存，不同维度的劳动关系既并行独立又相互交错，关联企业旗下劳动者权益保护问题日益凸显。

第三节　关联企业劳动关系劳动法调整的制度缺失

一、立法供给的不足

现有针对关联企业的劳动立法明显滞后，这是引发关联企业劳动者权益保护危机的直接原因。我国劳动立法源于工场社会下规制单一用人单位企业劳动关系的立法传统，原则上仅承认一重劳动关系，否定双重或多重劳动关系的存在。在此背景下，劳动法主要以调整单一用人单位企业和个别劳动者间的劳动关系为主，鲜有关涉复数用人单位企业与旗下劳动者所建立的二元乃至多元劳动关系及伴生的相关劳动法议题，而这方面的突出表现为关联企业内的劳动关系和关联企业的劳动者保护问题。

一些立法，虽然对此有所涉及。[①] 但是若仔细分析，劳动法上具体制度的设计主要针对单一企业而言。从劳动合同的订立，到履行和变更，直至解除和终止，鲜有关联企业的适用空间。关联企业用工具备劳动力共享的早期形式，又不可避免地带有传统劳动法的共生问题，亟待立法专门明确。与此同时，劳动立法明确以"用工"作为劳动关系建立的标志。[②] 该种看似明确的标志，却无法应对关联企业情形下劳动关系的认定需求。

在关联企业中，劳动关系一方主体的用人单位本就表现为多数企业的联合，实践中选择的具体用工样态多种多样。劳动者可能先后或同时在具有关联关系的企业内被用工或受名义用人单位指派至关联企业的其他成员企业处工作，劳动者表现为具有多重从属性。在此背景下，劳动关系的最终归属难以直接确定。与此同时，传统上依循一重劳动关系的立法原理，劳动立法在进行用人单位责任制度的具体设计时，主张除却法定例外情形外劳动者并不能向非劳动关系的当事人主张其承担劳动法上的用人单位责任。[③] 而在关联企业混同用工安排下劳动者的名义用人单位和各实际用工单位往往共享人事，劳动关系集中管理和控制居于常态。具有关联关系的各用工单位有能力对劳动者施以相当程度的影响，造成劳

---

① 参见《最高人民法院关于审理劳动争议案件适用法律若干问题的解释（四）》第 5 条。
② 参见《关于确立劳动关系有关事项的通知》（劳社部发[2005]12 号）。
③ 参见《劳动合同法》第 91 条、第 92 条、第 94 条和《劳动合同法实施条例》第 35 条等。

动者权益受损的情形有可能随时发生。但是,依现有劳动法制劳动者却无法主张其承担劳动法上的用人单位责任而只能要求特定的用人单位担责。无疑,这对劳动者而言是极不公平的。

具体而言,因立法供给的不足直接引发关联企业的劳动者权益保护问题主要涉及关联企业的调职问题、劳动派遣用工问题、混同用工问题、和用人单位主体变动后的法律问题。可以说,关联企业中劳动关系的规制问题仍旧属于劳动立法的真空地带,实难确保劳动法倾斜保护弱势劳动者利益的立法宗旨真正意义上得到实现。

二、司法裁判规则的不统一

归因于关联企业劳动关系劳动立法供给的不完善,司法实践中针对关联企业的劳动关系问题处理规则并不统一。由之而引发的关联企业劳动者保护问题,日益凸显。问题的核心,在于对关联企业参与用工情形下劳动者用人单位的识别难以厘清,劳动关系的最终归属不明确。结合上文对关联企业引发劳动法问题的实证考察,可以发现,关联企业参与用工情形下对劳动者用人单位的判断比较困难。

司法实践中,主要存在两种处理思路。第一种处理思路:基于一重劳动关系的立法传统和劳动契约雇主理论,主张以和劳动者签订劳动合同的关联企业成员为劳动者的用人单位对待,劳动关系归属于该名义用人单位。此种情况下,劳动合同对确认劳动关系的归属具有决定性意义。在发生劳动合同无法及时有效确认存在的情形下,劳动者的用人单位亦无法直接得到认定,劳动关系的最终归属也难以厘清。第二种处理思路:主张以最有利于保护弱势劳动者利益为原则随意选择关联企业内一家成员企业与劳动者建立劳动关系,该关联企业的成员企业被视为劳动者的用人单位对待,且需要履行劳动法上的用人单位义务并需要承担违法的用人单位责任。此种情况下,关联企业劳动关系的认定过于随意,受到的诟病也比较多。一方面,该种判断规则摒弃传统从属性标准对认定劳动关系的决定性作用,转而采取相对抽象和模糊的法律原则认定劳动关系的归属,难以维持法律的安定性。另一方面,主张以最有利于劳动者利益保护原则为关联企业内劳动关系的认定标准本身具有较大的不确定性,于劳动关系双方主体而言均会导致相当程度的不利益。

在关联企业交替变换劳动者用工单位安排下,劳动者在关联企业内不同成员企业处提供劳动力并接受其指挥监督,实难确保劳动关系究竟从属于谁是对劳动者最有利的选择。关联企业内劳动者的真正用人单位可能会逃避劳动关系的认定,免于承担劳动法上的用人单位责任,而使非劳动者用人单位的关联企业的其他成员企业承担劳动法上的用人单位责任。基于此,易使劳动关系领域的权利和义失渐趋失衡。

总而言之,劳动法上关联企业劳动者保护立法供给的不完善直接导致司法实践中此类用工争议的处理困惑,司法裁判规则的不统一进一步引发关联企业的劳动者保护危机。

本 章 小 结

关联企业参与用工具有特殊性,表现为关联企业具体用工方式的选择灵活多样,劳动法上的用工和非劳动法上的用工并存。与此同时,关联企业参与用工情形下在关联企业内容易形成"跨法人格"的用工关系。在此背景下,关联企业具体用工样态的选择比较复杂,引发法律关系的混乱。

受制于传统劳动法的理论瑕疵和制度缺陷,对因关联企业引发的劳动关系问题难以实现有效规制,导致关联企业的劳动者保护问题日益凸显。传统劳动法理论认为,劳动关系的认定应依循从属性标准。但受制于从属性标准本身的理论桎梏和关联企业具体用工样态选择的多元性,实践中运用从属性标准认定关联企业劳动关系的归属实有窒碍难行之处。

具体而言,关联企业适用从属性标准的困惑集中体现在两个方面:一是关联企业对适用人身从属性标准的影响,表现为对用人单位指挥命令权行使和惩戒权行使变化所带来的劳动者人身从属性的认定困惑;二是关联企业对适用经济从属性标准的影响,表现为对用人单位工资支付、劳动力再生产和生产资料变化所带来的劳动者经济从属性的界定混乱。

总而言之,归因于关联企业参与用工的特殊性和具体用工样态选择的复杂性,依循传统从属性标准很难对关联企业内的劳动关系作出具体认定。而与此同时,受现有劳动立法上的制度欠缺和司法裁判规则的不统一,依循现有劳动法制很难对关联企业的劳动关系问题予以法律澄清,无法为关联企业中的劳动者提供有效的法律保护。

第三章　关联企业劳动者权益保护的理论证成

本章首先分析了针对关联企业性质认识的争议，提出应采纳"企业主体理论"观点以拓展对关联企业性质的认识。紧接着通过对域外关联企业劳动者保护路径的经验总结和评析，探究劳动法上引入关联企业性质认识相关理论用以解决实际问题的可行性。最后就我国劳动法上如何引入和采纳"企业主体理论"以补充从属性标准的适用予以理论证成研究，并探索关联企业劳动者保护的可行路径以勾勒制度蓝图。

第一节　关联企业性质的理论基础

一、关联企业性质的一般认识

一直以来，受我国部门法上针对关联关系范围界定不统一的影响，学者们对关联企业概念的研究存在广义与狭义的争议。持广义关联企业观点的学者认为，关联企业应是指与他企业之间存在控制关系、投资关系、业务关系、人事关系以及财务关系等相关利益关系的企业。[①] 其中，企业间控制关系、业务关系、人事关系、财务关系和投资关系等利益关系均应视为关联关系对待，进一步指出具有上述关系的企业间构成关联企业。持狭义关联企业观点的学者认为，关联企业应仅指与他企业之间存在直接或间接控制关系或重大影响关系的企业。[②] 主张应通

---

① 施天涛：《关联企业概念之法律透视》，载《法律科学》，1998(2)。
② 马军：《关联企业的法律属性》，载《理论前沿》，2009(20)；时建中：《论关联企业的识别与债权人法律救济》，载《政法论坛》，2003(5)。

过对企业间控制、投资、业务、人事和财务等各方面事实因素的具体考量以判断是否构成"控制或重大影响关系",只有存在"控制或重大影响关系"才能被认为具有关联关系。并进一步指出,在存在上述"控制或重大影响关系"的企业间应构成关联企业。广义上关联企业的定义比较宽泛,将包含企业间控制、投资、业务、人事和财务等一切利益关系均纳入关联企业的连接因素探讨以界定是否构成关联关系。此种情况下,关联企业范畴过广,不利于相关问题的针对性解决。因而,我国绝大多数学者坚持采狭义关联企业的概念。[①]

在此基础上,我国学者们研究认为关联企业应主要具有以下四个方面的特征:第一,关联企业是企业联合体的组成成员;第二,关联企业之间存在直接或间接的控制关系或重大影响关系;第三,各关联企业成员均具有独立的法律地位;第四,关联企业之间存在着一定的经济利益联系纽带。[②] 由此,关联企业在本质上为具有独立法律地位的多数企业间的联合,关联企业的各成员企业具有独立法律地位而关联企业整体并不具有法律上的单一实体资格。

针对关联企业的认定规则,学者们研究认为应采取控制和重大影响标准。即,主张通过对企业间发生关系的具体事实因素的考量以界定是否构成"控制或重大影响关系",经过考量若构成则承认符合关联关系的构成,具有独立法律地位的企业间联合应是关联企业。经过考量若达不到"控制或重大影响关系"则不构成关联企业,企业间联合应不视为关联企业对待。在此背景下,学者们结合部门法中对关联关系界定标准的规定对控制和重大影响标准亦予以学理阐释。控制,是指能够决定一个公司的财务和经营政策,并可据此从该公司的经营活动中获取利益的状态。重大影响,是指对一个公司的财务和经营政策有参与决策的权力,但无法决定这些政策。[③] 因而,"控制"在于决定而"重大影响"在于参与。与此同时,研究认为不论是决定还是参与主要就企业的财务和经营决策而言。其中,关涉企业的财务和经营决策需结合多种事实因素予以综合判断,并非一概而论。

综上所述,关联企业,依通说应是指与他企业之间存在直接或间接控制或重

① 参考但不限于以下文献,王天习:《关联企业的法律界定》,载《求索》,2003(1);吕亚芳、张峰:《关联企业的法律界定》,载《社会科学家》,2006(10);王新欣、蔡文斌:《论关联企业破产之规制》,载《政治与法律》,2008(9)。

② 时建中:《论关联企业的识别与债权人法律救济》,载《政法论坛》,2003(5)。

③ 张一鹏:《公司法关联企业认定规则之完善》,载《学术界》,2005(6)。

大影响关系的企业。对关联企业性质的一般认识是,关联企业是企业联合体的组成成员,各成员具有独立法律地位而关联企业整体并不具有单一实体资格。

二、关联企业性质的理论澄清:企业主体理论观点

域外针对关联企业性质的认识大体经历了"代理说"、"工具说"、"改变自我说"和"企业主体说"(或实质企业说)几个阶段,有关学说发展至今日益成熟。对关联企业性质认识的思考关涉市场主体正常活动的有序开展,也利于法学其他领域具体问题的处理,积极意义明显。

(一)域外对关联企业性质的争议

针对关联企业的性质,域外主要存在两种观点。一种观点认为,关联企业为多数企业的联合,仅其成员企业具有独立法人格。如,德国法上通说认为与雇员订立劳动契约的相对人始为雇主,单纯经济上或企业经营上的控制权限并不足以影响子公司在法律上仍然拥有独立的法人格。与德国法上的上述观点相似,法国、日本、美国和英国亦有部分学者持此观点。①

与之相反,另一种观点认为应承认关联企业整体的法律实体地位,将关联企业整体于对外关系上作为一个单一的经济个体对待,并赋予其单一法人格。如,美国学者通过对关联企业性质之理论基础的研究,提出企业主体理论。主张应考量关联企业的"公司事实"和"企业事实"间的关系,若于经济上观察只有一个单一的企业实体,那么应该忽略法律上所肯定的个别独立实体而改依经济上的事实承认所有法律上的实体为单一企业整体,于对外关系上只有一个法人格。② 英国学者称其为单一经济个体理论,所持观点与企业主体理论基本相同③。德国法上通过对"类似雇员"概念的研究,指出为某一集团内部的不同企业工作的人也被视为在同一家机构工作。④ 日本劳动法上在研究控股公司所引发的劳动法问题时,其

---

① Schane, "The Corporation is a Person: The Language of a Legal Fiction", 61 TUL. L. REV. 563, 563 (1987); Takashi Araki, "A Comparative Analysis: Corporate Governance and Labor and Employment Relations in Japan", 22 Comp. Lab. L. &.Poly J67; Frank H. Easterbrook &. Daniel R. Fischel, "Limited Liability and the Corporation", 52 U. Chi. L. Rev. 89, 89 (1985).

② Adolf A. Berle, Jr, "The Theory of Enterprise Entity", 47 Colun. L. Rev. 343(1947).

③ Gower's principle of modern company law1997, pp. 166-170.

④ [德]曼弗雷德·魏斯、马琳·施密特著:《德国劳动法与劳资关系》,倪斐译,44 页,北京,商务印书馆,2012。

中一条处理思路即为引入实质的单一企业理论，以期寻求较能合理诠释"跨法人格劳动关系"的理论架构。[①]

　　基于上述关于关联企业具体研究成果的介绍，可知域外对关联企业本质属性的认识并不统一且争议较大。对关联企业性质认识争论的核心问题在于，关联企业整体于对外关系上能否视为一个单一的经济主体对待。

（二）关联企业性质的重新认识

　　我国学界通说认为关联企业是企业联合体的组成成员，各成员均具有独立法律地位但关联企业整体不具有法律实体地位。与此同时，域外有关关联企业性质的争议一直存在。有些学者与我国学者所持观点相同，与之相反另有部分学者坚持认为应承认关联企业整体的法律实体地位。主张应将关联企业作为一个单一经济体对待，赋予关联企业整体具有单一法人格。[②] 在此背景下，晚近研究关联企业的学者认为对关联企业性质的思辨应结合代理说、工具说、改变自我说和企业主体说等理论基础予以重新思考。

　　首先，代理说。代理说认为，关联企业的各成员企业表面上为具有独立法人格的实体，但归因于母公司对子公司控制权的行使导致子公司完全听命于母公司的命令且子公司丧失其法律上的主体资格。此种情况下，子公司沦为母公司法律上的代理人，则母公司必须对其代理人，即子公司的行为负责。[③] 与此同时，持该种观点的学者进一步指出关联企业代理关系的构成可通过代理合同或事实上的控制关系得到证明。

　　其次，工具说。工具说认为，在关联企业中子公司的存续和经营仅为母公司生产经营上的需要，即实际上子公司已丧失其独立的法人格而仅为母公司生产经营的工具而已。[④] 于该理论观点之下，主张母公司对子公司的控制、支配程度必须使子公司已丧失其独立的意志或存在，子公司实质上已沦为母公司生产经营的某个部门而已。

　　再次，改变自我说。改变自我说认为，在关联企业的成员企业被某个人、个体

---

　　① 陈建文：《控股公司所引发之劳动法议题初探》，载《律师杂志》，(291)。

　　② Adolf A. Berle, Jr, "The Theory of Enterprise Entity", 47 Colun. L. Rev, 343(1947).

　　③ Robert W. Hamilton, "The Corporate Entity", 49 Tex. L. Rev. 979(1971).

　　④ Krendl & Krendl, "Piercing the Corporate Veil: Focusing the Inquiry", 55 Denver L. J. 1978, at 13.

或其他公司利用从事欺诈、恶意逃避法律法规或实现其他不法或不正当目的之行为时，法院得以否定该公司的法人格并将该公司的不法行为责任归于控制该公司的个人、个体或相关公司承担。针对改变自我说，英美法国家的法院在一些案例中将此种观点与工具说的主张视为同一。经验表明，对改变自我说的运用应主要考量三方面要素，这三方面因素包含：过度控制的行使、不公平或过错行为和因果关系的证明。

最后，企业主体说。企业主体说，由美国学者 Berle 教授于 1974 年率先提出。主张通过分析关联企业的"公司事实"与"企业事实"是否相符。如虽然关联企业在法律上存在许多不同的实体，但于经济上观察只有一个单一企业，法院应该忽略法律上关联企业各成员企业的独立法人格而改依经济上事实承认所有法律上不同实体应为单一的企业整体，于对外关系上应只存在一个独立的法人格。[①] 亦即，通过对关联企业经济现实情况的评判决定关联企业是否能够被视为一个单一的企业整体对待，并进而决定能否赋予其单一的法人格地位。

在早期，基于对公司法人格独立理论的推崇，学者们普遍认为企业间关联关系的存在不应该有损关联企业各成员的独立法人格，否则对公司有限责任原则即会造成难以弥补的损失，且有碍现代经济的正常运行。[②] 伴随着关联企业越来越多的参与市场活动，其不规范交易损害债权人或利害关系人利益的行为日益突出。在此背景下，法人格独立说受到了挑战，学界研究转而采取法人格否认理论对其加以修正。即原则上承认关联企业各成员的独立法人格地位，于例外情况下得以否认其法人格使关联企业内具有控制权限的控制公司承担被控制公司应予承担的债务责任[③]。如美国学者基于工具说、代理说和改变自我说的理论认识，研究认为应以诈欺、不公平、虚伪陈述等作为刺穿公司面纱的一般标准。[④] 英国

①　Adolf A. Berle, Jr, "The Theory of Enterprise Entity", 47 Colum. L. Rev. 343(1947).

②　Edasterbrool & Fischel, "Limited Liability and the Corporaion", (1985) 52 U. Chi, L. Rev. 89, 110-111; Jose Engracia Antunes, *Liability of Corporate Groups.*, Deventer Boston: Kluwer Law and Taxation Publishers, p. 319(1994).

③　Sandra K. Miler, "Minority Shareholder Oppression In the Private Company In the European Community: A Comparative Analysis of The German, U. K. And French Close Corporation Problem", 30 CORNELL INTL L. J. 381(1997).

④　美国法上揭穿公司面纱原则的理论基础主要包含：工具理论、代理理论、分身理论和集团企业责任理论。值得注意的是美国有关控制公司在关系企业中法律责任的理论除了刺穿公司面纱理论外，学者们尚提出责任准备说，责任转换说和无限责任说等观点。

制定法上针对刺穿公司面纱原则的适用主要规定相关用以具体考量的事实因素：公司股东人数不足、①诈欺或重大过失之经营、②公司名称之滥用以及不适任董事之聘雇③和公司行为之隐名代理④。德国法上虽然原则上认为雇主即是与劳工缔结劳动契约的相对人，但于例外情况下法院得依据法人格否认理论遂行"直索责任"以解决关联企业情形下控制公司的责任承担问题。日本学者研究认为，法人格否认理论应适用于法人形骸化和法人格被滥用两种情形。在存在控制公司不当滥用公司有限责任制度设立子公司或利用既存子公司独立法人格之情况下，控制公司应对子公司之劳动债务负连带清偿责任。⑤ 但是，就像法人格否认理论是对传统独立法人格理论适用不当的一种修正一样，该理论自其产生之初即不可避免地存在一定的理论桎梏。集中表现在，法人格否认理论（刺穿公司面纱原则）的适用条件太过模糊且难以形成统一的认识，司法实务难以有效适用。基于此，企业主体说被提及。

　　企业主体说之基本观点认为应以企业主体理论取代传统的公司主体理论，主张通过考量关联企业的经济现实后承认关联企业对外行动的一致性，在此基础上将关联企业整体视为具有单一经济地位的主体对待，承认关联企业于对外关系上仅存在一个独立的法人格。⑥ 于该理论之下，关联企业整体被赋予单一的法律人格，享有权利并承担义务。因而，关联企业整体应有能力对关联企业内的所有债务承担责任，有利于相关主体的利益维护。必须明确，用企业主体说解释关联企业的本质属性并不是对关联企业各成员原有独立法律人格地位的否认。学者们的本意，也是寄希望于该理论的提出补充传统关联企业本质属性认识的不足以填补关联企业整体上的认识缺陷。传统针对关联企业的研究只关注于关联企业的各成员企业的独立法律地位，而较少研究关联企业整体的法律地位或实体资格问题。该理论通过对关联企业经济现实情况的考量，主张于对外关系上将关联企业作为一个经济单元对待以具体评判其"企业事实"和"公司事实"的一致性以进一

---

　　① 参见英国《公司法》第 24 条。

　　② 参见英国《破产法》第 213～215 条。

　　③ 参见英国《破产法》第 216～217 条。

　　④ 参见英国《公司法》第 349 条。

　　⑤ 参见昭和 45 年仙台工程公司案。日本昭和 61 年修正商法草案第 14 条建议：控制股东须对子公司之劳动债务负直接清偿责任。

　　⑥ Philip I. Blumberg, "Limited Liability and Corporate Groups", 11 J. Corp. L. 573, 605(1986).

步明晰关联企业整体上的法律地位,借此补充对关联企业性质的认识。无疑,关联企业理论发展至今得出应从关联企业整体和关联企业的各成员企业两部分面向实现对关联企业本质属性认识的厘清,有利于关联企业相关问题的规范和处理。据此,企业主体理论应是对传统关联企业性质认识必不可少的补充。

综上所述,晚近各国理论和实务发展经验表明关联企业性质认识之企业主体理论越来越得到人们的认同,成为指导关联企业义务分配和责任承担最有效的理论依据。基于此,对关联企业本质属性的认识应采纳"企业主体说"较为适合。也就是说,通过考量关联企业的"公司事实"和"企业事实"的关系,若"公司事实"与"企业事实"相符,应于对外关系上将关联企业整体视为一个单一的经济主体对待,赋予关联企业整体具有单一的法人格地位。

第二节 关联企业理论的劳动法运用:域外关联企业 劳动者保护的现状

针对关联企业的性质,域外围绕其本质属性的认识争议一直存在。其中具有代表性的理论基础主要包含:工具说、代理说、改变自我说和企业主体说。在此背景下,针对关联企业引发的劳动关系问题,域外各国也主要在上述理论基础的引导下展开研究。与此同时,基于对关联企业本质属性的不同认识,域外关联企业劳动者保护所采取的具体路径也并不相同。

一、刺穿公司面纱原则或公司法人格否认制度

刺穿公司面纱原则(Piercing the Corporate Veil),也称公司法人格否认制度。起初,刺穿公司面纱原则是为应对公司股东滥用公司有限责任制度损害债权人利益的行为而开发。即原则上承认关联企业各成员企业的法人格独立,仅于例外情况下否认关联企业某一成员的法人格,使控制公司或控股股东承担责任。[①]尽管刺穿公司面纱原则与传统公司法有限责任的原理相悖,实践中也一直备受诟病。但是,该原则的引入和发展无疑使公司日常行为更为规范,有利于企业日常

---

① Sandra K. Miller, "Piercing the Corporate Veil Among Affiliated Companies in the European and in the U. S. : A Comparative Analysis of U. S., German, and U. K", 36 Am. Bus. L. J. 73.

经营业务的顺利开展。

起初,刺穿公司面纱原则是对公司有限责任原理过度适用的矫正而探索生成的,在随后的实践中得到了迅速发展。在关联企业的劳动关系问题上,美国法上率先引入这一原则以实现对关联企业劳动关系的法律调整和关联企业旗下劳动者合法权益的有效保护。1988 年,美国国会考虑到失业工人的具体情况颁布了《工人调整和再训练通知法案》(简称 WARN 法案)。[①] 该法案表明被母公司控制或部分控制的分支机构,其各自是否作为独立的雇主或是作为母公司或关联企业整体的一部分不享有独立的雇主资格,取决于它们独立于母公司的程度。并进一步指出在作出具体评判前需综合考量下列事实因素。主要包含:共同所有权、共同的董事和/或管理者、实际上行使控制、出自共源的人事政策联合和企业运营的依赖关系。[②] 基于此,美国国会企图通过刺穿公司面纱原则的适用以实现关联企业内控制公司对子公司雇员利益保护的意图,不言而喻。

在该法案所确立具体规则的引导之下,一些适用刺穿公司面纱原则解决关联企业劳动关系问题的判例相继涌现。如,Hollowell v. Orleans Regional Hospital[③] 一案,通过对案例中所有 ORH 成员间关系的深度剖析,法院认为依据路易斯安那州法律如果事实上子公司仅为母公司的经营管道或二者所有与利益同一导致子公司的独立人格不复存在,或 ORH 公司的成员通过母公司对第三方实施诈欺或不法行为,那么 ORH 成员的法人格面纱将被"刺穿",公司的有限责任原则应不再适用,此种情况下母公司应对子公司的劳动债务承担清偿责任。在此基础上,Aronson v. Price[④] 一案中进一步发展出 8 个考量因素以判定原告试图请求刺穿公司面纱时的举证义务是否充分。具体而言,审理该案的印第安纳州法院认为应该审查原告提供的证据是否能够表明:1. 资本不足;2. 公司记录缺乏;3. 公司股东或董事的欺骗性陈述;4. 利用公司从事欺诈、不公平或违法行为;5. 公司偿付个人债务;6. 资产和人事的混同;7. 不能观察到必要的法人形式;8. 其他股

---

① 29 U. S. C. A. § 2101. § 2101(a)(1):The term"employer"means any business enterprise that employs-(A)100 or more employees,excluding part-time employees;or(B)100 or more employees who in the aggregate work at least 4000 hours per week(exclusive of hours of overtime).

② 20 C. F. R. § 639.3(a)(2).

③ No. CI v. A. 95-4029, 1998 WL 283298, at * 1(E. D. la. May 29,1998).

④ Aronson v. Price, 644 N. E. 2d 864,867(Ind. 1994).

东行为或忽视、控制或操纵公司形式的行为。随后在 Watts v. Marco^① 一案中，虽然法院认为不应该仅仅依据两方面因素的判定就得出刺穿公司面纱的结果，但是在其公开的判决附带意见中法院明文建议原告在州法律下应能够主张"刺穿公司面纱"以加强对控制公司责任的规范实现保护从属公司劳动者合法权益的有益结果。

　　针对劳动法上能否引入以及如何适用刺穿公司面纱原则以实现弱势劳动者权益保护的思路，一些法院对此持保留态度。有关方面的不同意见在 Bitar 一案中得到较为充分的体现。针对该案涉及的工人残疾赔偿问题，法院主张应降低刺穿公司面纱原则的适用。法院反对适用的主要理由，认为联邦和州法律的刺穿理论大多是基于经济政策的考量，对该原则的过度适用与立法本意并不相符。^② 是以，美国法上针对刺穿公司面纱原则在劳动法上的适用支持者众多，亦存在反对者的声音。但是，随之而来的讨论并未休止且实践中亦存在越来越多的案例，应引起足够重视。

　　无独有偶，劳动法上引入刺穿公司面纱原则解决关联企业内劳动关系问题的处理思路，在其他国家的实践中亦有所体现。德国法上通说认为应采纳法人格否认制度，以有效解决关联企业的劳动关系问题。适用该理论者主张，原则上以和个别劳动者订立劳动契约的相对人作为劳动法上的用人单位对待，但于例外情况下法院得依据法人格否认制度遂行"直索责任"以解决控制公司的劳动法责任承担问题。有关方面的适用条件与美国刺穿公司面纱原则的适用条件趋同。^③

　　基于法人格否认制度的适用，日本学者研究认为法人格否认应具体包含法人形骸化和法人格被滥用两种情形。即原则上仍应承认关联企业各成员与自身劳动者间劳动关系的独立性，只有在存在上述两种情形时才能否认关联企业某成员的法人格，要求控制公司对子公司的劳动债务负连带清偿责任。同时日本法上针对雇主的不当劳动行为，亦引入公司法人格否认制度以提供劳动者更为充分的法

---

　　① 　No. 3;95C v 88-B-A,1997 WL 578783,at * 1(N. D. Miss. Aug. 8,1997).

　　② 　Bitar v. Wakim , 572 N. W. 2d 191(Mich. 1998).

　　③ 　Carston Alting,"Piercing The Corporate Veil in American and German Law-Liability of Individuals and Entities: A Comparative View", 2 TULSA J. COMP. & INT'L L. 187, 199 (1984); Sandra K. Miller, "Piercing the Corporate Veil Among Affiliated Companies in the European Community and in the U. S: A Comparative Analysis of U. S,German,and U. K", 36 Am. Bus. L. J. 73.

律保护。[①]

法国劳动法上主要通过事实董事理论的引入，直接处理母公司干涉子公司的问题。事实董事理论于劳动法上的具体适用认为关联企业的母公司若介入子公司与其职员的关系时，则母公司的劳动法责任即应成立。该理论进一步明确，在存在上述母公司介入子公司与其职员的关系时母公司应与子公司对子公司职员的劳动债务负连带清偿责任，且母公司并无免责抗辩的权利。法国法上的事实上董事理论与英美法上之揭穿公司面纱原则的适用具有相同的立法趣旨，但是在具体适用条件上挣脱了揭穿公司面纱原则的桎梏，以事实上董事的观点为认定标准直接处理母公司干涉子公司经营的问题。[②] 是以，大陆法系国家在引入关联企业理论解决因关联企业引发的劳动法问题这一处理思路上较英美法系国家更为深入，且实践成果颇多。

综上所述，虽然针对刺穿公司面纱原则或公司法人格否认制度的具体适用条件，在工具说、代理说、改变自我说和企业主体说的理论指导下存有不同的认识。有学者的观点认为应该以诈欺、不公平、虚伪陈述等作为刺穿公司面纱的一般适用条件。与此同时，一些观点坚持认为"滥用"才是该原则适用的唯一条件。[③] 但是，劳动法上引入刺穿公司面纱原则或公司法人格否认制度以保护关联企业内劳动者权益的基本立场得到了域外各国学者们和实务者们的普遍认可。实践中，引入关联企业理论研究成果调整关联企业劳动关系的案例也如雨后春笋版涌现。

在关联企业情形下，原则上关联企业的各成员企业分别招用劳动者并与其缔结个别劳动合同的劳动者就各自的劳动关系享有权利并履行义务。但是，当关联企业内居于控制地位的控制公司不当利用成员独立法人格地位损害被控制公司利益行为发生时，关联企业内某一成员企业的法人格即会遭到否认。在此背景下，关联企业内具有"控制"地位的成员企业需要对"被控制"的成员企业承担该被控制企业作为用人单位在劳动法上应对与其建立劳动关系的劳动者应予承担的

---

① 参见昭和45年仙台工程公司案。日本昭和61年修正商法草案第14条建议：控制股东须对子公司之劳动债务负直接清偿责任。

② 刘连煜：《控制公司在关联企业中法律责任之研究》，载《律师通讯》，(173)。

③ Stephen B. Presser, The Bogalusa Explosion, "Single Business Enterprise," "Alter Ego," and Other Errors: Academics, Economics, Democracy, and Shareholder Limited Liability: Back Towards a Unitary "Abuse" Theory of Piercing the Corporate Veil, 100 Nw. U. L. Rev. 405.

用人单位责任，保护旗下的劳动者利益。

二、联合雇主标准

联合雇主标准（The Joint Employer Test），是由美国国家劳资关系委员会提出并在联邦法院中得到一定程度运用的关联企业劳动关系的处理路径。联合雇主标准并没有将原本独立的若干企业实体视为同一，仍然承认关联企业内各成员企业法人实体的独立性。该观点源于两个或两个以上雇主联合控制人事的基本事实，认为该两个或两个以上的雇主联合能够共同决定和管理某些与劳动合同条款和劳动关系条件有关的事项。[1] 是以，联合雇主标准立基于一个雇主善意地承诺为另外一个独立的企业承担责任，但是该独立企业内部劳动关系的独立性并不因之而受到影响。

在运用该标准具体处理涉关联企业劳动关系问题时，法院关注的重点集中在关联企业内实际上对居于从属性地位的劳动者控制或施加影响的具体成员企业的数量上。[2] 必须明确，联合雇主标准为美国法上的特色。从该标准的诞生和随后的发展来看，主要立基于美国法上对多重劳动关系承认的立法传统。而在大陆法系国家，有关方面的立法原则坚持认为劳动关系具有唯一性，否定双重或多重劳动关系存在的可能性。因而，众多大陆法系国家鲜有适用该标准用以调整关联企业劳动关系的实践，针对该标准的理论探讨也较少。

"学术研究的本质在于学术创新。科学研究者从事学术研究的目的归根结底是要形成有别于前人的创新性学术观点或理论。"[3]从长远角度看，不论是为了传统劳动法理论的及时革新，还是现实突出问题的当代应对，对美国法上联合雇主标准的介绍和探讨在现阶段都必不可少。

在关联企业劳动法问题的处理上，联合雇主标准基于关联企业各成员企业法人格独立性的立法传统承认个别劳动者与关联企业不同成员企业间劳动关系的合法性。通过考量不同成员企业间紧密联系的经济现实，赋予关联企业各成员企

---

[1]　Mark Crandley，"The Failure Of the Integrated Enterprise Test：Why Courts Need to Find New Answers To the Multiple-Employer Puzzle in Federal Discrimination Cases"，75 Ind. L. J. 1041.

[2]　Bonilla v. Liquilux Gax Corp. , 812 F. Supp. 286,289(D. P. R. 1993).

[3]　刘燕青：《创新性学术观点或理论形成的可能路径和方式》，载《长安大学学报》（社会科学版），2009（2）。

业具有联合雇主的法律地位,并通过雇主连带责任的引入实现保障关联企业旗下劳动者合法权益的目的。也就是说,联合雇主标准以承认多重劳动关系为前提,关联企业内具有独立实体地位的成员企业与旗下劳动者建立的劳动关系彼此独立。仅是基于用人单位一方的成员企业对某特定劳动者人事的控制或施加影响的事实,做出该上述用人单位方企业视同"雇主联合"的安排,联合雇主的各方主体需连带向该名特定劳动者承担雇主责任。

和刺穿公司面纱原则的适用一样,联合雇主标准在实践中亦受到相当程度的质疑。集中表现在,联合雇主标准并不能真实鉴别劳动关系的"虚假性",无法界定关联企业内劳动者的最终归属。该标准仅依据表面证据作出联合雇主的认定,而不需要考量劳动关系的其他内容,很难真正意义上判断个别劳动者究竟从属于谁。与此同时,关联企业本就为具有关联关系的企业间的联合,而人事联合应为认定存在关联关系的考量因素之一。是以,各成员企业基于人事的联合控制并不一定就需要对其控制区域内的行为完全担责。因而,实践中联合雇主标准的法律实效相当有限。

三、单一雇主理论

单一雇主理论(The Single Employer Doctrine),是指在关联企业中当一家公司拥有另一家公司,或两家、两家以上公司共同为另一个实体、个人或组织体所拥有时,在涉及劳动关系领域该关联企业在整体上应视为单一雇主身份存在。也就是说,在关联企业中如果员工可以举证证明关联企业内一公司与另外一公司在人事管理、公司运营和商业运作等方面具有同一性,那么具有关联关系的两家公司应视为该员工的单一雇主存在。[①]

同联合雇主标准的产生相似,美国法上对单一雇主理论的实践先进、经验亦较为丰富。针对单一雇主理论,美国法院首次运用该理论可追溯至 1970 年的一则就业歧视案件。该案当时的裁决主要依循美国法上的集体争议法而作出,直到瓦格纳(Wagner)法案颁布后单一雇主理论才获得了适用生命。[②] 其实,Wagner法案也并没有为单一雇主理论的适用提供明确的法律依据。但是,在随后的劳资

---

① Murray v. Miner, 74 F. 3d 402,405(2d Cir. 1996).

② Stephen F. Befort, "Labor Law and the Double-Breasted Employer: A Critique of the Single Employer and Alter Ego Doctrines and a Proposed Reformulation", 1987 Wis. L. Rev. 67,67-70(1987).

谈判中联邦法院曾两次公开承认适用单一雇主理论的可行性。其观点认为,单一雇主理论源于对关联企业内各成员独立法人格地位的尊重,当关联企业从整体上被当作"单一雇主"时它们被视为一个实体为了一个或多个雇佣法目的的结合。

在这之后,Papa v. Katy Industries[①]一案中受案法院对单一雇主理论的适用条件进行了阐明。该案中原告 Papa 诉称源于母公司对子公司的支配使其丧失了其在子公司的职位,但是实际上针对 Papa 等员工的裁员决定是由子公司而不是母公司做出的。因而,审理该案的一些法官认为法院应该拒绝单一雇主理论的适用,或者至少将该理论的适用范围限缩在集体谈判法领域。与之相反,另一些法官坚持认为该案应可适用单一雇主理论。基于原告提出的就业歧视诉讼而被告提出抗辩主张适用小雇主豁免制度,亦即被告认为其分支机构的雇员人数太少达不到法律所规定的最低雇员门槛要求。但是,对单一雇主理论持肯定意见的法官认为依照平等就业机会委员会的要求关联企业整体应作为一个单一雇主对待,各成员雇员人数应合并计算以应对雇主滥用小雇主豁免制度损害雇员合法权益的行为发生。细加考量,持上述意见的法官主张应以企业主体理论作为关联企业本质属性认识的理论基础,于对外关系上将关联企业视为一个单一的经济主体对待,赋予其单一实体资格。在此基础上,应将关联企业在整体作为一个单一的雇主对待以有效规制关联企业的劳动关系。是以,单一雇主理论的适用应以企业间存在不当控制或施加某种影响为前提条件。

相似情形的判例在 United States v. Davison Fuel&Dock[②]一案中亦有所体现,审理该案的法官认为已合并的单独企业受制于共同的产权控制构成产品的联合制造商。此种情形下,受制于法案最低劳动基准的限制这些企业的共同产权所有者必须对旗下附属公司的行为负责。与此同时,为应对被告抗辩豁免适用单一雇主理论的主张,密歇根州地区的最高法院在 Wells v. Firestone Tire & Rubber[③]一案中运用了"经济现实测试标准"以评判母公司是否有法定豁免的权利。运用该标准主要通过对如下事实要素的具体考量以确定单一雇主理论的适用条件是否适格。包含:1. 对工人职务的控制;2. 工资的支付;3. 雇佣、解雇和奖惩纪律维持的责任归属;4. 作为雇主业务不可分割的一部分相对于一个共同目标

①　Papa v. Katy Indus., Inc., No. 95-C-5290,1998 WL 142390, at * 3(N. D. Ill. Mar. 25,1998).

②　United States v. Davison Fuel&Dock Co., 371 F. 2d 705,713(4th Cir. 1967).

③　540 F. 2d 681(4th Cir. 1976).

完成的职责履行情况。[1]

综上所述,相关判例明确表明关联企业整体能否构成单一雇主需要在事前审查一些事实因素后乃能做出决定。其中,影响单一雇主理论适用的因素主要包含共同所有权、共同管理、劳动关系的集中控制和业务操作的相互关系等具体因素。[2] 在一些案例中,经过审查发现关联企业并不符合上述考量因素的要求,因而不能作为单一雇主对待。[3] 最后,一些法院认为采用单一雇主理论赋予关联企业整体上的雇主责任符合美国国家劳资关系委员会劳资集体谈判的目的,且有利于劳资关系的管理。[4] 是以,单一雇主理论具有较大的适用空间。

必须明确,单一雇主理论与美国法上的联合雇主概念并不相同。联合雇主认为一个雇员可以拥有两个或两个以上分别独立的雇主,且该多重雇主之间并不需要基于共同控制或所有权关系而存在上下间的隶属关系。因为,联合雇主标准不认为关联企业是一个单一的实体而关联企业各成员应是各自分别独立的实体。与此同时,单一雇主理论与刺穿公司面纱原则的适用也有所不同。刺穿公司面纱的适用主要是基于对诈欺、不公平行为或虚伪陈述等因素的考量后对关联企业某一成员的法人格予以否定,要求关联企业内控制公司承担被控制公司对劳动者的债务。而适用单一雇主理论则一开始即通过判断因素的考量认可关联企业整体为一个单一的雇主,整体上享有权利并履行义务。并不需要审查关联企业的某一成员企业是否事实上存在"滥用"等情形,而后通过否定其法人格而要求其他关联企业内具有控制权的控制公司承担雇主责任。

总而言之,采用单一雇主理论处理关联企业的劳动关系问题,其核心点在于对企业间"控制关系"的准确界定。基于此,美国国会乃重申四方面要素在适用单一雇主理论上的重要性,包含:共同所有权或财务控制、共同经营管理、对劳动关系的集中控制和业务操作的相互关系。

赋予特定条件下的关联企业整体以雇主资格,运用单一雇主理论解决关联企

---

[1] Stephen M. Bainbridge, Abolishing Veil Piercing, 26 J. Corp. L. 479.

[2] Radio & Television Broadcast Technicians Local Union 1264 v. Broad. Serv. of Mobile, Inc., 380 U. S. 255,256(1965).

[3] Johnson v. Crown Enters, Inc., 398 F. 3d 339,343-44(5th Cir. 2005).

[4] Prairie Constr. Co. v. Local No. 627, International Union of Operating Engineers, 425 U.S. 800, 801-02,806(1976).

业所涉具体劳动关系问题在德国法上亦有类似实践。如上所述,德国法上依企业间结合基础的不同将关联企业分为事实关系企业和契约关系企业两类。在德国法上,法律已然开辟出相应地法律制度以利于将两种类型下的关联企业在特定情况下作为同一经济单元对待,赋予关联企业整体以单一雇主资格。与此同时,实践表明德国法上类似单一雇主理论的适用范围更广,因其不需要考虑关联企业各组成员是否为传统意义上的法人企业。如,法律类推适用于被控制公司为有限公司或合伙企业的关联企业情形。[1] 在此问题上,因为德国法上的关系企业立法模式对欧盟其他国家影响深远,欧盟相关国家就关联企业劳动关系的认定亦倾向于将单一雇主理论作为其考量路径之一。

四、综合企业标准

综合企业标准(Integrated Enterprise Standard)是对单一雇主理论的继承和发展,是指关联企业中两个或两个以上的雇主行动被认为是交织在一起的以至于可以将他们视为单个雇主对待。即名义上单独的关联企业的各成员企业构成一个单一的雇主,而不论它们是几个不同的公司或企业。[2] 该标准由美国国家劳资关系委员会启用并发展而来,在劳动法、雇佣法和反歧视法等劳动法领域中得到广泛运用。

从综合企业标准在美国法上的制度起源来看,该标准针对性地解决下述问题,即为了联邦劳动法什么条件下单一雇主被认为是存在的? 为回答上述问题,这里需要对关联企业经济活动的劳动方面予以检查,具体包含:劳动关系间的相互关系、雇员政策实践的相互关系、劳动力的集合程度、通常经济运行的依赖性、决策制定的共性和作为单一雇主片段部分的子公司行为是否共同被集团公司所指挥。通过综合企业标准的审查,美国联邦和州许多规制大企业的法律法规倾向于将整个关联企业视为一个单一的企业整体对待,关联企业事实上对其组成单元

---

[1]　Meredith Dearborn,"Enterprise Liability:Reviewing and Revitalizing Liability for Corporate Groups",97 Cal. L. Rev. 195.

[2]　Richard Carlson,"The Small Firm Exemption and the Single Employer Doctrine in Employment Discrimination Law",80 St. John's L. Rev. 1197.

行使监管职能。在这方面，Midwest Fasteners 一案[①]作为运用综合企业标准的指导性案例，意义重大。通过对综合企业标准的分析，新泽西州的地方法院断定劳工部的信仰在于"判定一个分支机构是否充分不受母公司支配以便取消 WARN[②]法案下母公司的责任，不论是州公司法还是联邦商业法只要涉及联邦雇佣法令，就应该以四个方面因素协同评估"。而这四方面的因素具体包括：共同所有权、共同的董事和/或管理者、实际上行使控制、出自共源的人事政策联合和企业运营的依赖关系。[③] 可以看出，综合企业标准与单一雇主理论内涵基本相同，在相关因素的考量上也大抵相当。

在判定关联企业各成员是否事实上结合时，大多数法院引用上述美国劳工部的四方面因素做出评估且明确表明不存在一个单一的具有决定性意义的某个因素，所有因素应该灵活适用。而所有因素判定的最终目的在于揭示关联企业内所有权和经营权的结合状态，是否达到高度结合的程度。[④] 具体到各因素，不同法院所持意见存在差异。

首先，大多数法院认为劳动关系和人事的集中控制最为重要，对该因素解释也最为深刻。如，第十法院认为若要满足集中控制这一核心要件，母公司必须做到对子公司的日常雇佣决定行使控制权。第五法院将对劳动关系和人事的控制进一步细化为对关联企业解雇、晋升、报酬、承继和奖惩方面的控制。[⑤] 第二法院通过 Cook v. Arrowsmith Shelburne[⑥] 一案的审理表明，认定关联企业内母子公司能否构成单一雇主，法院必须判断针对子公司的雇佣申请能否传导至母公司。即母公司实质意义上控制着子公司的人事决策，或者表现为子公司的雇佣、解雇决策需与母公司密切相关。

其次，业务操作的相互关系主张应考量关联企业对其成员公司日常经营活动的控制。其本质在于审查企业间技能的共享，亦即关联企业中一家成员企业对另

---

① International Union of Electronic, Electrical, Salaried Machine and Furniture Workers v. Midwest Fasteners . 779 F. Supp. At800-01.

② 参见美国《工人调整和再训练通知法案》(Worker Adjustment and Retraning Notification Act)。

③ 20 C. F. R. §639.3(a)(2).

④ Swallows v. Barnes&Noble Book Stores, Inc. , 128 F. 3d 990,994(6th Cir. 1997).

⑤ Mark Crandley, "The Failure of the Integrated Enterprise Test: Why Courts Needs to Find New Answers to the Multiple-Employer Puzzle in Federal Discrimination Cases", 75 Ind. L. J. 1041.

⑥ 69 F. 3d 1235(2d Cir. 1995).

一家成员企业行使日常职权的程度。其中,可能具体包含"共同的工作人员、共同的会计账目、共同的银行账户和设备"等方面的内容。[①]　在该问题上,美国平等就业机会委员会指出关联企业日常经营管理的共享应具体包含开支票、相互保险手册的预备、营业执照的结束、工资单和保险计划的共享、管理者和人事的共享、提供的服务主要为另一个实体的利益或作为一个单一的实体单位运营等诸多方面内容。[②]　与此同时,法院通过 Rittmeyer 一案发掘出相应地判断方法可用于对该因素的具体甄别。即为了检查公司间业务操作的相互关系,法院首先注意到它们维持单独的设备和人员且每个公司向不同的监管机构负责。然而,最重要的是法院调查发现各公司就服务履行情况和设备使用情况予以相互指控。基于上述事实因素的判断,运用综合企业测试标准法院认为案件所涉关联企业不应作为单一雇主对待。

再次,共同管理的认定应着重审查关联企业在整体上是否共享董事、办公人员、管理者或其他核心人事。虽然有些法院认为若仅存在共同管理也可视为综合企业标准的适用条件满足,因为单一管理是劳动关系最重要内容之一。但是,并非所有法院持上述见解。[③]　必须明确,共同管理是综合企业标准的必要而非充分要素,该要素单独成立不能使标准发挥作用。反之,若缺少该要素则综合企业标准并不适格。

最后,共同所有权或财务控制也属于综合企业标准的必要而非充分条件。对于该因素的判断亦较为简便,只需审查关联企业各实体间是否存在财务所有或控制上的共享关系即可。[④]

其实,结合上文对关联企业本质属性的探讨,可以发现综合企业标准的理论依据源于企业主体说。即通过分析关联企业的"企业事实"与"公司事实"间关系,若二者相符则关联企业整体应作为一个单一经济实体对待,关联企业整体有能力与关联企业的所有雇员在关联企业内仅建立单一且统一的劳动关系。与单一雇主理论相同,适用综合企业标准的核心要素在于对企业"控制"程度的判断。对此,美国法院通过长期的司法实践已发展出一些可供借鉴的考量因素,如上述判

---

① Rittmeyer v. Advance Bancorp, Inc. , 868 F. Supp. 1017,1012(N. D. Ill. 1994).

② Equal Employment Opportunity Comm'n, supra note 5, app. 605-G at 3.

③ Richard v. Bell Atlantic Corp. , 976 F. Supp. 40(D. D. C. 1997).

④ Sharp v. Jefferson Distrib. Co. , 148 F. 3d 676,678(7th Cir. 1998).

例中提到的四要素。除此之外,综合企业标准不仅在劳动关系认定领域,在其他具体雇佣计划领域,如工资、工时和就业歧视等方面,亦发挥巨大作用。[①] 经过最高法院的批准,该种以雇佣关系的经济现实而不是以公司结构的技术形式为考量的功能性标准被认为是劳资关系委员会实施劳动法案的基础。因而,在综合企业标准下关联企业内有可能仅存在一个统一的劳动关系。

美国法上的综合企业标准是"企业主体说"理论下的产物,是该理论在劳动法领域的具体运用。同"企业主体说"理论相似,在关联企业本质属性的认识上英国学者称其为"单一经济个体理论(The single ecomomic unit argument)"。[②] 英国法上的单一经济个体理论与上述美国法上的企业主体说理论的观点基本相似,均在于将关联企业之子公司视为整体经济单元的一部分对待。德国法学说上结合"雇员"的概念,提出了"类似雇员"的概念。[③] 依学界通说,"类似雇员"概念指出为某一集团内部的不同企业工作的人也被视为在同一家机构工作。在该问题上,日本学者在研究控股公司所引发的劳动法问题时其中一条处理思路即为引入实质的单一企业理论,以期寻求较能合理诠释"跨法人格劳动关系"的理论架构。[④] 无独有偶,其基本思路与上述国家具体实践大抵相当。

综上所述,针对关联企业劳动关系问题的处理,域外主要存在四种常用的规制路径以具体实现对关联企业内劳动者合法利益的维护。该四种途径即为:刺穿公司面纱原则或公司法人格否认制度、联合雇主标准、单一雇主理论、综合企业标准。该四种处理途径尤其在美国关联企业劳动关系问题的解决上,得到法院不同程度的采纳和发展。刺穿公司面纱原则和联合雇主标准的基本观点认为,关联企业各成员分别与劳动者建立劳动关系而否定关联企业整体上建立一个单一且统一劳动关系存在的可能性。此种情况下,关联企业内存在多重劳动关系。基于"控制"因素的判断或"联合管理"的事实,赋予其他非与劳动者建立劳动关系的关联企业成员承担一定程度上的雇主责任。单一雇主理论和综合企业标准通过赋

---

① Phillip I. Blumberg, "The Increasing Recognition of Enterprise Principles in Determining Parent and Subsidiary Corporation Liabilities", 28 Conn. L. Rev. 295.

② Gower's principle of modern company law1997, pp. 166-170.

③ [德]曼弗雷德·魏斯、马琳·施密特著:《德国劳动法与劳资关系》,倪斐译,44 页,北京,商务印书馆,2012。

④ 陈建文:《控股公司所引发之劳动法议题初探》,载《律师杂志》,(291)。

予关联企业整体单一雇主资格,承认关联企业各成员与劳动者分别建立劳动关系的同时亦承认关联企业整体劳动关系存在的可能性。在具体适用上,主张通过若干事实因素的判断予以个案分析。其实,在漫长的关联企业劳动关系处理史上,美国法上尚发展出其他一处理思路可供替代选择。概括来说,主要包含个案评估和第五巡回法院对综合企业标准的修正两种处理模式。其一,个案评估。顾名思义,考虑到个案鲜活性一成不变的标准可能无法做到对个案中关联企业劳动关系的具体情况予以准确认定,因而需要结合案件的特殊性采取个案评估,具体案件具体分析。如,第七法院曾发展出"经济现实测量标准"用来衡量劳动关系的"经济现实"以判断关联企业内劳动关系的实际情况。[①]　其二,对综合企业标准的修正。第五巡回法院对综合企业标准的修正体现为加入了一个分析程序,即分析第二个实体是否事实上参与到与纠纷案件潜在的劳动事务和决策中去。[②]　该种修正的核心在于考量母公司是否是与纠纷有关的雇佣事项的最后决策者。第五法院修正案对综合企业标准的修正使该标准在使用上更为客观,力争祛除将关联企业参与用工时视为单一雇主的绝对化倾向。有利于企业正当生产经营活动的开展,对随后关联企业引发劳动关系问题的处理,积极意义深远。

　　法律最终需要运用于社会实际生活,方显其价值。关联企业本身为比较复杂的经济现象,对其劳动关系的认定尤为困难。是以,因关联企业参与用工引发的劳动关系调整困惑实难依循普通企业的处理思路,需要积极开拓新的治理路径。在这其中,准确界定关联企业的劳动关系,明确用人单位的责任归属,是实现关联企业旗下弱势劳动者合法权益保护的前提条件。域外相关国家的立法和实践经验为我国关联企业劳动关系问题的处理提供了可供借鉴的处理思路,为我国关联企业中劳动者权利的法律保护提供了更多的选择途径,有利于我国劳动法制的发展和完善。

[①]　Stephen M. Bainbridge, Abolishing Veil Piercing, 26 J. Corp. L. 479.

[②]　Mark Crandley, "The Failure of the Integrated Enterprise Test: Why Courts Needs to Find New Answers to the Multiple-Employer Puzzle in Federal Discrimination Cases", 75 Ind. L. J. 1041.

第三节　我国关联企业劳动者保护的理论抉择

一、从独立法人格到单一企业实体：关联企业性质认识的补充

针对关联企业的性质认识，域外经历了漫长的发展历程，期间共识较少而争议居多。之所以争论不断，归根结底在于市场经济环境下市场主体参与市场活动的创造性与立法的被动性、法律调整的滞后性矛盾使然。针对关联企业，传统上我国对关联企业性质的认识只关注于各成员的独立法律地位。在此基础上，主要通过规制关联企业各成员的法律行为保护相关主体的利益不至于遭受损害。部门法实践和理论研究者一致认可关联企业为具有独立法律地位的多数成员企业的联合体，其本身并没有法律实体资格。

确实，承认关联企业各成员的独立法律地位应值得肯定，应能就发生在单一企业内的法律关系予以厘清和处理。但是，该种对关联企业性质的单一认识应是存有缺陷的。集中表现在，当关联企业内发生"跨法人格"的法律关系时，如何处理则有疑惑。与此同时，我国劳动法上并没有就关联企业劳动关系问题予以特殊规定，有关方面的立法和处理规则主要围绕单一企业的劳动关系问题而设置。针对实务中出现的"跨法人格"的关联企业劳动关系问题，受传统独立法人格理论制约难以实现有效规制，关联企业旗下劳动者权益受损风险凸显。基于此，劳动法上关联企业劳动关系问题的具体规制路径设置实有必要引入关联企业的相关理论成果。结合关联企业性质之理论基础予以重新认识，如此方能实现关联企业劳动法问题的有效规制。

上文对关联企业性质认识之理论基础已有详细阐明，细加分析，企业主体说对现阶段我国关联企业劳动关系的规制路径建构应具有较大借鉴意义。即通过对关联企业经济现实情况的分析，具体考量关联企业的"企业事实"与"公司事实"是否相符，于法律上探索关联企业具有单一实体资格的可行路径。在此基础上，将对关联企业性质认识的既有成果嫁接并运用到劳动法领域以建构关联企业的整体用人单位地位，并进一步就关联企业引发的劳动关系问题予以具体认定和评判。必须明确，关联企业性质之"企业主体说"观点主张关联企业整体应有能力被赋予单一法人格，但并不意味着对关联企业的各成员企业原有独立法律人格地位

的否认。运用该理论之本质只是通过对相关联结因素的考量认可关联企业于对外关系上具有一个单一的经济主体地位,关联企业整体如一个单一法人格般参与经济活动。基于此,具有单一实体地位的关联企业在整体上应有能力承担其参与经济活动关系(包含劳动关系)所对应赋予地法律责任。

综上所述,劳动法上引入"企业主体说"应能够实现对"跨法人格"劳动关系的有效规制,有利于关联企业复杂劳动关系的具体甄别,最终为关联企业劳动者权益的保护开辟出一条行之有效地法治路径。

二、企业主体说下从属性标准的适用思考

传统劳动法理论认为从属性标准为判明劳动关系归属的唯一有效标准。劳动关系主要为具有从属性的劳动者向用人单位提供劳动力,以换取用人单位支付的工资对价。在劳动关系领域用人单位享有对劳动者的指挥命令权和惩戒权,劳动者必须在用人单位的指挥监督下合理提供劳动力,同时个别劳动者需依附于用人单位的工资支付、劳动力再生产和生产资料供给。基于劳资双方经济力量上的地位差异,劳动者难以也不可能实际意义上获得并掌握实现劳动过程必备的全部生产资料。但是受制于现实经济环境的变化,劳动关系的碎片化和片段化促使劳动力和生产资料的结合方式日趋多元。

首先,作为劳动力提供者的劳动者一方亦有可能掌握相应的生产资料,而用人单位效益经营理念的提升也可能促使其减少生产资料的投入以压缩生产成本。其此,福利国家理念的深入使国家更注重对弱势劳动者剩余价值的分配,劳动者的经济力量稳步提升。最后,劳动力提供方式的弹性化和自由化突破了传统工场社会下劳动者对用人单位组织的绝对依赖,用人单位的指挥命令权行使受限。此种情况下,传统劳动法理念下的从属性特征发生改变,劳动者对单一用人单位的从属性变弱直至非常微小,用于判明劳动关系归属的从属性标准遇到越来越多的挑战。是以,为有效解决劳动关系新变化带来的劳动关系归属困惑,传统从属性标准实有必要修改完善。

域外实践经验表明,关联企业性质认识之企业主体理论分析框架应用于劳动法领域应具有可行性。依该理论之基本观点,主张应通过考量关联企业的经济现实,通过判断关联企业的"企业事实"与"公司事实"是否相符以进一步厘清关联企业整体是否具有单一实体资格,能否获得单一法律地位。仔细分析该理论之基本

观点,可以发现运用该理论之核心在于对影响关联企业经济现实情况的各种事实因素的比较甄别。也就是说,通过对关联企业具体参与对外经济活动中各种事实因素的考量,以具体判断关联企业整体上能否享有单一且独立的法人格。在这之后,基于对关联企业参与经济活动之关涉劳动方面的事实因素的判断以具体认定关联企业整体上是否具有雇主资格并就该具有独立雇主资格的关联企业整体(或其代表机构)介入各成员企业与所招用劳动者间的劳动关系情况进行具体分析。在此基础上,就关联企业引发的劳动关系问题予以针对性思考评判,实现关联企业劳动关系从具体到整体的规制路径创设。如上述美国联邦劳资关系委员会为认定关联企业是否构成单一雇主而提出的四方面判断要素,即属此例。通过考量关联企业内影响劳动关系建立和运行的诸多事实因素,包含共同所有权或财务控制、共同经营管理、对劳动关系的集中控制和业务操作的相互关系,以具体认定关联企业整体上是否具有雇主资格并进而对关联企业内劳动关系的从属性予以具体判断。

以上,劳动法上引入"企业主体理论"调整"跨法人格"的劳动关系需要两步骤协同分析。首先,运用"企业主体理论"分析框架辨明关联企业参与对外关系上的整体法律地位和雇主资格问题;其次,通过对影响劳动关系之事实要素的分析就关联企业内劳动关系情况予以具体评判后针对性调整应对。无疑,该种实事求是的调整策略选择对补充和完善我国传统劳动法理论下的从属性标准适用提供了良而有益的借鉴。

从价值论出发,劳动关系的建立和运行应依赖于劳动者和用人单位双方主体持续合作的共同期许,最终目的表现为通过劳动过程创造劳动价值。劳动过程实际上是法律上居于平等地位的劳动者和用人单位双方间的一种持续合作结果。劳资双方基于相互信任展开合作,用人单位获得经营利益而劳动者则以实现个人的自由全面发展为最终目标。在此过程中,劳动者对用人单位的从属性依赖仅是其服从合作关系的表征而不应仅将其作为劳动者的唯一身份属性对待。也就是说,既然劳动关系建立和存续的基础是合作,那么反映劳动关系存在的构成就应该是维系合作的事实。是以,采纳从属性标准认定劳动关系即应率先考量众多客观存在的劳动事实要素,而不应该仅是外在身份的简单描述。其实,我国劳动立法上也明确表明劳动关系自用工之日起建立。也就是说,我国劳动法律明确认可"用工"事实的判断是确定劳动关系建立与否的构成。因而,在认定劳动关系归属时应重点关注影响劳动关系建立的各项事实要素而非理论抽象下标准的简单机械适用。如此,方能回归劳动立法本源价值追求。

其实,关联企业劳动关系的维系也依赖于多种事实因素的客观联结。在关联企业参与用工情形下,劳动者既可能只在一家成员企业提供劳动力,亦有可能被关联企业交替变换用工单位。基于尊重事实的考量,原则上劳动者仅在该家成员企业提供劳动力并换取工资对价的事实并不能促使其与关联企业整体或关联企业内其他成员企业间建立劳动关系。在此背景下,应具体考量劳动关系的各项内容在关联企业内的实际情况,判断其能否实质引发关联企业的联动效应以认定关联企业中劳动关系的最终归属。

在此问题上,国际劳工组织曾明确指出:"确定雇佣关系是否存在,应主要以与劳动者从事劳务并获取报酬的相关事实为指导,而不论在各方当事人之间可能商定的任何契约性或其他性质的相反安排中的关系特点。"[①]可以看出,国际劳工组织认为劳动关系的认定应以客观存在的劳动事实(劳务给付与工资支付)为考量依据。与此同时,晚近一些国家的劳动法理论和实务发展经验表明,运用从属性标准认定劳动关系应更多考量劳动关系领域的各种事实因素。在美国,传统主仆理论下的"控制标准"受到经济环境的冲击越来越大,司法实践尝试不断改良以优化该标准的适用。为实现雇佣关系的有效认定,美国司法实务中通过判例发展出一系列考量因素用以界定雇佣关系的归属。具体包含:技术要求、工作之永存性、雇员对设备和生产材料的控制程度、雇主对雇员的控制程度、雇员劳务提供是否为雇主事业不可分割或缺的部分、风险承担和利润分享情况等。[②]德国法上依循对劳务提供具体种类、工作时间和地点、雇员与组织的关系、主从义务等雇佣事实的判断赋予从属性较弱的雇员"类似劳工"的身份,予以部分劳动法上的保护。法国法上亦同,将某些仅具有经济从属性而不具有鲜明人身从属性的工人视为劳工法上之"雇员",包含家庭工人、自由撰稿人以及演员等。[③]其他国家也有类似规定,如加拿大法中的"依赖性承包人"和英国法中的"准依赖劳动"等。

综上所述,在适用从属性标准认定劳动关系的最终归属时,应重点就影响劳

---

① 参见国际劳工组织《关于雇佣关系的建议书》(第 198 号建议书)第 9 条。

② 谢增毅:《劳动关系的内涵及雇员和雇主身份之认定》,载《比较法研究》,2009(6)。

③ 参见国际劳工大会第 91 届会议:《雇佣关系的范围》,23 页,国际劳工局,2003,转引自曹燕:《"劳动者"的法律重释:境况、身份与权利》,载《法学家》,2013(2)。

动关系内容方面的客观事实予以具体厘清。实践中,影响从属性标准适用的客观因素有很多,包含但不限于以下内容:生产资料由谁掌握、劳动者受用人单位的控制程度、报酬发放、劳务给付方式和种类、风险和利润分担情况、组织依赖性、保险缴费和福利提供等。经验表明,辨明劳动关系的影响因素愈发重要。

三、关联企业劳动者保护的可行路径探索

其实,域外各有关国家和地区应对关联企业劳动者保护问题的实践经验已经为我国类似问题的研究和解决提供了可供借鉴的处理思路。考量域外国家的立法和实践,对关联企业劳动者保护问题的处理较为复杂。但是,厘清关联企业的本质属性居于首要基础地位。亦即针对关联企业法律性质的认识,是坚守关联企业各成员企业的独立法律地位而不考虑关联企业整体的法律地位问题,之后基于"法人格否认"理论的运用对关联企业的某成员企业的法律地位予以否认。抑或是在承认关联企业各成员企业独立法律地位的前提下基于关联企业内经济现实情况的分析赋予关联企业整体以单一的法律地位。思路不同,劳动法律调整关联企业劳动关系的具体路径并不相同。

以上,对关联企业本质属性认识的不同直接催生域外对关联企业劳动法问题的四种具体处理路径。包含:公司法人格否认制度或刺穿公司面纱原则、联合雇主标准、单一雇主理论和综合企业标准。应该说,上述四种途径对关联企业劳动者保护问题的解决均能起到一定程度的积极意义。法人格否认制度的积极意义表现在,当关联企业内控制公司存在"滥用"等不法行为时得以适用法人格否认制度予以否定被控制公司的法人格,要求关联企业内控制公司直接承担被控制公司对劳动者的雇主责任。联合雇主标准主张,基于不同雇主间劳动人事方面共同管理的客观事实赋予两个原本独立的雇主以联合雇主的地位,共同承担对旗下劳动者保护的雇主责任。单一雇主理论主张关联企业应具有单一的雇主地位,有能力与劳动者建立统一的劳动关系,行使雇主职权和权能并应承担雇主责任。综合企业标准的价值在于,通过对关联企业参与经济活动尤其是关涉劳动方面的事实因素考量,判断关联企业于整体上是否构成单一雇主并进一步设置关联企业内所有成员共同承担劳动债务的可行路径,实质提升个别劳动者受保护程度。虽然域外对关联企业劳动者保护具体路径的选择仍有争议,但是将关联企业的理论成果运用于劳动法上用于解决劳动者保护问题已经得到了普遍的认可。

基于此,针对关联企业的劳动者保护问题,我国劳动法上亦应采取相同的规制思路。将关联企业本质属性认识的相关理论成果运用于劳动法上以解决关联企业的劳动者保护不能问题,如此方能实现关联企业内"跨法人格"劳动关系的有效规制。

结合前文的分析,针对关联企业的劳动者保护笔者认为在具体路径的选择上综合企业标准应值得我国借鉴。该标准依循企业主体理论,主张对关联企业参与经济活动的劳动方面的事实因素予以考量以具体判断关联企业于整体而言是否能够作为单一雇主对待。在明确该前提条件之后,对关联企业内的劳动关系在原有独立且零散规制路径基础上引入整体规制路径思考以实现对关联企业内劳动者权益真实有效的法律保护。据此,通过采纳综合企业标准补充传统劳动关系认定标准的适用能够做到对关联企业参与用工情形下劳动者用人单位的有效识别,有利于劳动者利益的维护。

本 章 小 结

针对关联企业的性质,我国学界通说认可关联企业各成员具有独立法律地位,而忽视关联企业整体是否具有单一实体资格的研究。该种理论成果直接作用于制度实践,一方面对于现实问题的处理具有指导意义,另一方面也成为制约我国相关制度发展的障碍。与我国通说不同,域外针对关联企业本质属性的争议一直存在,有关方面的理论基础主要包含工具说、代理说、改变自我说和企业主体说。其中,企业主体说得到越来越多的认可。

企业主体理论认为,应通过考量关联企业的"公司事实"与"企业事实"是否相符,若虽然关联企业在法律上存在若干不同的实体,但于经济上观察只有一个单一经济主体,应承认关联企业整体具有单一的实体资格,赋予其单一法人格。是以,域外对关联企业性质的认识从传统意义上对关联企业的各成员企业的法律地位的认可,逐步发展为对关联企业整体属性的探讨,该种贯穿部分到整体的理论界定路径方能实现对关联企业本质属性的准确界定。基于此,笔者认为对我国关联企业本质属性的认识应引入企业主体理论的最新研究成果,乃为妥当。与此同时,通过对域外各国关联企业劳动者保护路径的实践经验总结,发现劳动法中引入企业主体理论能够有效地解决因关联企业引发的劳动法问题,有利于劳动者利益的维护。

关联企业本身为比较复杂的经济现象,而其与劳动法问题结合时更是加重了劳动法上相关问题的处理难度。因而,首先需要对关联企业的本质属性予以厘清,在此基础上通过借鉴域外国家和地区有关关联企业劳动者保护的具体实践经验,结合现阶段我国关联企业引发劳动法问题的实际特点予以本土化改造。如此,方能为我国劳动法上关联企业劳动者保护问题的解决提供明确的处理途径。基于此,关联企业性质认识之企业主体理论应值得我国借鉴。同时,劳动法上引入"企业主体说"观点用以解决关联企业劳动者保护问题具备了成熟的本土化土壤,并不会出现理论移植的水土不服困惑。

第四章 关联企业劳动关系的归属界定

本章首先依循企业主体理论观点就关联企业和关联企业内设机构的用工主体资格予以厘清。接着深度剖析关联企业参与具体用工安排下劳动者从属性情况。在此基础上进一步探究关联企业劳动关系的认定路径,并就关联企业劳动关系的最终归属予以明确的法律界定思考。最后对关联企业劳动法上的用人单位责任承担方式予以分配思考。

第一节 关联企业的用人单位地位探究

一、适格性:关联企业能否享有用人单位资格

关联企业参与具体用工选择时,界定关联企业劳动关系归属,必须首先廓清关联企业的用人单位资格问题。关联企业是否为劳动法律上适格的用人单位,很大程度上决定了关联企业劳动用工能否纳入劳动法调整范围。这对于以换取工资对价为报酬用以维持生计的从属劳动者而言,利益攸关。

(一)法理释疑

在劳动关系中用人单位为劳动者的相对方,有权接受以劳动力为具体内容的劳务给付并需要承担劳动法上的工资支付义务。依循大陆法系劳动法主体理论的研究成果,主要将雇主分为劳动契约雇主和功能性雇主两种概念。劳动契约雇主是一种形式上的雇主概念,以与个别雇员签订劳动合同的相对人为该个别劳动者的雇主对待。功能性雇主是一种实质上的雇主认定,以事实上执行雇主权能和职权的自然人为劳动者的雇主对待。

受大陆法系理论研究和立法体系范式影响,我国劳动立法上对用人单位的界定实际上采用的是劳动契约雇主概念,以与劳动者签订劳动合同的法定主体作为劳动者的用人单位对待。与此同时,我国劳动立法上并没有明确规定和承认功能性雇主概念,但在司法实践中功能性雇主概念被有条件的得到承认。如一直以来我国实务中倾向于用代理或代表而非劳动关系处理关涉企业董事、经理等在内的高级管理人员与企业间的关系,此即可视为对功能性雇主概念的承认和适用。因为,相对于普通劳动者而言,上述高管人员虽然也向用人单位企业供给劳务,但是更多表现为事实上代替用人单位企业执行雇主权能和职权对普通劳动者施加管理和控制。是以,以基本事实为导向否定该部分人员的劳动关系应为可行。不过,归因于功能性雇主概念在我国立法文本中的缺失,对此实践中争议尚存。基于此,对我国劳动立法上用人单位概念的理解并不能与传统劳动法理论上的雇主概念画等号。

可以说,劳动法上的"用人单位"一词为我国的特有称呼,是为改革计划经济体制下"统包统配"、"大锅饭"和"终身制"的行政指令性的劳动用工制度而专门创设的。用人单位一词,在我国具有强烈的改革特征、时代特征和中国特色,开启了我国劳动关系市场化改革的序幕。传统劳动立法逻辑也是以"用人单位"为中心,确定劳动关系和劳动者展开的制度设计。发展至今,用人单位不仅担负劳动法律关系一方主体的角色,一定程度上还享有决定劳动关系是否存在的功能。我国劳动立法通过明确例举方式罗列出用人单位的具体类型,对超出列举之外的其他主体极易被认定为非法用人单位对待,不具备用工主体资格。这些主体与劳动者建立的关系,即使符合劳务给付与工资支付的基本构成,往往不能认定为劳动关系,也无法获得劳动法律的调整。不得不说,对于从属劳动者而言这是十分不利的。

稍加分析,不难发现我国劳动法律上的用人单位实际上与大陆法系国家传统雇主理论的劳动契约雇主概念等同。是以,我国劳动立法上的用人单位概念为一种狭义的雇主定义,无法包含所有事实上行使雇主权能和职权的相对人。在此背景下,我国传统劳动法律上的用人单位概念应予重新界定。结合前面对大陆法系国家雇主理论的分析,对我国劳动法上用人单位概念的重新界定应使其既包含劳动契约雇主概念又包含功能性雇主概念,以扩大用人单位一方主体的外延。以上,劳动者的劳动契约雇主身份归属依据劳动合同的确认得到认定,主要以双方当事人的意思表示为核心判断要素,是一种民事法律行为。① 但是,对劳动契约雇主的认定应打破唯书面劳动合同化的倾向,应注重考量书面劳动合同的证据效力而弱化其权利属性,重点厘清不具书面劳动合同时劳动者劳动契约雇主身份归属的认定途径。②

除此之外,由于我国劳动立法上并没有明确规定功能性雇主概念,有关方面的研究也比较缺乏。因而,对功能性雇主概念的研究应着重借鉴大陆法系国家的已有成果。在此过程中,应结合本国劳动关系发展程度和劳动法制之基本现实对其适度修改并加以完善。

传统功能性雇主概念是指实际执行雇主职权和权能的自然人,其主要以代理为法理依据。雇主的自然人受雇主委托代为执行雇主职权,法律效果归于雇主承受。赋予执行雇主职权和权能的自然人为功能性雇主应属合理,但是除却自然人外,符合条件的法人和非法人组织亦应有权纳入功能性雇主范畴。一方面,除却自然人外,法人和非法人组织亦有能力接受委托代表雇主行使职权和权能。我国台湾地区的"劳动基准法"亦明确规定:雇主是指雇佣劳工之事业主、事业经营之负责人或代表事业主处理有关劳工事务之人。③ 事业主,即事业经营主体,为劳动契约雇主概念。事业经营负责人和代表事业主处理有关劳工事务之人,为功能性雇主范畴。其中,事业经营负责人为有权代表事业主的法定代表人或董事,一般为具有完全民事行为能力的自然人。代表事业主处理有关劳工事务之人是指受事业主授权就雇佣、解雇、奖惩、人事、福利和安全卫生等劳动事务行管理权限者。但是并未明确规定非自然人不可,因而这里应理解为法人和非法人组织均可。也就是说,判断功能性雇主身份的关键要素在于是否得到雇主授权并代为行使雇主的职权和权能,即判断的核心要素在于"代理或代表"而不在于具体行使职权或权能主体身份的法律属性。另一方面,法人和非法人职能的具体运作必须具体到自然人行使,由具有民事行为能力的自然人代理日常事务的具体操作。基于此,法人和非法人组织的身份并不影响其代理雇主行使日常劳动事务的管理行

① "民事法律行为,是指以意思表示为核心要素,可依其意思表示的内容而引起民事法律关系设立、变更和终止的行为。"参见马俊驹、余延满著:《民法原论》(第三版),180页,北京,法律出版社,2009。
② 我国已有立法对此进行阐述,通过列举一些考量因素作为确认劳动关系归属的凭证。参见原劳动和社会保障部《关于确立劳动关系有关事项的通知》(劳社部发[2005]12号)。
③ 参见我国台湾地区2006年"劳动基准法"第2条。

为。有鉴于此,应还原功能性雇主概念之创设本意,具有民事行为能力的自然人、法人和非法人组织均有能力担当劳动者的功能性雇主,而判断核心在于是否有劳动契约雇主的"授权"为准。

诚如我国台湾地区学者刘志鹏所言:"凡受雇主授权而就劳工事务有处理权限者,都可能该当'劳动基准法'所指之雇主。"①综上所述,我国劳动法上的"用人单位"应包含劳动契约雇主概念和功能性雇主概念。其中,劳动契约雇主概念主要指与个别劳动者签订个别劳动合同的相对方,而功能性雇主概念主要指得到劳动契约雇主授权代表其具体行使雇主职权和权能的自然人、法人和非法人组织。

依循企业主体理论,因关联关系联结构成的关联企业在对外关系上被视为单一的企业整体对待,享有单一法人格。就其实际运行而言,主要通过考量关联企业"经济现实"与"企业事实"间的关系,承认关联企业于对外关系上的单一经济主体地位。其中各成员企业整体上如单一企业般参与劳动关系,因而赋予关联企业整体上的用人单位主体资格应具有可行性。质言之,对关联企业用人单位主体资格的判断应从法律实体角度转向经济主体角度,寻求更为切实可行的解决途径。依循企业主体理论,虽然在法律上观察关联企业作为一种企业之间的联合并不必然获得法律实体地位。但从经济上观察,关联企业整体于对外关系上表现为一个独立的经济实体,具有独立行为,享有权利并承担义务的能力。同普通企业相比,关联企业作为一方主体参与法律关系表现为构成关联企业的所有成员企业的共同参与,共同享有权利且共同担负义务并有足够能力承担违反义务的法律责任。基于此,关联企业在参与经济活动方面所表现出的独特性并不影响其享有权利和承担义务的能力,只是在具体行使方式上可能会表现出与普通企业一些不同的差异。

与此同时,现代公司法理论的发展早已突破传统公司有限责任的理论桎梏,寻求"跨法人格"行为的公司治理路径,以更好地保护受公司行为影响方利益。在关联企业劳动关系领域,从整体上来看关联企业与单一企业并无多大区别。至于对其行为如何规制以保护弱势劳动者利益,则需要留待具体制度的设置并结合实际情况予以个案分析。是以,关联企业整体应有权享有劳动法上的用人单位主体

---

① 我国台湾地区"劳动法学会"编:《劳动基准法释义—施行二十年之回顾与展望》(第二版),28~29页,台北,新学林出版社2009。

资格。对关联企业整体用人单位资格的承认,应是解决关联企业引发劳动法问题的前提条件。

（二）现实需求

依循大陆法系雇主理论之基本观点,我国劳动法上的用人单位应具体包含劳动契约雇主概念和功能性雇主概念。其中,劳动契约雇主应指与劳动者缔结劳动契约的相对人。而功能性雇主应指受劳动契约雇主授权代表雇主行使职权和权能的自然人、法人或非法人组织。在此基础上,通过关联企业本质属性认识之企业主体说的引入对关联企业的整体法律地位进行了廓清。如此,劳动法上引入关联企业性质认识之企业主体说研究成果,实现了关联企业参与用工情形下对其整体用人单位资格的法理阐明。是以,将关联企业视为一个整体,赋予其整体用人单位身份以具体处理所涉及劳动关系问题,理论依据并不缺乏。

除此之外,赋予关联企业整体用人单位主体资格是当代劳动关系发展的现实所需。一方面,当代劳动关系的发展表现出与传统劳动关系一些不同的新特点,作为劳动关系一方主体的用人单位难以清晰界定。传统劳动关系产生于工场社会下用人单位与劳动者间紧密且对应的结合,劳动关系内容具体明确。劳资双方通过劳动合同的签订对工资福利、工时、劳动保护和社会保险等具体事项予以明确约定,劳动关系项下权利和义务内容具体而明确。而在今日信息化时代下,商业模式和生产生活方式的变化为用人单位和劳动者提供了更为便捷的选择途径。通过数据的甄别和使用,劳动者和用人单位能够更为有效的选择缔约对象而不必面对面考量。与此同时,劳动力提供的场所分散、时间弹性和所需技能更为复杂,更多劳动者被冠以独立供应商的身份参与劳动过程。在现有劳动法制背景下,该部分人的身份得不到用人单位的承认,不能作为劳动法上的劳动者对待。传统雇佣模式发生改变,劳动合同对确立劳动关系的作用日渐甚微,更多无纸化的劳动关系涌现。

在这其中,因企业间结合引发的新型劳动关系更具特殊性。在关联企业情形下,非与劳动者签订劳动合同的关联企业的成员企业基于关联企业整体的用工安排可能对劳动者实际行使着用工权能。此种情况下,该关联企业的成员企业与劳动者建立事实劳动关系但并没有与其签订劳动合同。依循我国现有劳动法制,源于立法和实践对一重劳动关系的绝对信赖劳动者的身份认定比较困难。与此同时,关联企业整体用工安排下劳动关系的片段化和碎片化使用人单位变得不再具体明确,其可能表现为一对多的对应关系。在此情形下,依循传统劳动关系认定规则难以做到对劳动者的用人单位归属作出判断和清晰识别。基于此,劳动者权益受损风险激增,亟待法律做出回应。

另一方面,关联企业多元化用工样态的选择使旗下劳动者的用人单位归属不易判断,关联企业和关联企业的各成员企业的用人单位身份易于混淆,成为隐藏在镜像之后的迷雾。实践中,关联企业的逐利本性决定合理的用工安排是降低企业生产成本和提高经营效率的必然选择。基于此,关联企业用工样态的具体选择多种多样。如前所述,关联企业的多元用工方式具体表现为:①关联企业各成员分别招用员工,各成员分别管理自身的劳动事务,维持各自劳动关系的独立运行;②关联企业各成员分别招用员工,但关联企业整体存在一个统一的人力资源管理机构;③关联企业某成员雇佣员工,而后派遣至其他成员处工作;④关联企业整体招用员工统一管理和配置劳动力,劳动关系集中控制和管理。无疑,关联企业多元化用工样态的选择混淆了劳动法上的用人单位身份加剧了劳动者权益受损的法律风险。

与此同时,基于现有立法供给的不完善,对关联企业整体的用人单位主体资格规范不足。在此背景下,关联企业交替变换旗下个别劳动者用工单位以损害劳动者合法权益的事实时有发生。立法对此应如何规制以更有效地保护弱势劳动者的合法权利,成为现有劳动法制亟须回应的重大关切。

据此,赋予关联企业整体上的用人单位主体资格,明确作为劳动关系一方主体的关联企业用人单位义务并要求其承担劳动法所克以的用人单位责任是我国劳动立法和司法的基本价值目标所在。

二、关联企业用人单位资格的具体评判

针对关联企业用人单位主体资格的分析,域外已有较为充分的实践。但是,大陆法系国家和地区的共同经验表明对雇主概念的探讨并不如对劳工概念的探讨详细,因劳动法主要以实现弱势劳动者合法权益保护为基本价值取向。在此背景下,学者们对雇主概念的讨论更多从其承担社会责任的视角出发,难以准确掌握雇主的法律地位,且易于使承担雇主职能的主体彼此分割。

德国法认为雇主概念可能代表如下三种不同的人:在劳动关系中劳工的他方当事人、劳动法上管理权的所有人或享有执行个别的权限法律地位的人、通常在

劳动关系中作为劳动契约当事人具有指示权的人。其中,在个别劳动关系中全面承认的雇主概念为"在劳动关系中劳工的他方当事人"。可见,德国法以劳动契约雇主概念为适用示范,原则上以和劳动者缔结劳动契约的相对人为劳动者的雇主对待。德国法的此种规定同我国劳动立法实践相似。作为一种经济现象,关联企业在德国的出现亦给旗下劳动者雇主身份归属的认定带来了挑战。基于文献整理和比对发现,德国对关联企业雇主资格的探讨,主要集中在对康采恩雇主资格的探索中。由于日耳曼人的严谨,对法人格独立地位和劳动契约雇主范式的推崇,明确表明康采恩的出现并不能构成对劳动法上劳动契约雇主概念的挑战,且主张康采恩的建立原则上并不会影响到劳动法上雇主的地位。[①] 上述观点的主要支持者们认为,康采恩只是企业联合的一种形式且该种联合并不能促使法律实体的生成,劳工的雇主应是与其缔结劳动合同的康采恩成员而不是康采恩本身。但是,随后的实践发展给日耳曼人带来了难题。一方面,康采恩日益紧密的经济联系使康采恩对外关系上越来越呈现出一个实体的姿态,康采恩的单一经济主体地位受到越来越多的关注。另一方面,康采恩实质上行使着对旗下成员企业劳工事务的日常管理权限,劳动契约雇主必须服从康采恩的统一管理和领导。在此背景下,康采恩内个别劳动关系间的联系性加强,传统劳动契约雇主概念受到挑战。表现在康采恩实质上行使着对个别劳动者的雇主职权和权能,但并不需要承担劳动法上的雇主责任,权利义务严重不对等。为矫正该种法律设置带来的权义失衡,缓和日益严峻的社会矛盾,日耳曼人踏上了寻求康采恩雇主资格的探索之路。通过分析关联企业性质的相关理论,探讨康采恩雇主实践的可行性。由于德国法上对法人格独立说的推崇,主张康采恩的雇主实践应回归至康采恩组成员的个别雇主传统予以思考。具体有两种思路:其一,个别劳工与康采恩所有成员同时建立数个劳动关系。但是,由于与大陆法系国家一重劳动关系的立法原则相悖,受到诸多诟病。其二,劳工与康采恩只存在一个劳动关系,但雇主为康采恩所有成员。该种思路满足一重劳动关系的立法传统,主张康采恩成员企业通过契约参加的方式纳入雇主一方范畴。但是,由于缺乏康采恩企业的明示同意且难以通过有效证据佐证默示参加的存在,康采恩雇主的契约参加路径亦受到了挑战。在此背

[①] 洪秀芬:《从德国事实上关系企业之控制企业责任法制反思我国控制公司责任规范》,载《东吴法律学报》,2013(2)。

景下,德国法上寄希望于法人格否认制度的引入解决康采恩形式下的劳工保护问题,而不再纠结于康采恩的雇主资格问题。即承认企业联合的事实不会导致康采恩整体获得独力且单一的实体地位,原则上仍旧以与劳动者签订个别劳动合同的康采恩成员企业为劳动契约雇主对待。但是基于隶属关系的存在,于例外情况下得否认被控制企业的法人格,要求康采恩内具有控制权的企业承担被控制企业对其劳工应予负担的劳动契约雇主责任。①

除德国外,美国和日本亦有引入公司法人格否认制度(刺穿公司面纱原则)解决关联企业劳动者权利保护问题的司法实践。比较三国的实务经验,皆在承认关联企业具有控制权限的企业基于不法目的行使控制权且实质导致被控制企业劳动者利益受损时,应否定该被控制企业的法人格而要求控制企业承担劳动契约上全部或部分的雇主责任。只是受制于三国经济现实和立法传统的差异,有关公司法人格否认的具体适用条件并不完全相同。

的确,劳动法上法人格否认制度的引入,一定程度上能够解决关联企业的劳工保护问题,符合立法本意。但是,一方面,法人格否认制度一般以具有控制从属关系的垂直关联企业始能够有效适用,对于不具有控制从属关系的平行关联企业则较难适用;另一方面,劳动法上法人格否认制度的引入以"法人格独立说"为理论前提,原则上仍旧以与劳动者缔结劳动合同的关联企业的成员企业为劳动者的劳动契约雇主,非与劳动者缔结劳动合同的关联企业其他成员企业并不能作为劳动者的劳动契约雇主对待,也不符合功能性雇主的构成要件。此种情况下,仅仅依据企业间结合的事实就要求非劳动契约雇主承担劳动法上的雇主责任于法无据,不符合权义对等的基本法理。

除此之外,各国运用法人格否认理论的实践经验表明,对追究违法用工的雇主责任较易得到适用,但却无法用于解释"跨法人格"劳动关系本身,弊端明显。正如日本学者菅野和夫所言:"对于请求支付工资或退休金等一时性请求较易受到法院承认,反之,对于子公司员工请求确认与母公司间劳动关系存在请求法院持否定意见居多"。② 基于此,对关联企业用人单位主体资格的分析应回归至企

---

① Sandra K. Miller, "Piercing the Corporate Veil Among Affiliated Companies in the European Community and in the U. S: A Comparative Analysis of U. S, German, and U. K", 36 Am. Bus. L. J. 73.

② 侯岳宏:《法人格否认理论在台湾与日本劳动法上的之运用与发展》,载《政大法学评论》,2015 (141)。

业主体理论加以探讨,乃为可行。

(一) 一般分析路径

运用企业主体说之基本理论观点分析关联企业的本质属性,主张应通过考量关联企业的"公司事实"与"企业事实"是否相符,虽然在法律上存在众多独立实体但于经济上观察只有一个单一的企业整体,应改依经济上的观点将关联企业视为一个单一的企业整体,于对外关系上只有一个独立法人格对待。[①] 因而,从整体上对关联企业用人单位主体资格的分析应重点通过对关联企业经济现实情况的分析判断以决定其能否对外关系上构成一个单一的企业整体并进而享有整体用人单位主体资格,而不是从一开始即否认关联企业整体作为用人单位参与劳动关系的法律资格。

在此问题上,美国法上为解决关联企业雇主责任承担问题而采纳的"综合企业标准"值得我国借鉴。通过运用经济观察方法具体判断关联企业"公司事实"和"企业事实"是否相符,以确定关联企业于整体上能否作为一个单一的企业整体对待。在确定关联企业整体具有独立法人格基础上,运用"综合企业标准"主张应就关联企业经济活动的劳动事实因素予以检查,主要包含但不限于下列要素:劳动关系间的相互关系、雇员政策实践的相互关系、劳动力的集成情况、通常经济运行的依赖性、决策制定的共性和作为单一雇主片段部分的子公司行为是否共同被集团公司所指挥。[②] 经过判断,若关联企业中两个或两个以上的雇主行动被认为是交织在一起的以至于可以将他们视为单个雇主对待,即名义上单独的公司整体构成一个单一的雇主,而不论它们是几个不同的公司或企业组成。[③]

必须明确,上述对关联企业用人单位主体资格的分析与德国法上康采恩劳动关系的契约参加情形并不相同。虽然二者的表现形式或有雷同,但根本上迥异。契约参加以维持关联企业各成员的独立法人格地位为前提,主张康采恩各独立企业以契约参加的形式加入雇主一方,连带承担雇主责任。而企业主体说下的关联企业用人单位主体资格判断,是基于对关联企业经济现实和劳动关系内容方面事

---

① Adolf A. Berle, Jr, "The Theory of Enterprise Entity", 47 Colum. L. Rev. 343(1947).

② Richard Carlson, "The Small Firm Exemption and the Single Employer Doctrine in Employment Discrimination Law", 80 St. John's L. Rev. 1197.

③ Richard Carlson, "The Small Firm Exemption and the Single Employer Doctrine in Employment Discrimination Law", 80 St. John's L. Rev. 1197.

实因素的具体评判后赋予关联企业整体以用人单位主体资格,作为劳动关系一方主体参与劳动关系并同时享有用人单位权利且需要履行用人单位义务。与此同时,依循企业主体说判断关联企业的"公司事实"与"企业事实"相符后,赋予关联企业整体的用人单位主体资格并不排斥关联企业各成员原有适格的用人单位主体资格,各成员企业的用人单位主体资格应予保留。只是依据对关联企业经济现实的具体判断,在关联企业整体享有单一用人单位地位时,整体而言劳动关系中用人单位一方的权利和义务归于关联企业整体享有和承担。此后,在发生关联企业与旗下个别劳动者所涉具体劳动关系问题时,应运用从属性理论的规则辨明劳动关系的归属做到审慎判断。

(二)特殊主体的认定:关联企业内设机构的用人单位资格认定

关联企业内设机构,这里主要是指关联企业作为一个整体而设立的统一关联企业劳动事务管理的机构,不包含关联企业的各成员企业设立的用于劳动事务管理的机构等其他情形。

相较于普通企业,对关联企业内设机构用人单位主体资格的判断既有一般企业的共同特性,又不乏一定的独特性。一方面,依循企业主体理论之基本观点关联企业的内设机构具有与单一企业内设机构的共同特征,即都是由劳动者用人单位企业内部设立的代为管理人力资源的机构,主要就雇佣、解雇、奖惩和劳动安全保护等劳工事务行使管理权。因而,对关联企业内设机构用人单位主体资格的分析,应以其是否符合劳动法上有关用人单位法定要件的实体与程序条件予以分别判断。另一方面,关联企业的内设机构是由关联企业的各成员企业共同意志而设立的,其实质上行使着对关联企业内所有成员企业劳工事务的管理权限,统一安排、配置关联企业旗下的劳动力。是以,对关联企业整体内设机构用人单位主体资格的分析,应主要从承担用人单位职能的角度出发,以实现劳动者利益最大化保护为根本性目标。

基于关联企业整体内设机构的一般特征和自身的特殊性,应具体从两个方面对关联企业内设机构的用人单位主体资格加以分析。

第一,对依法设立并取得营业执照或登记证书的关联企业内设机构,应赋予其劳动法上的用人单位主体资格。在与个别劳动者缔结劳动合同的情况下,关联企业内设机构应视为劳动者的劳动契约雇主对待,劳动合同的法律效果归于关联企业的所有成员企业连带承受。在关联企业内设机构没有与个别劳动者缔结劳动合同的情形下,亦不影响其用人单位主体资格的取得。

第二,对未依法取得营业执照或登记证书的关联企业内设机构,能否赋予其用人单位主体资格则有待商榷。此种情况下,由于关联企业内设机构并不符合现阶段我国劳动法上劳动契约雇主的法定条件,不能作为劳动者的劳动契约雇主对待。但是,其能否作为劳动者的功能性雇主对待,则需要进一步细分为两种情况予以考量。其一,依循企业主体说,经过判断若关联企业被视为一个单一的企业整体,具有单一法人格,享有整体用人单位主体资格。依循上文对功能性雇主概念的释疑,此种情况下关联企业内设机构应视为代表关联企业整体执行用人单位权能和职权的主体,应享有功能性雇主地位。其二,依循企业主体说,通过判断关联企业的"公司事实"和"企业事实"并不相符,此时关联企业整体不能作为一个单一法人格对待,且直接导致关联企业整体不享有劳动法上的用人单位主体资格。该种情形下因关联企业整体不具有用人单位主体资格,若继续主张关联企业内设机构所从事与劳动事务有关的行为是代为执行关联企业(雇主)职权和权能的行为则缺少依据。因而,在关联企业整体不具有用人单位资格情形下关联企业内设机构原则上不能作为劳动者的功能性雇主对待。但是,从保护弱势劳动者立场出发应认为此种情况下关联企业内设机构针对劳动者所从事与劳动事务相关的行为若符合表见代理的构成,则其行为的法律效果仍归于关联企业所有成员共同承担。

一言以蔽之,对关联企业内设机构用人单位主体资格的判断不仅取决于其是否依法设立并取得了营业执照或登记证书,尚依赖于对关联企业整体用人单位主体资格有无的判断结果,应视具体情况具体分析。

第二节　关联企业内劳动者从属性的法律界定

一、关联企业内劳动者从属性界定的理论争议

一直以来,对关联企业旗下劳动者从属性的判断存在单一从属性和多重从属性的理论争议。具体来说,有关方面的理论争议主要包含:单一契约单一雇主、单一契约复数雇主和复数契约复数雇主。

(一)一重劳动契约下劳动者从属性的争议

劳动者受关联企业雇佣,与其签订劳动合同,双方建立劳动关系。在一种劳

动关系视角下,与个别劳动者签订劳动合同的相对方只可能为关联企业的某成员企业或具有用工主体资格的关联企业的内设机构。而后该个别劳动者受与其签订劳动合同的名义用人单位(劳动合同相对方)的指派在关联企业内的不同成员企业处交替提供劳动力,但与该个别劳动者相关的劳动合同自始唯一。该种情形下对劳动者从属性的判断具体存在单一契约单一雇主和单一契约复数雇主两种争议情形。

1. 单一契约单一雇主情形

劳动者与关联企业的某成员企业或具有用工主体资格的关联企业内设机构签订劳动合同,双方在劳动合同中具体约定劳动关系内容,明确彼此的权利和义务。在此情形下,由于只存在一个劳动合同,劳动关系存在于劳动者和与其缔结劳动合同的名义用人单位之间。依一重劳动关系法理,劳动者应从属于与其缔结劳动合同的成员企业或关联企业内设机构,此时作为劳动合同相对方的成员企业或关联企业内设机构为劳动者的名义用人单位。劳动者在关联企业内被交替变换用工单位的事实被认为是名义用人单位对劳动者用工的具体安排,属于用人单位指挥命令权的行使范围。

大陆法系国家受一重劳动关系立法传统的影响,上述一重劳动契约下单一契约单一雇主的主张在相当长时间内得到较为广泛的支持,如德国。德国法上在规制关联企业混同用工问题时,原则上依循法人格独立说主张与劳动者签订劳动合同的企业为劳动者的用人单位。劳动者从属于该名义用人单位,对于非与其签订劳动合同的关联企业的其他成员企业的指挥命令有权拒绝接受。亦即,关联企业参与用工情形下从属公司的劳动者对关联企业内控制公司的用工安排,因控制公司非为从属公司劳动者的用人单位,劳动者并没有服从的义务。此种情况下,名义用人单位变换劳动者工作地点至与名义用人单位具有关联关系的其他关联企业成员处的行为具体可界定为劳务给付请求权让与、劳动合同承继和劳动合同的变更三种性质。

第一种情形,劳务给付请求权让与。劳务给付请求权让与,是指基于用人单位的指挥命令权行使,劳动者的名义用人单位有权对劳动者劳务给付方式予以适当调整。基于此,关联企业内劳动者的名义用人单位通过调职方式合理配置劳动力资源并不发生原有劳动关系的变更,劳动者仍旧从属于与其签订劳动合同的名义用人单位。劳动者调职至关联企业其他成员企业处工作被认为是名义用人单位对劳动者劳务给付请求权的一种暂时性让与,待期限届满后名义用人单位负有归建的义务。

第二种情形,劳动合同的承继。劳动合同承继,是指基于契约承担法理,劳动者在关联企业内变换用工单位的事实被认为是对原有劳动合同的承继。[1] 在关联企业内劳动者的名义用人单位永久变更劳动者用工单位的情形发生时,原有劳动合同确定的劳动关系继续存在但劳动关系一方主体的用人单位发生变更,由新用人单位替代原用人单位参与到与劳动者的法律关系中。据此,可认为在名义用人单位永久变换劳动者用工单位的情形发生后,原有劳动关系仍然存在只不过由新用人单位加以承继。

第三种情形,劳动合同的变更。在关联企业变换劳动者实际用工单位时,我国台湾地区学者认为尚包含劳动者与原用人单位终止旧劳动合同,而与新用人单位另订新劳动合同的情形。[2] 即劳动者与原用人单位的劳动合同依法解除或终止,而与新用人单位重新签订劳动合同。也就是说,劳动者实际工作的用人单位视为新劳动合同签订的一方主体,基于行为推定的方式视为与劳动者重新明确彼此间的权利和义务关系,且该重新签订的新劳动合同与旧劳动合同之间彼此独立。此种情况下,关联企业内劳动者归属的用人单位发生了变化,劳动者从属于新用人单位但仍旧表现为具有单一从属性。

2. 单一契约复数雇主情形

单一契约复数雇主类似于德国法上的契约参加情形。意即在劳动者与关联企业订立劳动合同之初,作为劳动合同一方主体的用人单位即为多数成员企业的联合或在劳动合同订立之后非劳动合同缔约当事人的关联企业的其他成员企业以契约参加的形式加入到劳动关系的用人单位一方。在此背景下,作为用人单位一方的关联企业与劳动者之间仅存在一个单一的劳动合同,关联企业的其他成员企业和劳动者的名义用人单位一样享有共同且单一的用人单位地位。此种情况下,作为劳动关系一方主体的用人单位由关联企业内多数实体构成,劳动者对关联企业的所有成员企业均有给付劳务的义务,法律上表现为一对多的对应关系。基于此,双方建立一重劳动关系但劳动者对关联企业的所有成员企业均具有从属

---

[1]　刘志鹏:《控股公司、关系企业——劳动法的新课题》,载《律师杂志》,(291)。

[2]　我国台湾地区"劳动法学会"编:《劳动基准法释义——施行二十年之回顾与展望》(第二版),33~35页,台北,新学林出版社,2009。

性,关联企业的所有组成员联合构成劳动者劳动法上的用人单位。

德国法上明确将此种形式归类为契约参加的一种情形。其认为,在该种契约参加情形下于契约订立之初或之后关联企业内原本数个独立的法人格实体参加到雇主一方,代表共同且单一雇主地位的劳动合同可能透过默示的契约参加得以建立。此时,劳动者在关联企业内被交替变换用工单位的情形不认为是劳务给付请求权的让与或劳动合同的承继,实属劳动合同履行的应有之义。主张关联企业各组成员以契约参加情形加入到劳动关系之用人单位一方地位,使原本业已失衡的劳资关系变得愈加不对等,对居于弱势一方的劳动者而言尤为不利。因而我国台湾地区学者在承认关联企业契约参加情形时,亦明确表明因关联企业劳动者雇主之契约参加情形易对劳动者权利造成相当大的损害,因而需征得劳动者的同意始得为之。且借由契约参加进入劳动契约雇主一方的关联企业成员应明示对劳动合同之劳动债务负连带清偿责任。[①]

其实在单一契约复数雇主之契约参加情形下,在法律上表现为具有独立法律地位之关联企业所有成员企业共享劳动关系上的用人单位地位。据此,依循企业主体说之基本理论观点该种情形可视为关联企业整体为具有单一用人单位主体资格的单一实体,其有能力与劳动者建立单一的劳动关系,此时劳动者对关联企业的所有成员企业均具有从属性。

（二）多重劳动契约下的从属性:复数契约复数雇主情形

传统关联企业理论认为,关联企业各成员为具有独立法律地位的实体,而关联企业整体并不具有法律实体地位。在此背景下,受制于关联企业各成员法人格独立性之影响,部分学者坚持认为劳动者在关联企业内被交替变换用工单位的事实构成多重劳动关系,具体表现为复数契约复数雇主。在此情形下,个别劳动者同时或先后与关联企业不同成员企业间形成彼此独立的劳动合同。个别劳动者分别与各成员企业建立劳动关系,关联企业内多重劳动关系同时并存。各成员企业基于用人单位地位均享有对劳动者的指挥命令权,劳动者需要向关联企业的不同成员企业给付劳务。依循一重劳动关系立法传统,虽然劳动者同时与关联企业内多家成员企业保持着劳动关系,但劳动者在一段时间内只能履行其中一个劳动合同且只能向一家用人单位给付劳务,劳动者与关联企业其他成员企业间的劳动

---

① 魏千峰:《多重雇主初探》,载《台湾劳动法学会学报》,2007(6)。

关系应处于暂停状态,得以中止履行。

德国法上亦认为在复数契约复数雇主理念下,劳工与关联企业形成数个彼此互相独立的劳动契约关系。在劳动者被关联企业交替变换用工单位的情形发生时,应认为是劳动者与关联企业的其他成员企业的劳动合同居于暂时中止状态,而仅需履行其中一个劳动合同即可。此时,劳动者与关联企业存在数个彼此独立的劳动合同且劳动者的雇主表现为多数。与此同时,劳动者在关联企业内被调职不认为是劳务给付方式的变更或原有劳动合同的承继,实属劳动者履行劳动合同的应有之义。我国台湾地区学者研究认为,在复数契约复数雇主理念下,因劳动者同时或先后与关联企业建立多个劳动关系而其一段时间内仅可能履行其中一个劳动合同,势必有的劳动合同处于暂时中止状态。为防止劳动者利益受到过多损害,劳动合同的中止应得到劳动者个别的同意,断无雇主擅自选择中止劳动合同的可能性。[①]

综上所述,在复数契约复数雇主理念下,在关联企业内提供劳动的个别劳动者表现为具有多重从属性。

二、关联企业内劳动者从属性界定的实务争议

归因于关联企业多元用工样态并存的现实情况,我国司法实践中对关联企业参与用工情形下劳动者从属性的认识也并不统一。与此同时,源于我国劳动立法上对一重劳动关系法理的推崇,更是加剧了实务中对劳动者从属性认定的难度。是以,关联企业参与用工选择时劳动者的从属性究竟如何界定且在数量上有何表现,实务中的争议尤为激烈。针对于此,实务中主要存在单一从属性和多重从属性两种不同的认识。

(一)单一从属性

我国劳动法律制度排斥多重劳动关系的存在,仅承认单一劳动关系,一个劳动者原则上只能与一家用人单位建立和保持劳动关系。[②] 基于此,关联企业内劳

---

① 林炫秋:《关系企业间劳工之调动与劳工之同意权—评高雄地方法院八十二年度雄简字第五二五号暨劳简上字第六号判决》,载我国台湾地区"劳动法学会"编:《劳动法裁判选辑(二)》,52~56页,台北,元照出版公司,1999。

② 法律允许劳动者建立几个非全日制劳动关系,但也明确表明几个非全日制劳动关系不能互相影响,在劳务给付时间和方式上互不干扰。

动者应只能从属于关联企业的一家成员企业,表现为具有单一从属性。

关联企业参与用工情形下,劳动者具有单一从属性具体表现为两种情形。第一种情形,劳动者与关联企业一家成员企业签订劳动合同,该成员企业为劳动者的劳动契约上的用人单位。此时劳动者仅与其签订劳动合同的用人单位关联企业成员间存在劳动关系,劳动者从属于该劳动契约上的用人单位。劳动者在关联企业内被交替变换用工单位的事实,可归结于该名义用人单位对劳动者劳务给付请求权的部分让渡,并不导致原有劳动关系的变化且不会引发其他劳动关系的成立。第二种情形,在关联企业混同用工且没有明确证据表明劳动关系的归属时,主张以最有利于劳动者利益原则为出发点任意选择关联企业内的一家实际用工单位与劳动者建立劳动关系。此种情况下,该被选种的成员企业居于劳动者名义用人单位地位,且劳动者从属于该被选择的实际用工单位。劳动者在关联企业其他用工单位给付劳务的事实被认为是该名义用人单位对劳动者劳务给付方式的调整,并不因此产生多重劳动关系并存的状态。

司法实践中,主张关联企业内劳动者具有单一从属性的观点可从相关案例中得到详细认识。如甲某与上海某化工公司劳动合同争议一案。[①] 该案中,2001年7月1日,甲某与上海某化工公司签订劳动合同,约定合同期限为2001年7月1日至2006年6月30日,试用期为3个月。在此期间内,甲某同时为该化工公司和另一家装潢公司工作。经调查得知,化工公司为该装潢公司的出资人且两家公司在同一地点进行经营活动。2004年1月至2007年7月系由装潢公司支付甲某工资。其中2007年4月到6月期间,两家公司同时向甲某支付了工资。劳动合同期满后,双方未续签劳动合同。2007年8月3日,甲某与化工公司和装潢公司签订解除劳动合同的协议。上述协议约定两公司于同年7月25日提前30日通知与甲某解除劳动合同,并合计支付甲某6个月的工资作为经济补偿金,并额外支付甲某一个月的工资用于补偿。同年8月9日,化工公司为甲某开具了期限为2001年7月至2007年7月25日的上海市单位退工证明。之后于同年9月24日,甲某以化工公司为被诉人提请仲裁,要求该公司支付其2004年1月至2007年3月以及2007年7月至8月期间的工资以及相应地经济补偿金。

本案中,基于出资事实化工公司取得了对装潢公司的实际控制权,符合关联

---

① 案例来源参见郭文龙:《关联企业与劳动者之间的劳动关系认定》,载《中国劳动》,2010(11)。

关系的构成,双方属于关联企业。依循我国单一劳动关系的法制传统关联企业交替变化用工单位的事实并不导致双重劳动关系的建立,劳动者有且仅从属于与其缔结劳动合同的名义用人单位。亦即,在关联企业规范用工情形下法律总能在关联企业内找到一家出面招聘录用劳动者和完善用工登记的成员企业或具有用工主体资格的机构作为劳动者的名义用人单位对待,并确认双方之间的劳动关系。但是,实践中关联企业的用工往往缺乏规范操作。既没有签订书面劳动合同或缔结劳动合同不符合法律规定,也没有完善的用工登记。实际上关联企业内各实际用工单位均行使对劳动者的指挥命令权,且劳动者需要服从各用工单位处的工作规则和指示。在此背景下,法律缺乏有效的证据确认劳动者名义用人单位的归属,劳动关系从属性不明朗。

基于此,部分法官认为应以劳动者利益最大化为原则任意选择关联企业内一家成员企业为劳动者的名义用人单位对待,确认劳动关系从属于该企业以准用劳动法上的制度调整和规范。据此,本案法官即持上述意见,坚持劳动者单一从属性和一重劳动关系的法制传统,否定关联企业内多重劳动关系的存在。

(二)多重从属性

依循法人格独立理论,应承认关联企业内各成员企业为具有独立法律地位的实体。在关联企业多元用工样态选择下,具有用工主体资格的关联企业各成员企业分别为劳动法上的用人单位,但关联企业整体并不具有劳动法上的用工主体资格,非为适格的用人单位。

在此背景下,关联企业的各成员企业分别与其招用的劳动者之间建立劳动关系,劳动者从属于实际用工主体。基于此,形式上关联企业内存在多重独立的劳动关系,且各自独立的劳动关系基于关联关系的存在形成关联企业内劳动关系的集合体。亦即劳动者受关联企业内某成员企业雇佣与其建立劳动关系,这里形成劳动者的第一重从属性。而后劳动者受关联企业用工安排调整至其他成员企业处从事劳动,劳动者从属性发生了变化。此时劳动者与原有用人单位的劳动关系解除,与关联企业内新用工单位建立一种新的劳动关系。依此类推,基于劳动者在关联企业不同成员企业处被实际用工的事实先后形成多个独立的劳动关系,劳动者先后从属于关联企业的不同用工单位。

从整体上观察,劳动者具有多重从属性。且劳动者在关联企业内被交替变换用工单位的事实,不认为是关联企业或具有用工主体资格的关联企业的某机构对劳动者劳务给付方式的改变,而认为是对原有劳动合同的一种变更,由新单位取代原单位与劳动者建立的一种新的劳动关系。劳动者在关联企业内被交替变换用工单位安排下,劳动者具有多重从属性具体可表现为两种形式。第一种情形,劳动者与原有用人单位的劳动关系终结,与新的用人单位建立一种新的劳动关系,劳动者从属于新用人单位。在此情况下,劳动者与原用人单位的劳动合同终止,而基于劳动者与关联企业内其他用工单位从属性成立的事实,双方建立一种新的劳动关系且该种新劳动关系的内容可能与原劳动关系的内容相同也有可能并不相同。第二种情形,劳动者与原用人单位的劳动关系暂停且原用人单位仍保有对劳动者一定程度的指挥命令权。与此同时,劳动者与关联企业内的其他成员企业建立一种新的劳动关系,劳动者对新用人单位具有从属性。在此背景下,关联企业旗下劳动者保持双重乃至多重的劳动关系但具体劳务给付彼此不受影响。待劳动者与新用人单位间的劳动关系履行完毕后劳动者尚有恢复其与原用人单位劳动关系的可能,个别劳动者表现为具有多重从属性。

实务中主张关联企业内劳动者具有多重从属性的观点可从相关案例中得到详细认识。如甲某申请 B 公司违法解除劳动合同仲裁一案。[①] 该案中,某集团下辖若干子公司,A 公司和 B 公司为该集团下辖的控股子公司。甲某受 B 公司招聘,并已服务 6 年。现因集团业务发展需要,B 公司指派甲某至 A 公司处工作,薪酬待遇不变。B 公司随后解除了其与甲某的劳动关系,并由 A 公司与甲某重新签订一份为期 5 年的劳动合同且 A 公司承诺甲某在 B 公司处的工龄由 A 公司全部承继。现甲某不服提请劳动仲裁,要求 B 公司支付违法解除劳动合同的赔偿金。法院在具体处理此案时主要形成两种意见。一种意见认为,鉴于 A、B 两公司为独立法人企业,B 公司对甲某的工作调动应视为违法解除劳动关系的行为,应承担法律责任。另一种意见认为,基于 A、B 公司为关联企业的事实,应认为 B 公司对甲某的工作调动是合法的,且 A 公司承诺其全部承继甲某在 B 公司的工龄,因而并不会对甲某的合法权益产生较大影响。根据《最高院司法解释(四)》第 5 条规定[②],应驳回甲某的仲裁请求。

细加考量,上述两种意见都不值得采纳。A、B 两公司共同隶属于某集团,二

---

① 案例来源参见王伟伟、陆桑榆:《关联企业员工调动是否需要支付经济补偿金》,载《中国劳动》,2014(5)。

② 参见《最高人民法院关于审理劳动争议案件适用法律若干问题的解释(四)》第 5 条。

者为具有关联关系的关联企业,此为不争的事实。且甲某与 B 公司建立劳动关系并已服务 6 年,劳动关系从属于 B 公司。现 B 公司基于集团利益考量对甲某劳务给付方式予以变更,要求甲某至 A 公司处工作,实际上可认为是 B 公司对甲某劳务给付方式的调整。是以,该行为从法律上应界定为 B 公司对甲某的劳务给付请求权部分让渡于 A 公司。在此情况下,对甲某劳动关系归属的判断应存在两种可能性。第一种可能性,B 公司对甲某的工作调动为擅自进行,超越其指挥命令权的行使范围导致原有劳动关系的终结并促使甲某与 A 公司建立了一种新的劳动关系,因而 B 公司需承担违法解除劳动关系的法律责任,即经济赔偿金。第二种可能性,若 B 公司对甲某的工作调动属于用人单位指挥命令权的行使范围,在此期间甲某与 A 公司签订劳动合同的事实导致甲某事实上从属于 A 公司且其劳务给付转由 A 公司受领。是以,基于甲某劳务给付在时间上的差异,新旧两个劳动关系间彼此独立且互不影响。但是,B 公司负有在甲某与 A 公司劳动合同期限届满后恢复其与甲某原有劳动关系的义务。亦即,在 B 公司对甲某行以工作调动后劳动关系双方当事人即达成合意或实际上表明 B 公司与甲某的劳动关系处于暂时中止履行状态,且双方原有劳动关系待新劳动关系终止后有自动恢复履行的效力,甲某与 B 公司原有劳动关系得以保存且需继续履行。

是以,在关联企业混同用工安排下劳动者先后或同时被不同成员企业用工,表现为劳动者与新旧用人单位间都建立(或曾经建立)有劳动关系,劳动者表现为具有多重从属性。

三、关联企业内劳动者从属性的具体判断:个案分析

理论上,对关联企业参与用工情形下劳动者从属性的判断具体分为单一契约单一雇主、单一契约复数雇主和复数契约复数雇主三种情形。持单一契约单一雇主见解的学者主张,劳动者从属于与劳动者缔结劳动合同的名义用人单位。劳动者在关联企业内被交替变换用工单位的事实有可能表现为用人单位劳务请求权的让与、劳动合同的承继和终止旧约成立新约三种情形。持单一契约复数雇主见解的学者主张劳动者从属于关联企业所有成员,关联企业内各成员企业以契约参加的形式参与到与劳动者的劳动法律关系中,劳动关系虽自始唯一但劳动者却表现为具有多重从属性。持复数契约复数雇主见解的学者主张基于关联企业各成员的独立法律地位,劳动者与关联企业各成员企业形成各自独立的劳动关系,劳

动关系彼此不受影响且劳动者分别从属于不同的用人单位。在此情形下,劳动者分别在关联企业不同成员企业处提供劳动被认为是劳动者履行与该关联企业成员企业间劳动合同的应有之义,只是此时劳动者与关联企业其他成员企业间的劳动合同处于暂时中止状态。

需要提及的是,我国司法实践中对关联企业内劳动者从属性的具体认识也并不统一。实务中,针对关联企业混同用工安排的事实,主要存在一重从属性和多重从属性的争议。在此背景下,实有必要就关联企业中劳动者的从属性予以明确法律界定,以帮助厘清劳动关系的最终归属。

比较甄别后发现,对关联企业中劳动者从属性的法律界定应结合前文对关联企业本质属性的理论分析,依循企业主体理论之基本观点通过考量关联企业的实际用工样态予以具体分析和判断。依循企业主体说之基本观点,通过对关联企业经济现实情况的分析,若关联企业的"公司事实"与"企业事实"相符,关联企业于对外关系上应被视为一个单一的企业整体对待,具有单一法人格。在此背景下,关联企业整体应有权享有劳动法上的用人单位主体资格,能够参与到与劳动者的法律关系中。与此同时,对关联企业旗下劳动者从属性的法律界定尚需结合实践中关联企业具体用工样态的选择予以具体分析,乃为可行。

基于前面对关联企业具体用工样态的总结和归纳,对劳动者从属性的分析应分别涉及如下四种具体情形:

第一种情形,关联企业的各成员企业分别招用员工并与之建立劳动关系。此种情况下,一个劳动者只从属于一个用人单位,即劳动者从属于与其签订劳动合同的关联企业的某成员企业。是以,在劳动关系存续期间劳动者自始至终只从属于该名义用人单位的成员企业。

第二种情形,关联企业的某成员企业雇佣员工而后派遣至其他成员企业处工作。此即类似于单一契约单一雇主和单一契约复数雇主的情形,即劳动者与关联企业某成员企业签订劳动合同,劳动者从属于该名义用人单位。而后基于该名义用人单位的工作安排,劳动者被名义用人单位安排到与其具有关联关系的关联企业的其他成员企业处工作,劳动者从属于该关联企业内的实际用工主体。此种情形下,若劳动者与名义用人单位的原有劳动关系依法变更或被新用人单位承继,劳动者仅对变更后的关联企业的成员企业具有从属性。若劳动者的原有劳动关系得以维系,则其被派遣至关联企业其他成员企业处工作的事实仅是名义用人单位对劳动者劳务给付请求权的部分让渡,劳动者对关联企业内的名义用人单位和实际用工主体均具有从属性。是以,在关联企业内招聘和使用分离情形下,依循关联企业的用工安排实际劳动者既可能表现为单一从属性也可能表现为具有多重从属性。

第三种情形,关联企业各成员企业分别招用员工,但关联企业整体存在一个统一的人力资源管理机构。形式上,劳动者从属于与其缔结劳动合同的名义用人单位,表现为具有单一从属性。但是,依循企业主体说对该统一人力资源管理机构法律属性进行分析后若其具有劳动契约雇主身份或功能性雇主身份,那么其针对劳动者所做的工作安排即可视为代表关联企业整体利益为之,此种情况下劳动者亦可能表现为具有多重从属性。

第四种情形,关联企业整体招用员工且统一管理和配置劳动力,劳动关系集中控制和管理。此种情况下,应认为劳动者从属于关联企业的所有成员企业,形式上表现为具有多重从属性。虽然我国立法上并不承认双重或多重劳动关系的存在,但对作为劳动关系一方主体的用人单位数量并没有做出明确的法律限制。亦即,该种情形下的成员企业以契约参加的形式加入到劳动关系之用人单位一方主体,关联企业各组成员联合构成劳动者的用人单位。

综上所述,在关联企业多元用工安排下劳动者既可能只从属于关联企业内的一家成员企业亦有可能先后或同时从属于关联企业旗下的多家成员企业。是以,对关联企业实际参与用工安排情形下劳动者从属性的具体判断应在企业主体说之基本理论观点指引下结合劳动合同的缔约情况以及关联企业的具体用工安排实情予以个案分析。只有这样,方能实现对关联企业参与具体用工情形下劳动者从属性归属情况的真实且明确的法律界定。

第三节　关联企业劳动关系的认定

依循企业主体理论的基本观点,若关联企业的"公司事实"与"企业事实"相符,则关联企业应被视为一个单一的企业整体对待,应享有劳动法上的用人单位主体资格。在此背景下,无论关联企业采取何种用工形式,关联企业旗下的劳动者都应具有从属性。而受制于关联企业内多数企业共存的现实情况,对劳动者从属性的最终归属不易判断。亦即,在关联企业内劳动者究竟从属于谁表现形式尚需要具体分析。其既可能表现为劳动者与关联企业的各成员企业分别签订劳动合同,劳动者仅从属于与其建立劳动关系的用人单位企业,也可能表现为劳动者与关联企业整体建立劳动关系,劳动者从属于关联企业整体。上述判断的主要依据在于,依循企业主体说之基本观点关联企业整体具有用人单位主体资格时关联企业整体为劳动者的用人单位,该种形式下的劳动者从属于关联企业整体,表现为劳动者对关联企业的所有成员企业均具有从属性。与此同时,基于关联企业用工样态的多元化选择,劳动者在关联企业内被交替变换用工单位的情形时有发生。在此背景下,劳动者从属性发生变化且直接导致对劳动者从属性归属的认定愈加模糊。基于此,实有必要结合域外对关联企业劳动关系问题的成熟处理思路,为我国关联企业内劳动关系的具体认定提供解决方案。

一、关联企业劳动关系的认定路径选择:综合企业标准的中国化

针对关联企业劳动关系的识别,域外主要存在公司法人格否认制度、联合雇主标准、单一雇主理论和综合企业标准等实践路径。毋庸置疑,上述处理思路为相关国家和地区关联企业劳动关系问题的解决起到了至关重要的作用。

在这其中,尤以美国法上的适用最为充分。在美国,联邦和州法院据此解决关联企业的劳动关系问题,通过刺穿公司面纱或赋予关联企业联合雇主地位的方式保护关联企业旗下的劳动者权益免于不法侵害,积极意义明显。但是,上述用于调整关联企业劳动关系的具体实践路径尚存一定程度的局限性。首先,采取刺穿公司面纱的方式对关联企业内的劳动者施以法律保护需要原告(往往是劳动者)就符合刺穿公司面纱原则的适用条件举证证明,原告对此承担举证义务并担负举证不能的败诉风险。但是,原告可能受制于举证能力的欠缺,难以证明关联企业存在诈欺、不公平或虚伪陈述等不法行为,其诉讼请求往往得不到法院的支持。其次,对刺穿公司面纱原则的适用条件缺乏统一的认识,如对滥用公司法人格之"滥用"行为缺乏明确界定,司法实践中亦难以准确把握。基于此,相关学者对刺穿公司面纱原则的争议未曾停息。最后,刺穿公司面纱原则的适用以承认关联企业各成员的独立法律人格为前提条件,原则上关联企业的各成员企业为各自分别独立的雇主,关联企业实际参与用工安排情形下并不存在一个单一的雇主。只有在法定情形出现时,始得运用刺穿公司面纱原则或公司法人格否认制度追究关联企业之控制公司的雇主责任。如此事后规制,并不利于关联企业劳动关系的

运行规范,不利于劳动者权益的充分保障。是以,正是由于劳动法上适用刺穿公司面纱原则保护关联企业旗下劳动者利益的上述局限性,使得美国司法实践中运用该原则用以具体争议的调处显示出诸多窒碍难行之处。无独有偶,和刺穿公司面纱原则的适用困惑一样,联合雇主标准的适用条件亦太过于宽泛,实践中难以准确把握。

相较于刺穿公司面纱和联合雇主,采用单一雇主理论较能符合关联企业用工的实际,对关联企业旗下劳动者权益的保护亦较具可行性。单一雇主理论认为,在关联企业中如果员工可以举证证明关联企业内一公司与另外一公司在人事管理、公司运营和商业运作等方面具有同一性,那么该两家公司应视为单一雇主对待。[①] 该种劳动关系处理路径以企业主体说为理论依据,将关联企业视为一个单一的实体对待,赋予其整体用人单位主体资格的处理路径应予肯定。但也应该看到其不足之处:一方面,要求劳动者举证证明企业间存在同一性,不太现实;另一方面,在单一雇主理论指引下关联企业的所有成员企业基于联合被视为单一雇主对待,易使关联企业单一雇主趋于绝对化。在此基础上,极易促成仅认为劳动者与关联企业整体建立劳动关系的观点,并没有对关联企业的实际用工情况予以具体考量。

基于关联关系的存在企业间构成关联企业,其实质在于获得和提升竞争力,具有规模经济效应。对劳动者利益的保护并非以牺牲用人单位企业的经济利益为对等交换,这是基本要求。从"关系契约"角度分析劳动关系,[②]劳资双方利益具有一致性。只有当二者利益产生冲突时,基于倾斜保护弱势劳动者利益使然乃需要适度矫正,对用人单位企业利益予以适度限制。但是,从劳动关系建立和运行的整体而言,和谐劳资关系应为常态化追求,不平衡不充分的劳资关系实为非常态下的一种病变。是以,该种仅因关联企业经济利益的联合行动而捆绑单一雇主身份的绝对化倾向并未真实反映各成员企业参与劳动关系的实际情况。如此"一刀切"式做法缺乏合理性考量,实践中受到的诟病居多。基于此,综合企业标准对单一雇主理论予以适用修正。

---

① Murray v. Miner, 74 F. 3d 402,405(2d Cir. 1996).

② "关系契约理论主张,应将契约置于社会关系背景下加以解读,而不仅仅关注契约的合意。契约当事人之间的关系,除却原始文件的条款外,彼此之间尚嵌入计划、信任和团结等关系因素。"[美]麦克尼尔:《新社会契约论:关于现代契约关系的探讨》,雷喜宁、潘勤译,北京,中国政法大学出版社,1994。

同单一雇主理论的适用一样,综合企业标准以关联企业性质认识之企业主体说作为理论依据,将关联企业作为一个经济单元对待赋予关联企业整体雇主资格,试图厘清关联企业劳动关系的真实面貌以维持关联企业劳动关系的稳定。但是,就像综合企业标准是对单一雇主理论的继承和发展一样,单一雇主理论的缺陷和适用困惑综合企业标准同样未能避免。诚如上述介绍该标准时的学者们所提出的异议,受制于经济活动的瞬息万变综合企业标准的考量因素难以统一,增加了司法裁量的不确定性。美国第五巡回法院正是发现该标准在具体适用中的局限性,才对其予以修正。主要通过考量关联企业是否是与纠纷有关之雇佣事项的最后决策者作为判断关联企业雇主身份的核心要件,借此以廓清综合企业标准的适用。以此为前提,依美国法规定如果母公司试图雇佣额外雇员并管理子公司的日常经营行为,母公司将在民权法第七章中被认为是子公司雇员的雇主,需要承担相应地雇主责任。反之,如果母公司完全放手子公司自己管理自己的经营事务,那么母公司则不必承担对子公司雇员的雇主责任。①

综上所述,笔者认为修正后的综合企业标准符合企业主体说观点之基本理念精神,通过考量关联企业的经济现实情况决定其能否作为单一雇主对待。与此同时,修正后的综合企业标准亦能较为合理的反映和切合关联企业实际参与用工安排时的现实情况,能够实现对关联企业内劳动关系的具体判断,应值得我国借鉴。具体而言,综合企业标准以企业主体说为理论依据,实际运用中需要结合关联企业参与劳动事务具体情况详加考量以认定劳动关系归属。其中,需要重点考量下列事实因素:生产资料由谁掌握、劳动者受用人单位的控制程度、报酬发放、劳务给付方式和种类、风险和利润分担情况、组织依赖性、保险缴费和福利提供等。

二、对关联企业劳动关系的具体认定

实践中,关联企业具体用工样态的选择具有多样性。劳动者既可能只从属于关联企业的某个成员企业,同时劳动者也可能被关联企业交替变换用工单位从而从属于关联企业内某个实际用工单位,或是从属于关联企业整体。是以,关联企业参与具体用工安排时认定和识别劳动者的从属性归属比较困难,具体表现形式

---

① Lawrence S. Hall, "Corporations Beware: The Eighth Circuit Announces New Criteria for Parent Corporation Liability and Constructive Notice of Harassment", 75 Mo. L. Rev. 571.

十分复杂。

（一）关联企业劳动关系认定的基本思路

与传统单一用人单位企业用工产生的劳动关系相比,关联企业内的劳动关系表现出一些新的特点,对劳动者从属性的判断变得纷繁复杂。一方面,关联企业的出现对我国传统劳动法上的用人单位产生冲击,劳动者的用人单位难以确定;另一方面,关联企业对劳动关系内容亦带来一些新的变化,具有区别于传统典型劳动关系的新特征。在此背景下,受制于从属性标准的理论局限和关联企业从属性识别的复杂性,若是简单依循传统劳动关系的认定标准并不能对关联企业的劳动关系作出准确界定。

结合前文对关联企业本质属性的探讨,笔者认为应采取"企业主体说"较为适合,以补充对关联企业本质属性的认识。通过借鉴美国法上的"综合企业标准"考量关联企业的经济现实情况,分析关联企业的"公司事实"与"企业事实"是否相符以具体判断能否将关联企业于对外关系上作为一个整体对待,赋予其单一雇主地位。亦即,对关联企业劳动关系的认定,笔者认为在廓清关联企业性质的基础上应采纳美国法上的"综合企业标准"以补充传统从属性标准的适用。

依循上述对关联企业劳动关系认定的基本思路分析,关联企业劳动关系的具体认定路径应细分为如下三个步骤具体展开。

第一步,依循企业主体说,考量关联企业的"公司事实"与"企业事实"是否相符以判断关联企业于对外关系上能否作为一个单一经济主体对待,享有整体用人单位主体资格。经过判断,若关联企业的"公司事实"与"企业事实"相符,即对外关系上关联企业以一个独立的经济主体进行活动且统一关联和控制劳动关系,应承认关联企业的单一实体地位,赋予其整体用人单位资格。反之,关联企业不能作为单一法人格对待,不享有整体用人单位资格。在此过程中,运用经济分析方法考量关联企业的经济现实应重点就劳动法上影响关联关系成立的相关因素予以具体分析。即通过对股权关系、投资关系、业务关系、财务关系、人事关系等企业间利益关系的具体甄别,以判断关联企业的经济现实情况能否导致关联企业在对外关系上被视为一个单一的经济主体,赋予其整体单一法人格和用人单位资格。

第二步,借鉴综合企业标准实质分析关联企业旗下劳动关系的关联情况及集合程度,即通过对关联企业经济活动的劳动方面予以事实检查以具体认定关联企业整体上是否实质居于单一用人单位地位,行使用人单位权能。可借鉴美国法上相关考量因素主要包含但不限于下列要素：劳动关系间的相互关系、雇员政策实践的相互关系、劳动力的集成情况、通常经济运行的依赖性、决策制定的共性和作为单一雇主片段部分的子公司行为是否共同被集团公司所指挥。[①]

第三步，依循从属性标准判断关联企业内个别劳动关系的最终归属。此种情况下，结合对关联企业性质的认识应具体分为两种情形分析：第一种情形，依循上述路径判断，若确定关联企业整体具有用人单位资格且基于劳动关系的联合控制实质居于单一用人单位地位，应着重分析个别劳动者与关联企业的劳动关系具体情况，就劳动者的单一从属性或多重从属性做出具体判断。若劳动者与关联企业整体（或代表关联企业的某机构）签订劳动合同，关联企业内仅存在一个单一的一重劳动关系。此种情况下，形式上劳动者从属于关联企业整体，但实际上劳动者对关联企业的所有成员企业均具有从属性。若劳动者与关联企业的某成员企业缔结合同，则劳动者原则上仅从属于与其缔结劳动合同的关联企业的某成员企业，双方建立劳动关系。但基于关联企业整体用人单位资格的获得，仍需要就关联企业内个别劳动关系方面的主要内容，包含雇佣、解雇、奖惩、工资发放等劳动方面的要素予以分析。具体包含但不限于以下事实要素：生产资料由谁掌握、劳动者受用人单位的控制程度、报酬发放、劳务给付方式和种类、风险和利润分担情况、组织依赖性、保险缴费和福利提供等。通过对相关要素的具体甄别以判断关联企业在具体劳动关系方面是否存在统一管理和控制等相互关系。若存在，则认定劳动者与关联企业整体的劳动关系成立。反之，则不应认定劳动者与关联企业整体存在劳动关系，以单一劳动关系对待。第二种，经过判断，若关联企业整体不具有用人单位主体资格，劳动者只可能与关联企业的成员企业签订劳动合同，双方建立劳动关系。此种情况下，劳动者从属于与其建立劳动关系的用人单位企业。在发生关联企业以整体名义招用劳动者并对其予以指挥监督时，表面上虽然关联企业整体并不具有用人单位主体资格但是基于相关事实因素的判断关联企业实质上如单一用人单位般参与旗下对劳动者的劳动关系，从保护劳动者立场出发因关联企业不当行使指挥命令权等引发的有关方面的法律效果应归于关联企业的所有成员企业连带承受，乃为妥当。亦即，针对关联企业用工引发的关联企

---

① Richard Carlson, "The Small Firm Exemption and the Single Employer Doctrine in Employment Discrimination Law", 80 St. John's L. Rev. 1197.

业劳动关系法律调整路径选择,只有在各成员企业分别招聘和使用劳动者,且劳动关系彼此独立互不影响且无不法干涉的情况下乃准用单一用人单位企业劳动关系调整思路予以分别调整。

总结来看,明确关联企业的法律属性,应是界定关联企业劳动关系归属的首要基础。在此基础上,借鉴综合企业标准基于劳动事实因素的分析判断关联企业是否如单一用人单位般参与旗下劳动关系,此为认定关联企业劳动关系归属的前提条件。最后,通过从属性标准的运用具体判断个别劳动者在关联企业内劳动关系的归属,此为认定关联企业劳动关系归属的核心要件。

(二)关联企业劳动关系的认定展开

关联企业本就为一种复杂的经济现象,当关联企业与劳动关系相结合更是加剧了劳动法劳动关系的调整难度。是以,对关联企业实际参与用工情形下个别劳动者劳动关系归属的判断实有必要依循上述处理思路方能得到正确认定。基于此,可以对前文所提到的实务中关联企业不同用工样态选择下劳动者劳动关系的最终归属情况予以法律澄清。

第一种情形,关联企业的各成员企业分别招用员工,各成员企业分别管理自身的劳动事务,维持各自劳动关系的独立运行。此种情况下,原则上应认定劳动者与关联企业内的招用单位建立劳动关系。但依循企业主体说观点应通过考量关联企业的经济现实,评判关联企业整体是否具有用人单位主体资格。经过判断,若关联企业整体具有用人单位主体资格且关联企业内的劳动关系存在统一管理和控制等方面的联系,应认定劳动者与关联企业整体建立统一的劳动关系。反之,仍应认为劳动者与关联企业内的招用单位建立劳动关系。

第二种情形,关联企业的各成员企业分别招用员工,但关联企业整体存在一个统一的人力资源管理机构。该种情形下,原则上仍应认定劳动者与关联企业的各成员企业分别建立有独立的劳动关系。但基于关联企业统一人力资源管理的事实,关联企业内的劳动关系存在统一控制和管理。在此背景下,依循关联企业整体是否具有用人单位主体资格的判断,劳动关系的归属最终存在两种处理路径。其一,若关联企业整体具有用人单位资格,应认定劳动者事实上与关联企业整体建立劳动关系;其二,若关联企业整体不具有用人单位资格,应回归至关联企业各成员企业分别与其招用的劳动者建立劳动关系对待。但归因于关联企业统一人力资源管理的事实,应认可此种情况下关联企业内不当行使控制权限的成员企业需要承担用人单位企业对劳动者保护不能的法律责任,保障劳动者利益。

第三种情形,关联企业的某成员企业雇佣员工,而后派遣至其他成员企业处工作。依循上述判断,在企业主体说下关联企业的成员企业与劳动者的个别劳动关系的归属可能存在两种情形,即表现为关联企业整体与劳动者建立劳动关系或关联企业的各成员企业分别与劳动者建立劳动关系。基于此,在关联企业的某成员企业雇佣员工而后派遣至其他成员企业处工作情形发生时,对劳动关系归属的认定也应分成两种情况对待。其一,若关联企业整体与劳动者建立劳动关系,劳动关系一方主体的用人单位事实上由关联企业的所有成员企业构成。此时劳动者被派遣至关联企业其他成员企业处工作的情形,不会导致劳动者原有劳动关系的变更。其二,若关联企业的各成员企业分别与劳动者建立劳动关系,劳动者原则上仅从属于名义用人单位企业。因而,劳动者被派遣至关联企业其他成员企业处工作的情形,可能关涉原有劳动关系的变更、承继或单纯劳务给付请求权的让与,需要视具体情况具体判断。

第四种情形,关联企业整体招用员工,统一管理和配置劳动力,且对劳动关系予以集中控制和管理。对于此种用工方式下劳动关系最终归属的认定,亦应分为两种情况对待。其一,若关联企业整体具有用人单位主体资格,应认为劳动者与关联企业整体建立有劳动关系。其二,若关联企业整体不具有用人单位主体资格,应比较非法用工情形下的劳动关系处理模式,准用事实劳动关系的调整思路予以规制。[①]

总结来看,上述关联企业不同用工方式选择下引发劳动者从属性归属发生变化,直接导致关联企业旗下劳动关系的错综复杂。与此同时,基于关联企业混同用工的现实需求,对关联企业内个别劳动者劳动关系归属的认定并非一成不变而是动态变化的。据此,运用综合企业标准对关联企业劳动关系的认定应结合关联企业具体用工方式的选择做出具体认定,且需仔细考量关联企业内个别劳动关系间的联合情况决不能孤立看待。

综上所述,在关联企业多元用工样态选择下对劳动关系的认定不能一概而论,需要视具体情况具体分析。但是,基于关联企业经济联合的现实,上述不同情形下的劳动关系在关联企业内有可能同时存在。如基于关联企业整体用工的安

---

① 参见《劳动合同法》第 28 条。

排,劳动者在关联企业内被交替变换用工单位的情形时有发生,劳动者从属性发生变化。因而,应整体考量关联企业内劳动关系的现实情况,为劳动者提供充分翔实的法律保护。在具体实践路径上,德国法上有关康采恩劳动关系的处理思路值得我国借鉴。依学者观点,康采恩劳动关系是一种新型的劳动关系,表现为一个劳动者对应多数企业。基于此,康采恩劳动关系具体表现为三种情形:①劳动者与康采恩不同企业存在数个劳动关系;②劳动者与康采恩控制企业建立劳动关系,而与被控制企业表现为雇佣关系;③劳动者与康采恩企业建立一个统一的劳动关系,意即劳动者与康采恩不同企业同时成立数个劳动契约关系且同时终结。与此同时,为贯彻劳动法律对弱势劳动者利益的有效保护,德国法上禁止将上述三种情形下的劳动关系分开处理。在康采恩劳动关系中,康采恩企业居于共同债务人地位,对劳动债务负有连带责任。与此同时,康采恩内的各企业亦享有共同债权人的权利。基于此,为实现关联企业劳动关系的有效调整我国应创设关联企业内各成员企业连带承担劳动法上用人单位责任的制度安排,保障弱势劳动者利益真正意义上得到维护。

三、基于不同分类对关联企业劳动关系的判断

基于上述分析,对关联企业劳动关系的具体认定应借鉴美国法上的"综合企业标准"用以补充传统从属性标准的适用。首先,依循企业主体说观点,通过考量关联企业的"公司事实"与"企业事实"是否相符以判断关联企业于对外关系上能否作为一个单一的经济主体对待,能否整体享有用人单位的主体资格。其次,借鉴综合企业标准框架实质分析关联企业旗下劳动关系的关联情况及集合程度。最后,依循从属性标准判断关联企业内个别劳动关系的最终归属。在此基础上,结合前文对关联企业的分类对不同类型下关联企业劳动关系的具体认定可做出如下分析。

(一)不同联结因素下的关联企业劳动关系归属分析

关联企业的连接因素,是指在企业之间建立联系的一种媒介,是构成关联企业的关联点。[①] 劳动法上的关联企业应是指作为用人单位的企业与另一企业之

---

① 这里的连接因素与国际私法上的概念并不等同。国际私法上的连接因素,亦称连接点,是指在冲突规范中发挥着决定性的法律选择功用,它是法律关系或法律问题与准据法之间建立联系的一种媒介。

间存在直接或间接的"控制关系和重大影响关系"的企业,集中表现在股权关系、投资关系、业务关系、财务关系、亲属关系和包含用工关系在内的人事关系等一切可能产生控制或重大影响关系的相关利益关系。基于此,构成劳动法意义上关联企业的连接因素具体包含股权关系、投资关系、业务关系、财务关系、亲属关系、人事关系等其他企业间相关事实因素构成的利益关系。区分关联企业不同连接因素的判断对关联企业劳动关系的认定将会产生不同的法律效果。必须明确,关联企业以关联关系存在为构成前提,而存在关联关系的不一定构成关联企业。与此同时,依循企业主体说之基本观点不是所有的关联企业都能视为单一经济体对待,整体享有劳动法上的用人单位主体资格,尚依赖于对关联企业经济现实情况的具体分析判断予以最终决定。

依照前面分析,企业间的"关联关系"只有导致关联企业的"企业事实"与"公司事实"相符,才能将关联企业作为一个单一的经济主体对待,赋予关联企业整体具有劳动法上的用人单位主体资格。基于此,对关联企业经济现实情况的判断也即是通过对关联关系的判断以具体考量其控制或重大影响关系的程度能否导致关联企业于对外关系上被视为一个单一的企业整体对待。依循企业主体理论观点,关联关系的控制或重大影响关系的程度若能促使关联企业于对外关系上被视为一个单一经济体对待,应赋予关联企业整体具有劳动法上的用人单位主体资格。若不能促使关联企业于对外关系上被作为一个单一经济体对待,应否定关联企业享有整体用人单位主体资格。在涉及控制或重大影响关系具体程度的判断上,德国法上依循股权、表决权或契约签订的判断,以认定是否构成实质的支配影响力。美国法上采取实质控制标准,依照对关联企业间实质关系的判断以认定事实上是否具有控制关系。[①] 法国法上通过引入事实董事理论以具体判断关联企业内一公司是否如董事般参与到对另一公司的日常事务管理中,事实上行使支配力或影响力。[②] 除此之外,在具体股份的计算上各国亦倾向于规定一定的股权比例作为获取控制权的形式标志,如 50% 有表决权股份。我国劳动法上对控制或重大影响关系程度的具体界定应借鉴法国法上的"事实董事理论",采取概括加例

---

① For discussion of Control concept under the SEC statutes, See Loss, Securities Regulation, vol. 2, (1961 with 1968 supplement), at 764-783, 2696-2708.

② Karl Hostetter, "Parent Responsibility for Subsidiary Corporations, Evaluating European Trends", 39 Int'l & Comp. L. Q, p. 572,582.

举的方式就关联企业的关联关系予以具体分析。将50％以上持股份额作为获得控制关系的形式标志对待，同时依循事实董事理论观点通过考量关联企业间是否事实上如董事般行使支配力或影响力决定或参与决定企业日常事务的管理作为实质判断标准对待。

总而言之，依赖于对关联关系具体构成的判断，不同联结因素的关联企业能否作为单一经济体对待尚需个案分析，而后决定关联企业能否获得整体用人单位主体资格。因而，对不同联结因素下关联企业劳动关系的认定，其核心在于对构成关联关系的控制或影响程度的具体判断。

（二）不同成立时间下的关联企业劳动关系归属分析

依循关联企业的成立时间不同，具体可分为组织型关联企业和加入型关联企业。组织型关联企业，是指在关联企业成立之时已经存在的关联企业成员，成员企业是成立关联企业的原始会员。加入型关联企业，是指关联企业成立之时不作为原始会员存在，而依赖于后来行为成为关联企业的成员企业。基于不同成立时间对关联企业的劳动关系予以具体分析，凸显出关联企业作为动态经济联合体的复杂性，同时也是实现弱势劳动者权利保护的必然选择。

对于组织型关联企业中劳动关系的认定，依赖于上述认定思路即能够做出正确判断。与此同时，需要明确组织型关联企业的成员企业自其履行完法定退出关联企业的程序之日起即丧失参与关联企业整体用人单位方成员的资格，劳动法上劳动关系的权利义务自此终结。而难点在于对加入型关联企业情形下劳动关系的具体认定，其中主要涉及新加入成员企业对关联企业整体作为用人单位一方与劳动者建立的劳动关系如何处理的问题。加入型关联企业，因关联企业成立之初并不作为关联企业的构成员存在，而是基于某种事实或行为在经过一段时间之后方才成为关联企业的成员企业。以加入时间点为界限，将关联企业的劳动关系分割成两段。其中一段为加入之前的关联企业劳动关系，另一段为加入之后的关联企业劳动关系。对加入之后关联企业劳动关系的判断应和普通关联企业的劳动关系判断一样，经审查经济现实符合企业主体说有关"公司事实"与"企业事实"相符的基本要求，应赋予加入型关联企业参与关联企业整体用人单位方成员的资格。作为关联企业新加入的成员企业应和关联企业的其他成员企业一起构成关联企业对外关系上的单一经济体，享有整体用人单位主体资格。经审查若关联企业整体的劳动关系成立，新加入关联企业应与关联企业的其他成员企业一起共同享有劳动法上的权利并需要履行义务。

在加入型关联企业中,新加入关联企业的成员企业是否需要承继加入前关联企业整体的劳动关系并对加入之前形成的关联企业整体劳动债务承担清偿责任,对此存有不同意见。一种意见认为,新加入关联企业的成员企业并没有实质参与到加入前关联企业整体作为用人单位一方与劳动者建立的劳动关系中,并不能实质影响加入前关联企业整体劳动关系的具体运行。因而,基于"权利之所在义务之所在"的基本法理,对于加入前关联企业整体的劳动债务不需要承担责任。另一种意见认为,新加入关联企业的成员企业必然对加入之前关联企业的劳动关系情况有所了解并基于理性经济人的思考做出加入与否的决定。因而,新加入关联企业的成员企业需要承继加入前关联企业整体作为用人单位一方与劳动者建立的劳动关系,并连带承担加入前关联企业整体的劳动债务。与此同时,基于最大化保护弱势劳动者利益的考量,要求新加入关联企业的成员企业承继加入前关联企业整体的劳动关系,实属实现劳动立法价值目标的必然选择。

在我国,劳动法律虽然做出了在用人单位合并、分立等情形下劳动关系法定承继的制度安排,但并没有明确将关联企业纳入其中。① 司法实践中,针对关联企业混同用工损害劳动者利益的情形,最高院也出台了计算经济补偿金时工作年限合并计算的司法解释,以期减少对弱势劳动者利益的过度损害。② 在此背景下,将关联企业纳入劳动关系承继制度予以法律调整具有立法依据且存在合理性。要求新加入关联企业的成员企业承继加入前关联企业整体作为用人单位一方与劳动者建立的劳动关系,能够保障关联企业内劳动关系的稳定运行并实现对弱势劳动者利益的充分保护。与此同时,基于民事主体理论的法理考量,新合伙人应与其他合伙人一起对加入前的合伙债务承担连带责任,亦可对新加入关联企业的成员企业的用人单位责任得到有力佐证。③ 基于此,加入型关联企业中新加入的关联企业成员企业应承继加入之前关联企业整体作为用人单位一方与劳动者建立的劳动关系,和关联企业内的其他成员企业共同履行关联企业整体作为劳动者劳动法上的用人单位应予承担的保护劳动者义务。

股权、投资、业务、财务、亲属、人事和用工等事实因素构成关联企业的联结因

---

① 参见《中华人民共和国劳动合同法》第 34 条。
② 参见《最高人民法院关于审理劳动争议案件适用法律若干问题的解释(四)》第 5 条。
③ 马俊驹、余延满著:《民法原论》(第三版),166 页,北京,法律出版社,2009。

素,具有控制或重大影响关系的联结因素构成关联关系,而存在关联关系的企业间联合构成关联企业。作为一种企业间联合的经济现象,关联企业的出现以实现经济上的目标获得规模经济效益为率先追求。基于经济环境的变化和外部竞争的影响,关联企业的组成员和具体经营策略处于随时动态调整中。与此同时,作为理性经济主体关联企业参与用工必然以实现其经济利益最大化为基本价值追求。据此,对关联企业引发劳动法问题的调整决不能孤立对待,除却劳动法外尚需其他法律部门的佐助。因而,通过考量关联企业的经济现实明晰关联企业的本质属性,厘清关联企业实际参与用工安排情形下劳动法上的用工主体资格,此为探究关联企业劳动关系法律调整路径必须回应的基本问题。在此基础上,应对关联企业动态用工的实际情况,运用综合企业标准补充传统从属性标准适用以认定关联企业的劳动关系归属。如此,方能真正意义实现劳动者被关联企业用工时个别劳动关系归属的法律认定,以促成关联企业劳动者权益的法律保护。

第四节　关联企业的用人单位责任分配

一、争议与选择:关联企业的用人单位责任思辨

对关联企业性质的认识存在争议,受制于传统劳动立法逻辑的缺憾与用人单位概念的限制,关联企业的用人单位资格存疑。与此同时,关联企业内劳动力提供者与接受者常常表现为一种非对称性。传统劳动法制度安排适用关联企业面临挑战,关联企业劳动关系难以直接界定。劳动法律关系具体权利和义务指向不明,引发关联企业的用人单位责任性质和承担方式争议不断。

(一)争议:关联企业的用人单位责任如何分配

有限责任制度是现代公司法的基本原则。基于公司法人格独立理念的广泛深入人心,股东原则上仅需要以自己的出资额(或股份)为限对公司负责,公司以其全部财产对公司的债务承担责任。有限责任原则具有多重有益属性,如:降低对公司经理人行为的监控需求、减少监控其他股东的成本付出、增加更多有关公司价值的信息、多元化风险化解的效率提高、促进投资决策的最优化。[①] 由之可

---

① Easterbrook & Fischel, "Limited Liability and The Corporation", 52 U. Chi. L. Rev. 89, 94-97 (1985).

见,有限责任原则是公司制度的基石之一,其重要性可见一斑。

传统劳动法理论以规制单一企业的劳动关系为主,有限责任原则实质影响着劳动法上用人单位责任的具体设置。依现有劳动立法规定,劳动关系有无是评判用人单位责任承担与否的法定依据。但是依循独立法人格理论的要求,原则上仅与劳动者建立劳动关系的法定实体承担劳动法上的用人单位义务并需就违法行为承担相应地法律责任,用人单位责任的效力范围并不及于其他非与劳动者建立劳动关系的主体。[①] 与此同时,我国劳动立法原则上仅承认一重劳动关系,实践中多重劳动关系的事实并不受到制定法的承认和调整或鲜有关注。质言之,同一时期内劳动者只能与一家用人单位企业建立和保持劳动关系,劳动者有且仅有权在法定或约定情形下能够要求该主体承担劳动法上的用人单位责任。在关联企业作为一种新的经济现象出现之后,企业间以结合的方式参与经济活动并组织生产用工,参与劳动关系一方主体的用人单位表现为多数企业的集合。此种情况下,传统劳动法理论基于有限责任原则予以的用人单位责任制度安排在关联企业用工情形下产生了适用困境。

在关联企业内产生"跨法人格"的劳动关系时,关联企业的用人单位责任承担主体并不明确,劳动者权利受损风险加大。一方面,关联企业内劳动者的实际用工单位事实上使用着劳动者提供的劳动力,但是由于缺乏劳动合同等劳动关系建立的形式标志该部分成员企业与劳动者间的劳动关系得不到有效证实,其有可能逃避劳动法上的用人单位责任承担。另一方面,在关联企业整体用工安排下劳动者事实上受关联企业整体雇佣,基于关联企业的统一安排劳动者在关联企业内不同成员企业处提供劳动力。此种情况下,关联企业的所有成员企业均有权对劳动者予以指挥监督。但受制于传统单一企业有限责任原则的制度缺陷,关联企业内有且仅有一家成员企业能够被要求承担劳动法上的用人单位责任,而劳动者无权要求关联企业的所有成员企业连带承担劳动法上的用人单位责任。以上,劳动关系领域的权利和义务并不对等,不利于劳动者合法权益的维护。与此同时,在关联企业的所有成员企业均参与到与劳动者之间的法律关系时,由谁承担劳动法上

---

① 虽然我国立法上做出用人单位及其关联企业与劳动者轮流订立劳动合同情形下,计算经济补偿金或赔偿金时工作年限合并计算的立法安排,但也仅限于工作年限的合并计算以补发经济补偿金或赔偿金问题,并不干涉劳动法上的其他用人单位责任。参见《最高人民法院关于审理劳动争议案件适用法律若干问题的解释(四)》第5条。

的用人单位责任并不容易判断。在此背景下,关联企业内各成员企业为逃避承担劳动法上的用人单位义务,往往采取混淆用工或不签订劳动合同等方式规避与劳动者间劳动关系的认定以互相推诿用人单位责任的承担。司法实践中,由之而引发的劳动者保护问题日益严峻。基于此,实有必要就关联企业劳动法上的用人单位责任性质并就具体承担方式予以廓清。

细加考量,传统劳动法理论源于工场社会下典型劳动关系的调整思路,即招聘和使用劳动者的主体同一,以此为基准设置了一套用于调整典型劳动关系下的劳动法制度。但是,伴随着现代科技革命的兴起和商业模式的发展带来劳动关系新的变化,劳动者的招聘和使用发生分离即招聘单位可能并不事实用工,传统工场社会下调整劳动关系的制度设计难以满足当今分层化劳动关系的现实需求。法律是社会关系的调节器,必然要对社会关系的发展变化有超乎寻常的洞察力,如此方能尽可能减损法律调整滞后性带来的不良后果。因而,实有必要以关联企业引发劳动关系分层为契机对劳动法上用人单位责任予以重新制度设计以满足劳动关系发展的当代需求。

(二)选择:关联企业整体承担用人单位责任具有必要性

在劳动关系中,基于劳资双方经济力量上的不对等性,劳动者相对于用人单位一方居于弱势地位。劳动者对用人单位具有从属性,具体表现为人身从属性和经济从属性两方面。劳动关系具体运行中,有关劳动者一方的权利也主要依附于用人单位企业而存在。可以说,劳动者对用人单位的高度依赖性决定了相关权利的保障一定程度上依赖于用人单位企业的履责意识和实现情况。而与此同时,劳动法对劳动者提供的法律保护也主要聚焦在规定用人单位企业的责任为主,鲜有关涉劳动者用人单位企业外其他主体的劳动者保护责任。在此背景下,当发生劳动者所在用人单位企业拒不承担劳动法上用人单位义务的情形时,劳动者的合法权益难以得到有效保障。基于此,关联企业用工安排情形下劳动者权益受损的法律风险随时存在。

关联企业出现之后,劳动者权益受损的法律风险被进一步提高。一方面,关联企业基于经济联合的现实,其本身在于追求联合体的利益最大化为目标。为保证关联企业整体利益的实现,关联企业协调旗下各成员企业资源调配和统一行动实属必然。其中,可能伴随着一部分成员企业利益的减损,从而促使另一部分成员企业利益的增加。在此过程中,利益受损企业的实力降低,其维持和促进劳动者合法权益的担责能力受限。此种情况下，该部分企业内的劳动者权益难以得到有效保护。另一方面，关联企业对旗下各成员企业劳动关系的不合理干涉，直接影响着劳动者个人的切身利益。关联企业基于降低整体生产经营成本的考量或基于其他目的的追求往往介入旗下各成员企业与其劳动者间的法律关系中，以自身影响力对劳动关系的实际运行予以相当程度的干涉。在此背景下，劳动者遭受到双重乃至多重的管辖，劳动者的负担加深但利益并没有随之得到提高，劳动关系领域的权利和义务失衡愈发严重。权利和义务对等，是基本法理所在。在劳动关系领域，基于"强资本、弱劳工"之经济现实，制度设计需要更多偏向弱势劳动者一方利益保护，方能符合劳动立法倾斜保护弱势劳动者的立法宗旨。关联企业整体在享受旗下各成员企业对劳动者劳动关系上的权利时，亦应需要履行保护劳动者的法定义务。如此，方能不违背权利义务对等的基本法理，更是劳动法保护弱势劳动者立法目标取向的基本体现。

关联企业参与劳动关系的运行使劳动关系突破了传统单一企业的范畴，在具有关联关系的企业间交替运行。关联企业内不同成员企业间的劳动关系产生了联系，而且互相作用和持续影响。从保护劳动者立场出发，应赋予关联企业整体承担劳动法上用人单位责任的可行路径。基于对关联企业整体用人单位主体资格的分析和关联企业内劳动关系最终归属的认定以具体评判关联企业实际参与用工安排情形下的劳动法责任，在关联企业的不同成员企业间合理分配劳动法上的用人单位责任。在此过程中，若关联企业内建立有一个单一且统一的劳动关系，劳动关系双方主体被确认为关联企业整体和劳动者，应赋予关联企业整体履行劳动法上保护劳动者的用人单位义务。此种情况下，在发生关联企业一方损害劳动者利益情形时，关联企业整体应视为违反劳动法上用人单位义务的主体对待，需要承担劳动法上的用人单位责任。

从本质上来说，劳动关系建立和维系的基础依赖于劳资双方共同合作的价值期许。因而，赋予关联企业整体承担劳动法上的用人单位责任，应是关联企业劳动关系得以维系和发展的现实需要，不仅可行而且具有合理性。基于此，以关联企业引发劳动者保护问题的出现为契机，应对关联企业整体的用人单位责任予以澄清和研究以关注并强化对关联企业旗下弱势劳动者利益更有效的法律保护。

二、企业主体说：关联企业用人单位连带责任的法理依据

对关联企业违反劳动法义务的用人单位责任考量，需要结合关联企业性质的认识对关联企业劳动关系予以具体评判后方能做出选择。其中，廓清关联企业用人单位责任的法理依据并予以理论证成是探究关联企业责任的基本逻辑。

（一）关联企业用人单位责任的思考——企业社会责任理念的提出

在我国，企业社会责任并不是新近概念，有关方面的研究也比较充分。学者们研究普遍认为，企业社会责任是对企业逐利性的突破，主张企业在追求利润最大化之余应负有维护和促进社会公益的义务。[①] 然而受制于基本立场的不同，学者们对企业社会责任的性质，争议尚存。如有学者研究认为，企业社会责任最初衍生于道德责任，但该种道德责任的实现赖以社会多种机制的多元约束，因而企业社会责任应是法律责任、软法责任和道德责任的并存。[②] 另有学者认为，就企业社会责任的本质而言，主要指企业对社会所应承担的法律责任，主要包含对外部环境的保护和内部劳动关系的调整、劳动者保护两方面。[③]

"企业社会责任"这一概念的提出最早可追溯至经济学家亚当·斯密，而法学领域对此研究则始于 1929 年哈佛法学院的 E·M. Dodd 教授。[④] 这一概念一经出现，便伴随着经济全球化和跨国公司的兴起迅速面向全世界范围传播。[⑤] 在早期，基于理性经济人思维，现代意义上的企业社会责任是不存在的。古典经济学者们坚信市场是万能的，可以解决一切问题。他们认为："企业仅具有一种而且只有一种社会责任——在法律许可的范围内，利用它的资源和从事旨在于增加它的利润的活动"。[⑥] 随着实践发展，古典经济学所奉行的市场无形之手失灵。企业过度追求利润从而忽视了对劳动者、消费者、环境资源等社会利益的保护。其中，

---

① 刘连煜著：《公司治理与公司社会责任》，66 页，北京，中国政法大学出版社，2001；卢代富：《企业社会责任的经济学与法学分析》，96 页，北京，法律出版社，2002；刘俊海：《公司的社会责任》，2 页，北京，法律出版社，1999。

② 蒋建湘：《企业社会责任的性质》，载《政法论坛》，2010(1)。

③ 常凯：《论企业社会责任的法律性质》，载《上海师范大学学报》（哲学社会科学版），2006(5)。

④ "商事公司应具有社会服务和追求利润两个方面的功能，公司从事商事活动不仅要对社区负责，而且应自动地承担这种责任，即把对公司的雇员、主顾、消费者、居民乃至一般公众的社会责任作为从事商事经营活动的公司应采取的适当的态度。"参见刘诚：《公司社会责任的定位》，载《中外法学》，2006(5)。

⑤ 同上注。

⑥ 参见蒋建湘：《企业社会责任的法律化》，载《中国法学》，2010(5)。

劳动者境况愈发危机、消费者权益受损严重和环境污染加大等一系列社会问题涌现，社会矛盾愈发凸显。在此背景下，人们不得不重新审视企业的社会责任问题。以 20 世纪 30 年代的经济危机为导索，美国率先展开对企业社会责任的体系化研究。学者们普遍认为，企业在实现利润最大化同时，应兼顾职工、消费者、社会公众等利害关系人利益并履行保护环境的社会责任，实现企业经营目标和社会目标的统一。[1] 亦即企业应积极参与利润最大化之外的社会责任承担，而非仅作为一种道义上的责任存在。随着阿姆斯特丹条约的签订，欧盟一体化进程加深，欧盟有关社会政策的决议在其成员国内具有广泛效力。[2] 在此背景下，欧盟执委会先后通过若干涉及企业社会责任的文件，包含:《绿皮书——企业社会责任的欧洲框架》(2001 年)、《企业社会责任讯息文件:企业对永续发展之贡献》(2002 年)、《欧洲竞争力报道之讯息文件》(2008 年)等。[3] 与此同时，为实质推动欧盟领域内企业社会责任理念的发展，亦采取多方措施鼓励企业社会责任同盟的建设。[4] 依欧盟的官方定义，企业社会责任是指"企业在自愿的基础上，将对社会和环境的关注融入其商业运作以及它们与其利益相关者的相互关系中"。[5] 德国是欧盟创始成员国之一，欧盟有关企业社会责任的决议对德国影响深远。与此同时，早期德国通过立法的形式对企业社会责任予以明文规定，要求企业承担实现共同利益的社会责任。[6] 虽然此项条文在后来的立法中被删除，但德国法上要求企业兼顾企业与雇员、消费者、公众等利害关系人利益的社会责任理念得以保留。

企业社会责任应就企业追求利润最大化之余所应承担的促进和维护社会共同福祉义务而言的，主要包含内部层次和外部层级两个面向。企业社会责任于内部而言，主要关乎劳动者保护问题。于外部而言，主要关涉其他经营者、消费者等

---

① Janet E. Kerr，"The Creative Capitalism Spectrum: Evaluating Corporate Social Responsibility Through a Legal Lens"，Temple Law Review，Fall，2008，p. 831.

② J. Goetschy，"The European Employment Strategy: Genesis and Development"，European Journal of Industrial Relations，5(1999)117.

③ 洪秀芳:《德国企业社会责任之理论与实践》，载《万国法律》，2009(164)。

④ 如 2002 年成立"企业社会责任之欧洲多元利害关系人论坛"和 2006 年由欧盟议会、欧盟部长理事会和欧洲经社委员会倡议成立的"支持企业社会责任之欧洲同盟"，企图用一种开放的思维接纳欧盟成员国内大小不一的企业，以帮助他们建立企业社会责任理念。

⑤ 方奕:《战略视角的企业社会责任》，载《华东师范大学学报》(哲学社会科学版)，2009(6)。

⑥ "德国 1937 年的《股份法》规定:董事必须追求股东的利益、公司雇员的利益和公共利益。"参见张开平著:《英美公司董事法律制度研究》，165 页，北京，法律出版社，1998。

利害关系人利益维护和履行环境保护职责。传统上,企业能否以及如何作为责任主体的理论依据主要包含四种学说:工具说、结合说、组织体说和社会契约说。考量该四种学说,工具说将企业作为实现经济目的之工具对待,结合说认为企业是为实现经济目的众多个体的自由结合,组织体说将企业看作是社会体制的一分子,社会契约说认为企业与社会之间存在隐含契约而参与经济活动。① 细加分析,工具说和结合说认为企业是为实现经济目的而运用的工具或个体的自由结合,并不能发现其与社会产生何种权利义务关系,故而企业难以作为社会责任主体对待。组织体说和社会契约说虽然关注到企业与社会间的联系,基于社会一分子或社会契约而应对发生权利义务关系的外部社会负责,但对企业内部责任承担却鲜有关注。首先,企业社会责任根源于社会。企业存在于社会中,依赖于社会环境组织生产经营,从事经济活动。在此过程中,为兼顾企业逐利需求和社会相关利害关系人利益保护,企业社会责任应运而生。企业和劳动者、消费者、社会公众等利害关系人必然同处于一个大的社会环境背景下,彼此在社会中建立联系、取得信任,开展工作。与此同时,企业社会责任的履行必然与社会发生关联。责任的履行最终需要产生一定的社会效果予以印证,如环境污染状况得到改善。基于此,从企业社会责任的产生和实际履行来看,企业社会责任根源于社会。其次,企业社会责任具有关系契约领域的交换价值。关系契约理论认为,契约交易不单单指传统意义上的个别性交换,而是代表社会学意义上的交换。② 亦即,契约交易在换取传统意义上的经济价值外,尚存在一些社会学上的价值,如信任、未来合作、交易机会和良好声誉等。基于此,关系契约理论契约交易的交换价值是多元的,应重点考量契约背后的"关系"价值。企业承担社会责任能够获得意想不到的交换价值。于内部层面而言,企业社会责任能够帮助企业赢得劳动者的信任,有利于鼓励劳动者努力工作,并实现劳动关系的和谐稳定。于外部层面而言,企业社会责任有利于企业获得消费者、社会大众和其他利害关系人的认可,提高声誉,持续获得更高的经营效率。因而,企业社会责任有利于维持和提高交换价值。再次,企业承担社会责任方式的可选择性。企业社会责任衍生于道德义务,而后发展为一种道德责任、法律责任和软法责任三位一体的责任体系。企业承担社会责

---

① 洪秀芳:《德国企业社会责任之理论与实践》,载《万国法律》,2009(164)。
② 刘承韪:《论关系契约理论的困境》,载《私法》,2011(2)。

任的方式多种多样,既有依实在法而存在的法律责任,如劳动法上对企业承担用人单位责任的法定安排。与此同时,企业亦可能基于自身价值观念和道德准则的偏好,诚信经营,对消费者提供物美价廉的商品或服务。更有甚者,为响应国家政策号召,企业通过制定行业规则逐步降低资源的消耗率以减少对环境的污染或损耗,促进可持续发展。据此,企业承担社会责任的方式具有选择性。最后,企业社会责任面向未来意识。信任和合作是契约持久维系的基础。企业社会责任理念的提出,自始至终立基于未来合作的期许,具有长期性。

于企业社会责任内部层面而言,企业坚定劳动者利益保护信念并积极承担用人单位责任,便于向劳动者传达其长期合作的期许,劳动者有感于企业的现实表现,积极工作并增强组织归属感。劳资双方彼此间信任得以维系和提高,未来合作可期,劳动关系呈一派欣欣向荣之势。于企业社会责任外部层面而言,企业在追求利润的同时兼顾消费者、其他经营者、社会大众等利害关系人的利益,通过积极承担社会责任保证企业与社会相关利益主体的利益都能够得到实现,合理平衡不同主体的利益诉求。是以,企业与相关利害关系人间的信任和合作加强,彼此间的关系在长期性、面向未来的互惠关系引导下协调发展。因而,企业社会责任具有面向未来的意识。

综上所述,赋予企业承担社会责任不仅必要而且可行,于劳资关系运行而言应具有治理功效。应鼓励企业在追求利润最大化的同时,兼顾劳动者、消费者、其他经营者和社会公众等利益相关者的利益需求,努力做到不同主体的利益诉求都能够得到满足。基于此,保护关联企业旗下从属劳动者合法权益应是关联企业承担社会责任的基本要求。

(二)关联企业的用人单位责任性质:企业主体理论的认识考量

关联企业的兴起是当代经济发展的必然需求,并伴随着经济全球化和跨国公司的兴起而愈加繁荣。作为一种新经济现象,关联企业在给各国发展带来巨大经济利益之余,亦产生一系列的社会问题。法律如何因应,遂成为各国不得不重视的问题。其中,厘清关联企业的法律属性是解决上述议题的前提。在此背景下,各国先后予以制度调整以应对关联企业的责任配置问题,突破传统公司法理论下的有限责任桎梏。

如前所述,在英美判例法国家主要通过判例发展出"刺穿公司面纱原则"为主要规范。① 依循法人格否认理论,对控制公司不当利用控制权限行使损害被控制公司利益的行为时予以否认被控制公司的法人格,要求控制公司对被控制公司债务承担直接清偿责任。在大陆法系成文法国家,各国立法对关联企业情形下控制公司承担被控制公司债权人保护的责任亦予以明确规定。② 同英美法系的"刺穿公司面纱原则"适用原理相似,在具体责任承担问题上明确规定关联企业内的控制公司需要对被控制公司债权人负直接清偿之责。考察域外各国对关联企业责任的制度规范,可以发现对关联企业的用人单位责任伴随着对关联企业本质属性和关联企业用人单位责任性质的认识不断深化而愈加成熟。

在关联企业情形下基于控制权限的便利使然控制公司往往能够获得比较多的经济利益。而与此同时,从属公司必须服从控制公司的经营策略统一安排和调整利益分配,为关联企业整体经营目标做出牺牲或让步。在此背景下,为避免对关联企业内从属公司债权人利益造成过多损害,要求控制公司承担从属公司债权人利益保护的义务应无疑问。依循上述关联企业责任承担安排之法理,在劳动者为关联企业内从属公司劳动债权人时,劳动债权视为与从属公司其他类型债权一样由控制公司对子公司劳动债务承担直接清偿责任。③ 无疑,该种制度安排能够应对垂直关联企业情形下劳动者的权利保护问题,但对于平行关联企业的劳动者保护问题未加思索。与此同时,对劳动债权未加区分与普通债权同等对待的单一做法也不符合劳动法倾斜保护弱势劳动者的立法宗旨。基于此,对关联企业参与劳动关系时的用人单位责任承担问题应回归至劳动法上解决,而不应盲目移植公司法上的这一制度安排。是以,关联企业实际参与用工安排时的用人单位责任设置应予实质分析关联企业参与劳动关系的事实情况,从劳动法上厘清关联企业的用人单位责任乃为正确路径。如此,方能实现关联企业参与用工情形下劳动者权利的有效保护。

从劳动法上回应关联企业参与劳动关系时的用人单位责任承担问题,应采纳

---

① 在英美法系国家,有关"刺穿公司面纱原则"的运用并非全赖于判例的方式,亦有相应的成文法规定。如英国法上仍包含刺穿公司面纱原则的成文法规定,美国于少数州公司法中也有关于关系企业定义的规范。参见王泰铨:《比较关系企业法之研究》,第 191 页。

② 如德国《股份法》第 311～318 条,欧共体"第 9 号指令草案"第 9 条、第 29 条、第 32 条,法国"Couste 法案"第 24 条、第 34 条和日本《商法》第 294 条、第 497 条。

③ 法国劳工法认为若母公司介入子公司与其职员之关系时,如直接为工作上的指示,则母公司应与子公司一起对子公司职员负连带清偿责任。参见王泰铨:《比较关系企业法之研究》,第 126 页。

企业主体理论之基本观点。通过对关联企业经济现实情况的具体分析,以评判关联企业整体是否具有劳动法上的用人单位主体资格。经过判断,若关联企业的"公司事实"与"企业事实"相符,关联企业应被视为一个单一的企业整体对待,关联企业整体应有权享有劳动法上的用工主体资格,为适格的用人单位。在关联企业参与劳动关系时应将关联企业整体视为劳动法上的用人单位对待,享有劳动法上的用人单位权利。与此同时,关联企业整体应承担劳动法上保护劳动者的用人单位责任。经过判断,若关联企业的"公司事实"与"企业事实"不相符合,关联企业于对外关系上不能作为一个单一的企业整体对待,关联企业整体不具有劳动法上的用人单位资格。此种情况下,关联企业参与劳动关系时原则上应回归至单一企业的劳动关系调整思路予以规制,由与劳动者建立劳动关系的关联企业的成员企业履行劳动法上保护劳动者的用人单位义务,承担用人单位责任。但是,在此情形下尚需要对关联企业的各成员企业间劳动关系的现实情况予以具体分析,评判不同成员企业间的劳动关系在关联企业内是否存在集中控制和管理等方面的联系,以具体分配关联企业内各成员企业劳动法上的用人单位责任。

综上所述,关联企业为一种多数企业的结合,其在劳动法上的表现即身为劳动者用人单位的企业与另一企业之间的联合。亦即参与劳动关系一方主体的用人单位由多数企业构成,且彼此之间因控制或重大影响关系而构成关联企业。通过对关联企业经济现实情况的分析,企业间基于信任和合作予以结合,其最终目的是实现关联企业整体经营效益的最大化。在关联企业整体参与劳动关系时,其实际上居于劳动关系一方主体的用人单位地位,赋予关联企业整体承担劳动法上的用人单位责任实为法理所在。基于此,在关联企业实际参与用工安排情形下,关联企业的多数企业结合的外在形式并不能阻止关联企业需要承担保护劳动者义务的需求。此为关联企业整体居于用人单位地位与劳动者建立劳动关系时承担劳动法上用人单位责任的题中之意,实为企业主体理论的基本要求。据此,对关联企业用人单位责任的上述论断,应予得到认可。

三、关联企业用人单位责任的具体设置

基于对关联企业本质属性的更新认识,明确了关联企业的用人单位资格。在此基础上通过对关联企业劳动关系归属的界定,合理架构出关联企业劳动法上的权利和义务框架。从法理上对关联企业用人单位责任予以理论证成,用以指导探

究关联企业违反劳动法义务时用人单位责任具体如何设置。

（一）关联企业整体的用人单位责任

依循企业主体理论的基本观点通过对关联企业经济现实情况的分析，若关联企业的"公司事实"与"企业事实"相符，关联企业整体应具有劳动法上的用人单位主体资格。在此背景下，若关联企业以整体名义与劳动者建立劳动关系或关联企业虽不以整体名义与劳动者建立劳动关系，但基于对关联企业旗下各成员企业间劳动关系内容方面的具体分析发现关联企业的各成员企业间的劳动关系具有统一控制和管理等方面的密切联系，亦即关联企业内事实上形成一个单一且统一的劳动关系。上述情况下，应视为关联企业整体与劳动者间的劳动关系得到确认。劳动关系的双方主体分别为劳动者一方和关联企业整体，关联企业整体居于用人单位地位与劳动者建立劳动关系。双方基于劳动关系的建立，明确彼此的权利和义务关系。关联企业整体应履行劳动法上保护劳动者的义务，且需要承担相应的用人单位责任。总而言之，在关联企业整体具有用人单位资格且关联企业内仅存在一个单一且统一的劳动关系时，要求关联企业整体承担劳动法上的用人单位责任符合我国现有劳动法制的基本精神。

基于关联企业内单一劳动关系的建立，赋予关联企业整体承担劳动法上的用人单位责任实为关联企业用人单位责任的一种外在体现。从本质上来说，关联企业参与劳动关系即为一种多数用人单位企业间的联合，使原本独立的用人单位企业间基于关联关系的存在组成用人单位企业的联合体。此种情况下，实际上表现为具有关联关系的成员企业共享劳动关系上的用人单位地位，只是劳动关系予以统一管理和控制。因而，关联企业整体的用人单位责任在具体落实上应要求关联企业的所有成员企业共同承担关联企业整体的用人单位责任。其实际上表现为，关联企业的所有成员企业连带承担劳动法上的用人单位责任。只是该种连带责任的设置是源于用人单位企业基于关联关系的存在组成关联企业的事实所引发。

据此，在关联企业为劳动法上适格的用人单位具备用工主体资格且关联企业内仅存在一个单一且统一的劳动关系时，从形式上来看关联企业整体为劳动法上用人单位责任的承担主体，而实际上则由关联企业的所有成员企业连带承担保护劳动者的用人单位责任。

（二）关联企业部分成员企业间的用人单位连带责任

通过对关联企业经济现实情况的分析若发现关联企业的"公司事实"与"企

事实"并不相符,关联企业于对外关系上并不能作为一个单一的企业整体对待,不享有劳动法上的用人单位资格。或关联企业整体虽具有劳动法上的用人单位资格但并没有以整体名义与劳动者建立劳动关系且事实上关联企业内也并没有形成一个单一且统一的劳动关系。原则上,关联企业内的劳动关系应回归至单一企业的劳动关系独立对待。依循现有劳动法制,应要求与劳动者分别建立劳动关系的关联企业的成员企业独立承担劳动法上的用人单位责任。但是,从保护弱势劳动者立场出发尚需要对上述情形下关联企业内各成员企业间劳动关系的现实情况予以具体分析,以评判关联企业内不同成员间的劳动关系是否具有联系性。亦即,虽然关联企业内没有形成一个统一的劳动关系但关联企业内两个或两个以上的成员企业间的劳动关系存在关联性,表现为集中控制或管理等方面的联系。此种情况下,应赋予关联企业内劳动关系间具有关联性的两个或两个以上的关联企业成员企业连带承担劳动法上的用人单位责任,严防关联企业内两个或两个以上的成员企业间利用关联关系损害劳动者利益的情形发生。该种关联企业内部分成员企业间用人单位连带责任的设置,符合企业主体理论的基本观点。

据此,通过对关联企业内两个或两个以上的成员企业间劳动关系内容方面的判断,以具体评判关联企业内该两个或两个以上的成员企业间的劳动关系是否具有关联性。经过判断,若关联企业于对外关系上虽然不具有单一企业实体地位,但关联企业内部分成员企业间基于劳动关系的集中控制或管理而事实上促使关联企业内部分成员企业间已然形成一个经济单元参与劳动关系的运行和管理。此种情况下,应赋予关联企业内劳动关系具有关联性的部分成员企业间连带承担保护劳动者的用人单位责任。此为关联企业用人单位连带责任的另一种表现形式,不仅有利于保护劳动者的合法权益而且有益于具有关联关系的成员企业有效开展经营活动。在此基础上,尚能厘清关联企业内各成员企业间用人单位责任的具体归属,符合权益对等的基本法理。

综上所述,企业间基于关联关系的存在组成关联企业,关联企业参与劳动关系时应依循企业主体理论对关联企业的经济现实情况予以分析以具体判断关联企业与劳动关系结合时的具体途径。若关联企业以整体名义与劳动者建立一个单一且统一的劳动关系,应赋予关联企业整体承担劳动法上保护劳动者的义务。此种情况下,实际上由关联企业的所有成员企业连带承担劳动法上的用人单位责任。若关联企业内两个或两个以上的成员企业间在劳动关系内容方面存在集中控制或管理等方面的联系,应赋予关联企业内劳动关系具有关联性的部分成员企业连带承担保护劳动者的用人单位责任。是以,对关联企业参与用工情形下连带用人单位责任的设置,实则为满足关联企业具体用工样态多元化所带来关联企业劳动关系分层化特点使然。与此同时,基于关联企业混同用工引发旗下劳动关系动态变化的实际情况,分别予以部分成员企业的连带用人单位责任和关联企业整体的连带用人单位责任的具体承担途径设置,体现了制度优化之实质公平的最高价值追求,不仅具有可行性而且彰显现实意义。

(三)关联企业各成员企业分别承担用人单位责任

在关联企业内各成员企业分别与劳动者建立劳动关系且独自管理自身的劳动事务时,应主张由各成员企业分别就自身违反劳动法义务行为承担劳动法上的用人单位责任较为妥当。

依循企业主体理论的基本观点若关联企业于对外关系上不具有单一实体地位,不能享有劳动法上的用工主体资格。在此背景下,关联企业内没有建立一个单一且统一的劳动关系,且基于综合企业标准分析得出关联企业内两个或两个以上的成员企业间的劳动关系也不存在集中控制或管理等方面的联系。亦即,关联企业非以整体名义与劳动者建立一个单一且统一的劳动关系,且关联企业内又不存在劳动关系集中管理或控制的实际情况。此种情况下,关联企业的用人单位责任分配应依循传统劳动法理论的制度安排,准用现有劳动法制度规范。应回归至单一企业情形下的用人单位责任予以具体安排,要求分别与劳动者建立劳动关系的关联企业的各成员企业独立承担劳动法上的用人单位责任。是以,遵循我国传统一重劳动关系的法理,要求用人单位企业对旗下具有从属性(包含人身从属性和经济从属性)的劳动者承担法定的用人单位责任。

本 章 小 结

对关联企业劳动者权益保护的研究,问题的核心在于准确界定关联企业实际参与具体用工安排时劳动关系的最终归属。而关联企业中劳动关系的认定与关联企业整体能否享有劳动法上的用人单位地位密切相关。基于此,实有必要就关联企业整体的用人单位资格予以厘清。依循关联企业性质认识之企业主体理论的观点,需仔细考量关联企业的经济现实情况,若关联企业的"企业事实"与"公司事实"相符,关联企业应被视为一个企业整体对待且享有单一实体资格,应赋予关联企业整体具有用人单位主体资格。若关联企业的"企业事实"与"公司事实"不相符合,关联企业整体应不具有用人单位主体资格。与此同时,应结合关联企业内设机构的现实情况对其用人单位资格予以具体分析,以应对关联企业利用内设机构损害劳动者利益行为的发生。关联企业实际参与用工安排情形下,其多元化的用工样态导致劳动者从属性不易判断。

针对关联企业旗下个别劳动者从属性的判断,理论上存在单一契约单一雇主情形、单一契约复数雇主情形和复数契约复数雇主情形的争议。而与此同时,我国司法实践中对关联企业旗下个别劳动者从属性的界定也主要存在单一从属性和多重从属性的争议。传统劳动法理论和我国司法实践中之所以会存在上述有关劳动者从属性界定的相关争议,对关联企业本质属性认识的不足是上述争议存在的主要诱因。据此,对关联企业中劳动者从属性的具体判断,应在企业主体说之基本理论指引下结合劳动合同的缔约情况以及关联企业的具体用工安排予以个案分析。

在此背景下,对关联企业中劳动关系的具体认定应借鉴美国法上的"综合企业标准"补充传统劳动关系从属性认定标准的适用,对关联企业中劳动关系的最终归属予以清晰法律界定。是以,笔者认为对关联企业劳动关系的认定应采取如下思路并具体展开步骤:首先,依循企业主体说观点,考量关联企业的"公司事实"与"企业事实"是否相符以判断关联企业于对外关系上能否作为一个单一经济主体对待,享有整体用人单位主体资格。其次,借鉴综合企业标准实质分析关联企业旗下劳动关系关联情况及集合程度。最后,依循从属性标准判断关联企业内个别劳动关系的最终归属。上述对关联企业劳动关系认定方法的具体总结和归纳,将关联企业性质认识之企业主体理论观点引入劳动法中以弥补传统从属性认定标准的适用缺憾。在具体认定途径上,考虑到关联企业实际用工方式选择的多样化,提出引入美国法上的综合企业标准以实质分析关联企业引发劳动关系的现实特点。如此,既遵循劳动关系从属性的根本性特点又结合关联企业参与用工实际的动态性特点,较能符合关联企业劳动关系归属判断的客观现实,也为关联企业劳动者权益保护的责任主体和责任形式明确了设置导向。

归因于关联企业内劳动关系紧密联系的现实情况,为实现关联企业内劳动者权益的有效保护实有必要就关联企业的用人单位责任分配问题予以厘清。应构建关联企业的用人单位连带责任制度,包含关联企业整体的用人单位责任(关联企业连带用人单位责任)和关联企业的部分成员企业间的连带用人单位责任两种具体承担方式。除此之外,关联企业参与用工情形下保护劳动者的用人单位责任应回归至单一企业的用人单位责任予以具体分配思考,由与劳动者建立劳动关系的关联企业各成员企业分别独立承担违反劳动法义务的用人单位责任。如此,方能实现对关联企业参与用工情形下引发劳动关系问题的有效法律规制,为关联企业劳动者权益保护提供制度指引和规则适用空间。

第五章　关联企业劳动者权益保护问题的应对

　　本章在前面对关联企业的用人单位资格和关联企业劳动关系归属以及关联企业违反劳动法义务的用人单位责任探究的基础上,分别研究和回应前文关联企业劳动者保护的困惑并提出了具体的应对策略。主要包括以下几方面内容:第一,对关联企业调职应区分企业内调职和企业外调职分别予以行为规制;第二,对关联企业采劳务派遣方式用工予以行为解构,澄清需谨慎对待;第三,廓清关联企业混同用工的行为方式,分别从劳动合同、劳动基准和规章制度几方面予以制度完善研究;第四,以劳动者工作保障为核心对关联企业内用人单位主体变动后的法律效果予以评判思考。

　　法律是一种不断完善的实践,劳动法亦然。对关联企业所涉劳动关系问题的研究,必然以促进关联企业内的劳动者权利保护为最终目的。传统劳动法理论衍生于工场社会下的社会化大生产时期,主要规制单一企业下的劳动关系为主,鲜有涉及关联企业用工引发的复数企业的劳动关系问题。与此同时,彼时的劳动关系特点鲜明,劳动者集中在用人单位的生产组织内给付劳务,工作地点和工作时间比较固定,劳动关系内容较为清晰。关联企业和劳动关系的结合带来劳动关系的分层化,关联企业内个别劳动关系间互相交叉又彼此联系使关联企业劳动关系法律调整不能的问题日益凸显。一方面,关联企业作为一种企业间结合的经济现象,其最终目的是为了实现市场主体的经营效益,以效率价值优先;另一方面,关联企业作为劳动关系一方主体参与到与劳动者的法律关系中一定程度上增加了劳动者利益受损的法律风险,弱势劳动者权利保护迫在眉睫,制度设计应更多地关注公平。公平和效率,不同价值取向上的矛盾在此展露无遗。可以说,劳动法以倾斜保护弱势劳动者利益为立法宗旨,在进行具体制度设计时必然以实现公平为根本价值取向。与此同时,企业作为经营者其合法参与市场活动的经营行为理应受到法律保护。劳动立法在保护弱势劳动者合法权益之余应适当兼顾企业一方的利益,公平优先并兼顾效率。

第一节　对关联企业调职行为的规制

一、关联企业调职的行为解构

调职是企业人力资源管理最为经常使用的手段。乃是指,用人单位对劳动者工作内容和工作地点的调动且该种调动通常具有一段时间的持续性,临时性或短期性的工作调动不属于调职。我国劳动立法上并没有对调职概念做出明确的法律定义,通常表述为工作地点或工作内容的变动。[①] 为便于研究方便,下面所探讨的调职应包含我国劳动法上的工作地点调动和工作内容调整两方面内容。对调职问题的研究,涉及企业用工自主权和劳动者权利维护的利益衡平问题。既要看到调职是企业优化人力资源配置的合理手段,有利于减损企业的人力成本和提高经营效率。与此同时,也应关注到调职可能对劳动者带来的各种不利法律风险,劳动者权利保护刻不容缓。

传统上,对企业调职的法律规制主要涉及调职权的合法性依据探究和调职权行使的合理性审查两方面内容。依循传统大陆法系劳动法立法渊源,有关用人单位调职权的合法性依据考量具体包含四种理论学说:概括合意说、劳动契约说、特约说和调职命令权否认说。[②] 该四种学说从不同角度对用人单位调职权或调职

---

① 参见《劳动合同法》第8、17、35条和《劳动合同法实施条例》第10条。

② "概括合意说,认为雇主对劳工的劳动力有概括处分权(指示权),若劳资双方基于明示或默示的合意,或基于企业习惯,对于工作场所与内容已有约定,则调职视为变更劳动契约之要约,仍应取得劳工之同意。概括合意说认为调职权属雇主行使指示权之应有内涵,但应受到权利滥用禁止之限制,且必须具有业务必要性和合理性,须对受调职劳动生活没有造成严重不利益。劳动契约说,认为在劳动契约范围内调职指示契约的履行是一种事实行为,自得约束劳工。反之,超过劳动契约,则构成劳动契约内容的变更,应取得劳工的同意。特约说,主张工作场所与工作内容为劳动契约要素必须由劳资双方合意始能特定,雇主单方变更应每次取得劳工之同意或仅在劳动契约有明确特约时方能行使。唯山一般劳资关系实态而言,不能否认劳资双方就调职已有默示之合意,若该合意之事实得到证明,雇主于此范围内仍有权行使调职权。调职命令权否认说,认为雇主对工作地点、内容的变更,皆属于变更劳动契约内容的要约,需得劳工个别明示或默示的同意,方能生效。至于劳动契约订立时未特别约定工作场所、内容,仍不能因此认为劳资双方有调职的默示合意存在。"参见邱骏彦:《调职法理之探讨》,载我国台湾地区"劳动法学会"编:《劳动法裁判选辑(一)》,30~32页,台北,元照出版公司,1999。

行为予以法律属性界定,继而对用人单位行使调职行为进行不同程度的条件限定或资格审查。是以,对调职属性界定不同直接决定了用人单位调职行为行使的具体方式或要求,较具差异性。关于用人单位调职权行使的合理性审查,主要涉及企业经营自由权和劳动者利益保护的利益衡平问题。学者们研究普遍认为,应对用人单位调职权行使予以严格审查,保证用人单位调职权行使不至于对劳动者权利造成过多的损害。基于此,对用人单位调职权行使的合理性审查主要涉及权利滥用禁止法理的适用以保证用人单位调职权行使具有合理性、正当性和必要性。而与此同时,传统有关调职分类的理论观点认为调职主要包含企业内调职和企业外调职两种类型,即通常意义上的调职和出向。① 企业内调职,是指发生在同一企业内的工作变动。表现为将劳动者从一个工作岗位调换至另一工作岗位的情形,该个别劳动者与用人单位间的原有劳动关系并不发生改变,仅是涉及劳动关系项下具体内容的某些变更。企业外调职,是指将劳动者从一个企业调动至另一个企业处工作,其中可能伴随着工作地点和工作内容的同时变动。此种情况下,以原有劳动关系是否变化,可将企业外调职进一步细分为单纯的劳务给付请求权让与和原有劳动关系的变更两种类型。

从形式上观察,关联企业表现为众多具有关联关系的用人单位企业间的联合,其本身在劳动法上的性质就比较特殊。依循企业主体理论观点,关联企业整体用人单位资格的取得尚依赖于对关联企业经济现实情况的具体分析。质言之,在关联企业整体享有用人单位主体资格的情形下关联企业内有可能只存在一个单一且统一的劳动关系,关联企业整体被视为劳动者的用人单位对待。此时,关联企业中用人单位企业对劳动者实施的调职行为应被视为企业内调职对待。反之,在关联企业整体不享有用人单位主体资格的情形下劳动者只可能与关联企业内的成员企业签订劳动合同,双方建立劳动关系。此种情况下,劳动者在关联企业内被交替变换用工单位的工作调动应视为企业外调职对待,如此较能符合劳动关系具体运行实际。

综上所述,对关联企业的用人单位调职问题的法律规制应区分为企业内调职和企业外调职予以分别处理。

---

① 邱骏彦:《调职法理之探讨》,载我国台湾地区"劳动法学会"编:《劳动法裁判选辑(一)》,29页,台北,元照出版公司,1999。

二、关联企业之企业内调职规制

基于对关联企业用人单位资格的判断,关联企业调职应区分为企业内调职和企业外调职两种类型。在关联企业为劳动法上适格的用人单位情形下,关联企业调职属于企业内调职,应遵循企业内调职的要求从合法性和合理性两个方面予以具体规制路径思考。

(一)关联企业之企业内调职权的合法性依据考量

传统劳动法理论认为企业内调职的合法性依据主要包含"概括合意说"、"劳动契约说"、"特约说"和"调职命令权否认说"四种。该四种学说,从不同角度对用人单位的调职权行使依据予以不同程度的法律界定。概括合意说最广,调职命令权否认说最窄。必须明确,企业内调职权应是用人单位行使指挥命令权的应有内涵,是劳动关系中用人单位经营主导权所衍生出的指示权,或相同性质的形成权。基于此,应对用人单位企业内调职权的合法性依据予以从宽解释,从而保证用人单位的营业自由以应对日后不断变化的现实经济情况。

针对用人单位企业内调职权的合法性依据,我国劳动立法原则上采特约说。即认为工作内容和工作地点为劳动合同内容的必备要素,用人单位无权单方面予以变更,必须每次取得个别劳动者同意且需以书面形式记载始得做出变更。与此同时,若劳动者和用人单位双方于事前将调职事项明确载于个别劳动合同条款中,用人单位依劳动合同约定对劳动者所为之工作内容和工作地点的变动亦为可行。[①] 与我国劳动立法上明确用人单位调职权合法性依据的特约说不同,司法实践中法院对用人单位调职权的合法性依据倾向于在概括合意说和劳动契约说之间摆动。[②]

---

① 参见《劳动合同法》第 35 条:用人单位与劳动者协商一致,可以变更劳动合同约定的内容。变更劳动合同,应当采用书面形式。

② "浙江省高级人民法院 2009 年《关于审理劳动争议案件若干问题的意见(试行)》第 42 条:用人单位调整劳动者工作岗位,一般应经劳动者同意。如没有变更劳动合同主要内容,或虽有变更单确属用人单位生产经营所必需,且对劳动者的报酬及其他劳动条件未作不利变更的,劳动者有服从安排的义务。2009 年江苏省高级人民法院《关于在当前宏观经济形势下妥善审理劳动争议案件的指导意见》规定:用人单位有权依据其劳动规章制度或双方的书面约定调整劳动者的工作内容和工作报酬,发生争议的,用人单位应当对调整劳动者工作内容和工资报酬的合法性和合理性承担举证责任。与此同时,尚包含《广东省高级人民法院、广东省劳动人事争议仲裁委员会关于审理劳动争议案件若干问题的座谈会纪要》(粤高法〔2012〕284 号)、2002 年上海市高级人民法院民一庭《关于审理劳动争议案件若干问题的解答》第 15 条等。"参见饶志静:《用人单位调职司法审查基准的反思与重构》,载《东方法学》,2015(6)。

在此背景下,我国立法文本和司法实践的不同步直接导致实务中对企业内调职权合法性依据的审查标准并不统一。法律必然是对社会生活的某种反映,以达到某种正义为调整价值。据此,司法实践中的某些做法往往更贴近于社会实际生活,更具价值可言。

如上所述,企业内调职权应是用人单位指挥命令权行使的应有内涵。基于劳动关系领域个别劳动者对用人单位的人身从属性,用人单位获得对劳动者的指挥命令权。在此背景下,用人单位应有权享有在企业内调动劳动者工作内容和工作地点的权利,以应对生产经营上的调整需要。除非劳动者和用人单位双方事前明确约定对用人单位的调职权行使予以保留,否则应认为劳动关系双方主体已经通过劳动合同、集体合同、规章制度和企业习惯等明示或默示的方式概括同意了用人单位享有企业内调职权。基于此,在关联企业整体作为用人单位一方与劳动者在关联企业内建立一个单一且统一的劳动关系情形下,关联企业整体基于用人单位的指挥命令权行使应享有对旗下各成员企业劳动者的调职权。此时,关联企业调职权的合法性依据应源于关联企业整体作为劳动法上用人单位身份所获得的指挥命令权。

依循概括合意说,关联企业调职权的合法性依据应可以从下列事实材料中得到佐证。具体包含:关联企业整体作为用人单位一方与劳动者签订的劳动合同、集体合同、适用于关联企业整体的规章制度和企业习惯等。此种情况下,应视为关联企业已取得旗下个别劳动者认可其具有调职权的事前概括同意。

(二)关联企业之企业内调职权行使的合理性审查

对视为企业内调职的关联企业调职权合法性依据的从宽解释,并不意味着对关联企业的肆意调职行为法律就不加以规制。恰恰相反,在肯定关联企业具有调职权时应对关联企业调职权具体行使的合理性予以严格审查。赋予关联企业充分的调职权限是为了维护关联企业参与市场活动的经营自由,促进关联企业经营效率的提高。与此同时,对关联企业调职权行使合理性的严格审查是为了保护关联企业内弱势劳动者的合法权益免遭不当调职带来的过多损害,体现劳动立法倾斜保护弱势劳动者的立法宗旨。公平和效率是法学领域内的两大基本价值取向,但公平是劳动法的核心价值所在。劳动法领域,效率价值的实现不应对公平价值造成过多的损害,否则即是不合理的。

对企业内调职权行使的合理性审查主要关涉权利滥用禁止原则的司法审查。

依学者观点,对权利滥用禁止原理的运用主要通过考量用人单位调职权行使的业务必要性与劳动者可能遭受的不利益程度而为判断。如果调职确属用人单位生产经营所必需,且没有对劳动者工作条件等劳动关系内容方面带来不利影响或影响甚微可忽略不计,应属合理。反之,若调职非基于用人单位生产经营上所必需,是用人单位基于报复或变向解雇劳动者等不法目的而实行的,应属不合理。与此同时,虽然有证据表明用人单位调职权行使具有业务必要性,但该种调职行为可能会对劳动者一方造成一定程度的不利益,亦属不合理。对劳动者不利益程度的判断,应结合社会通识予以认定。即如果社会大众普遍都难以接受,那么该种不利益就应该得到确认,并成为阻止关联企业内调职权行使具有合理性的正当理由。如关联企业内具有控制权限的母公司将劳动者调职至远离家庭而在另一座城市的子公司处工作,则有违社会通识。应认定此种情形下关联企业的调职行为不具有合理性。最后,对用人单位的业务必要性和劳动者可能遭受不利益的具体甄别尚应符合比例原则。基于利益衡平的视角,若关联企业的调职行为于用人单位而言具有业务必要性,但是于劳动者而言亦极有可能会造成一定程度的不利益。在此背景下,应合理衡量用人单位方与劳动者一方的不同利益需求,保证以最小的损害换取最大的利益。亦即,用人单位因调职行为所获取的利益必须为根本性的增加,且劳动者因被用人单位调职所减损的利益应微不足道。

除此之外,在调职权行使的合理性审查上,有学者研究认为应引入德国民法上之期待可能性作为判断调职权行使合理性与否的标准。[①] 在劳动合同中,劳资双方基于合意一般都会对劳务给付的对象、方式、时间和地点等劳动关系内容有明确的约定。基于信守约款的考量,劳动者期待用人单位能够按约接受其劳务给付,并为此做出努力或从事一定行为。基于此,即使用人单位的调职权具有合法性依据,其单方变换劳务给付内容和地点的行为对劳动者而言亦是不可期待的。此种情况下,用人单位的调职行为应不具有合理性。

据此,对作为企业内调职的关联企业调职而言,应采纳相对严苛的合理性审查基准。通过权利滥用禁止、期待可能性和比例原则等审查标准的运用对关联企

---

① "期待可能性源于德国民法上的诚信原则。例如债务人给付,应选择可期待债权人受领的时间、地点为之。若债务人为部分给付而可期待债权人受领者,债权人不应拒绝受领。另继续性债之关系得因重大事由而立即终止,也蕴含了相同的想法。"参见林更盛:《雇主调职权限的控制》,载《月旦裁判时报》,2013（20）。

业具体行使调职权的合理性与否予以辨析,实现弱势劳动者利益的有效保护,以切实体现劳动法维护公平价值的基本立法取向。

综上所述,在关联企业整体具有用人单位资格且与旗下劳动者建立有单一的劳动关系情形下,关联企业的调职行为应被视为企业内调职对待。劳动者在关联企业内被变换工作内容和工作地点的事实并没有构成对原有关联企业整体劳动关系的破坏,仅是对原有劳动关系内容某种程度的变更,且该种变更实为用人单位企业开展经营业务所必须并不会对劳动者带来难以接受的不利益。依概括合意说,关联企业整体作为劳动者用人单位时其调职权的合法性依据源于关联企业的劳动合同、集体合同、规章制度和企业习惯等具有约束力的实在法规范和关系规范。① 关联企业的调职权应是用人单位行使指挥命令权之应有内涵,在法律性质上类似于形成权。与此同时,为实现对被视为企业内调职的关联企业调职行为的合理性规制,实现关联企业旗下劳动者利益的最大化保护。对关联企业调职权行使的合理性应予以严格审查,通过权力滥用禁止、期待可能性和比例原则等基本法理的适用,保证关联企业的调职行为具有合理性、正当性和必要性。

在被视为企业内调职的关联企业调职情形下,赋予关联企业较为充分的调职权是立法保证企业经营自由权的现实所需,有利于关联企业为整体经营目标提升统筹营业性活动。与此同时,对关联企业具体调职行为的合理性有无予以严格审查是实现劳动法上维护公平价值的必然属性,严防关联企业不当行使调职权对劳动者带来过多的不利益损害。是以,劳动法上具体制度设计可以适当兼顾或体现效率价值,但是必须在不妨碍公平价值实现的基础上才为可行。

三、关联企业之企业外调职规制

在关联企业非为劳动法上适格的用人单位,仅由旗下成员企业分别与劳动者建立并维持独立的劳动关系,关联企业调职应视为企业外调职对待。此时,需结合企业外调职法理予以关联企业调职行为规制的制度设置探究。

---

① 依循关系契约理论,契约背后的关系规则具有独立于契约本身的价值,应将契约至于整个社会背景下思考。契约的规范主要分为两个层次:契约的外在规范,如实在法的契约法;契约的内在规范,即实践中的活法,如企业习惯、公司信条等关系规则。参见资琳:《契约的死亡与重生》,载《检察日报》,2005-09-17。

（一）关联企业之企业外调职权的合法性依据考量

依循企业主体说观点通过考量关联企业的"企业现实"和"公司事实"是否相符，经过判断若关联企业不具有整体用人单位资格，或关联企业虽具有整体用人单位资格但并没有以整体名义与旗下个别劳动者建立一个单一且统一的劳动关系。此种情况下各成员企业分别与劳动者建立劳动关系且形式上互相独立，依我国一重劳动关系立法传统关联企业的调职应被视为企业外调职对待。

一直以来，对企业外调职的研究不像企业内调职那样成熟，虽有共识但争议较多。学者们研究认为，企业外调职应依循原有劳动关系是否发生变化，分为单纯的劳务给付请求权让与和劳动合同的变更两种类型。在劳动合同变更情形下，依循原有劳动合同是否维系，可进一步分为"废止原有劳动合同另定新劳动合同"和"原有劳动合同继续有效而同时订立双重或多重劳动合同"两种情形。[①] 由于我国劳动立法原则上并不承认双重或多重劳动关系的存在，因而这里主要就废止原有劳动合同订立新劳动合同情形而言。简而言之，受我国一重劳动关系的立法传统制约，劳动者不可能同时与关联企业的各成员企业建立双重或多重的劳动关系。因而，视为企业外调职的关联企业调职仅包含劳务给付请求权让与和废止原劳动合同订立新劳动合同两种情形。

在企业外调职权合法性依据的探讨上，学者们并没有形成有别于企业内调职的相关理论，有关方面的讨论也主要集中在上述四种学说的理论框架内进行。[②] 有学者通过研究日本和德国的企业外调职实践，提出了自己的看法。在日本，理论上企业外调职分为"出向"和"转籍"两类。出向包含单纯的劳务给付请求权让与和双重劳动关系的建立两种具体类型，而转籍仅就废止原劳动合同订立新劳动合同而言。[③] 基于上述对出向和转籍的界定，日本法上的出向可能包含转籍，如原有劳动关系移除的同时与新单位建立新的劳动关系。针对出向和转籍，日本理

---

① 林炫秋：《关系企业间劳工之调动与劳工之同意权》，载我国台湾地区"劳动法学会"编：《劳动法裁判选辑（二）》，54～65 页，台北，元照出版公司，1999。

② "即概括合意说、劳动契约说、特约说和调职命令权否认说。"参见邱骏彦：《调职法理之探讨》，载我国台湾地区"劳动法学会"编：《劳动法裁判选辑（一）》，30～32 页，台北，元照出版公司，1999。

③ "所谓出向，是指劳工保持其原有受雇公司之员工身份，而于他公司指挥监督下执行职务；而转籍，是指劳工与受雇公司终止劳动契约，而又另外与第三人公司缔结劳动契约执行职务而言。"参见刘志鹏：《企业外调职（出向）之法律问题》，载我国台湾地区"劳动法学会"编：《劳动法裁判选辑（二）》，228～229 页，台北，元照出版公司，1999。

论界和实务界一致认为应取得劳动者同意始得为之,而有关劳动者同意的具体形式则并没有定论。大陆法系国家法理研究具有惊人的相似性,有关企业外调职的理论研究德国法和日本法上学说基本相同。针对企业外调职,包含关联企业的调职,德国法上认为应经过劳工现实的同意,亦即取得劳工事后的、明示的同意始得为之。[①] 与此同时,德国法上在讨论康采恩内的调职问题时原则上将康采恩各成员作为劳动者的独立雇主对待。基于康采恩各成员的独立法律地位,非与劳动者建立劳动关系的康采恩成员单位不能取得对劳动者的调职权,劳工之雇主若想将劳工调职至康采恩其他成员处工作应取得劳工之同意,否则劳工有拒绝服从的权利。至于劳工同意的具体形式,德国法上依循康采恩调职是否涉及雇主变更作出了不同的解释。若康采恩调职涉及雇主变更,则应由劳工个别的同意始得为之;若康采恩调职仅为劳务给付请求权让与且并不涉及雇主变更,则可依劳工事前的明示或默示的概括同意为之。[②]

基于上述对企业外调职的法理分析,有学者研究认为应将关联企业调职视为企业外调职对待,具体包含"雇主变更"和"雇主不变更"两种类型。与此同时,该学者又进一步指出无论哪种类型的调职权行使都需取得劳工同意得具体为之,只不过雇主变更与否决定者劳工同意的具体方式存在差异。在雇主变更情形下,应取得劳工个别的同意,而雇主未变更时得由劳工事前的概括同意为之即可。[③] 将关联企业调职视为企业外调职对待,必然与企业内调职有所区别。我们知道,劳动关系具有继续性和从属性,表现为在劳动关系有效存续期间劳动者对用人单位具有人身从属性和经济从属性。在此期间内,互惠和合作是劳资双方共同的价值期许,与此同时维持劳动关系的和谐稳定是劳资双方所负有的共同义务。基于此,除非得到劳动者个别的、明示的同意,否则用人单位企业难以直接享有将劳动者调职至其他用人单位企业处工作的权利。亦即,在劳动关系存续期间用人单位一方虽然享有对劳动者的指挥命令权,但并不因此即能获得将劳动者予以企业外

---

① 黄程贯著:《劳动法》(修订再版),466 页,台北,空中大学印行,2001。

② 德国法上将康采恩有无调职权基本上纳入雇主的指示权探讨。若劳工雇主没有使劳工于其他康采恩成员处工作的指示权,调职应得到劳工同意,否则不得行使,亦即雇主指示权的行使必须具体化,而不能由康采恩概括享有。而雇主事先取得调职权的方式主要包含康采恩调职条款、康采恩派遣条款或康采恩保留取得劳工之同意为之。

③ 林炫秋:《关系企业间劳工之调动与劳工之同意权》,载我国台湾地区"劳动法学会"编:《劳动法裁判选辑(二)》,65 页,台北,元照出版公司,1999。

调职的权限。从某种程度上来说,赋予劳动关系一方主体的用人单位享有指挥命令权即是对个别劳动者人身自由的某种限制。因而,在具体使用时应严格限制在劳动关系的合理范围内,否则对劳动者一方是极为不利的。

为贯彻劳动立法保护劳动者权益的立法宗旨,实有必要将视为企业外调职的关联企业调职行为,其调职权的合法性依据界定为劳动者个别的、明示的事后同意,且任何事前明示或默示的同意都不可能促使用人单位企业享有将劳动者调职至关联企业其他成员企业处工作的权利。是以,视为企业外调职的关联企业调职权的合法性依据应采调职命令权否认说基本要求,较为妥当。

（二）关联企业之企业外调职权行使的合理性审查

劳动关系具有从属性,劳动者从属于用人单位。劳资双方基于经济力量上的不对等性,劳动者必须在用人单位的指挥监督下提供劳动力以换取生产生活所需的物质财富供给。此种情况下,基于"强资本、弱劳工"的经济现实,劳动者很可能在违背个人意愿的情况下做出同意用人单位调职权行使的选择以减损更大的经济风险或其他相关风险的发生。因而,为保证劳动法领域实质公平正义的实现,实有必要就用人单位具体行使调职权的合理性予以严格审查。

同企业内调职权行使的合理性审查一样,对企业外调职的合理性审查也主要围绕着权利滥用禁止原则而展开。基于劳动者个别的、明示的同意用人单位取得对劳动者的调职权,但在用人单位企业从事将劳动者调职至关联企业其他成员企业处工作的具体行为时,尚应就用人单位行使调职行为的业务必要性和劳动者的期待可能性予以具体利益衡量。运用比例原则具体分析用人单位企业行使调职行为的业务正当性和可能给劳动者带来的不利益以保证用人单位调职权行使的正当性、合理性和必要性。是以,基于比例原则下的利益衡平视角,通过考量用人单位将劳动者调职至关联企业其他成员企业处的必要性,以及劳动者因此调职行为可能遭受到的各种不利益而为综合判断。上述利益衡量的核心标准在于,用人单位必须有充分事实理由能够证明其因调职所得利益超过劳动者的利益且劳动者不会因调职行为造成任何不利益或影响甚微,调职权行使乃为可行。[①] 针对关联企业的调职问题,德国法上在规制康采恩内变换劳动者雇主身份的调职行为时

[①] 德国法上就雇主调职权行使的合理性考量上认为,应受民法之公平裁量法理的控制。即仅在该项行为确定符合公平原则时,始对另一方当事人有约束力。参见德国《民法典》第 315 条。

亦对雇主调职权行使予以某种程序性限制，要求被调职员工所属康采恩之员工代表会在调职前必须进行听证，始得对康采恩员工进行调职。与此同时，即使在调职未使劳动者雇主变更情形下，员工代表会在劳工被让与前也必须参与其中以保障员工合法诉求能够实质得到体现。[1]

据此，对视为企业外调职的关联企业调职权的合理性审查应重点衡量劳动关系中用人单位和劳动者的具体利益，审视关联企业的调职权行使是否构成权利滥用和对劳动者期待可能性造成破坏。关联企业内劳动者的用人单位必须有充分证据，证明其调动劳动者工作内容和工作地点的行为具有业务必要性，且对劳动者利益没有造成过多不合理损害。与此同时，德国法上对康采恩雇主调职权行使的程序性限制亦值得我国借鉴。应要求关联企业内劳动者的用人单位企业在对劳动者做出调职命令时应与工会或劳动者代表协商，并与之共同决定涉及调职相关事项，以保护受关联企业调职行为影响的劳动者合法权益。

归因于劳动关系的建立，用人单位负有保护照顾劳动者的义务，维持劳动关系的和谐稳定是劳资双方共同的利益期许。在此背景下，劳动关系中的任何一方主体非经过另一方主体的同意，不得擅自将劳动关系让与第三方承担。基于此，无论是单纯的劳务给付请求权让与，还是用人单位变更情形下的企业外调职都应取得劳动者的个别的、明示的同意，始得为之。如上所述，在视为企业外调职的关联企业调职情形下，应采纳与企业内调职相同的规制思路探究关联企业调职权的合法性依据并就调职权行使的合理性予以严格审查。关于企业外调职权的合法性依据应采纳调职命令权否认说，以劳动者个别的、明示的同意作为关联企业内劳动者的用人单位获得企业外调职权的合法依据。而有关企业外调职权行使的合理性审查方面，应采纳传统调职理论之权利滥用禁止原理。基于利益衡量视角，保证劳动者利益维护的最大化。与此同时，应合理借鉴相关国家的立法实践经验，就视为企业外调职的关联企业调职权行使予以一定的程序性限制，赋予劳动者所在工会和职工代表大会共同决定相关事项的权利。如此从实体到程序的规制思路，方能保证关联企业情形下用人单位调职权行使的合法且合理。

经审查，若视为企业外调职的关联企业调职行为具有合法性依据且调职行为

---

① 参见德国《企业组织法》第 99 条、第 102 条。

具有合理性,关联企业内用人单位成员企业对劳动者的调职行为应予认可。在劳动者被用人单位合法调职后,劳动法上的劳动者权利可能会遭受相同程度的影响。但必须明确,劳动法普遍适用于所有用人单位的最低劳动条件保护标准不应受关联企业的调职行为而遭受影响。与此同时,劳动者的工作年资应合并计算。[①] 而除此之外的其他劳动关系内容,如福利待遇、奖金、津贴等非劳动条件基准事项可能会产生相应的变更。但是由于得到劳动者个别的、明示的同意且经过合理性审查,此种情况下的变更应是合法且合理的。另外,为实现关联企业内劳动者权利保护的最大化,原则上做出调职决定的用人单位企业应负有"归建"劳动者的义务。通过事前与劳动者约定,于一定期限内或满足相应条件后而重新接受劳动者回归至本用人单位的申请,而不论调职后劳动者的用人单位是否事实上遭受变更。通过该种安排,有利于阻止关联企业的成员企业间利用调职规避解雇劳动者应予承担的法律责任风险,真正意义上实现劳动法上的公平正义。

关联企业参与用工选择时具体用工方式具有多样性且比较复杂,由之引发关联企业的用人单位资格和识别迷雾重重。与此同时,归因于关联企业混同用工的现实需求,劳动者从属性认定易于混淆且劳动关系归属难以界定。在此背景下,对关联企业调职的法律规制理应引起重视,力求从制度设计上体现倾斜保护弱势劳动者利益和关联企业整体经营目标追求间的矛盾化解。在具体利益衡量时,应以公平优先,并适当兼顾效率。

必须明确,对关联企业调职的法律规制应以认定关联企业劳动关系归属为前提条件。在此基础上,结合关联企业参与劳动关系的实际情况具体分为企业内调职和企业外调职两种调职类型予以分别规制路径思考。针对关联企业劳动关系的认定,考虑到关联企业具体参与用工的现实复杂性,应在关联企业之企业主体理论观点指导下通过引入综合企业标准补充传统从属性标准的适用以具体判明关联企业劳动关系的归属。经过分析,若关联企业整体具有用工主体资格且以整体名义与旗下劳动者签订劳动合同,关联企业内建立一个统一的劳动关系。此种情况下,具有关联关系的各成员企业共享用人单位地位且需连带承担用人单位责任,关联企业调职应视为企业内调职对待。经过分析,若关联企业整体不具有用

---

① 参见《最高人民法院关于劳动争议案件适用法律若干问题的解释(四)》第5条。

工主体资格,或关联企业整体虽具有用工主体资格但非以整体名义与劳动者签订劳动合同,关联企业内并没有建立一个统一的劳动关系,各成员企业与个别劳动者分别建立劳动关系,且形式上互相独立。此种情况下,关联企业调职应视为企业外调职对待。因用人单位调职行为关乎个别劳动者切身利益,故无论企业内调职还是企业外调职,对调职的具体法律规制都应从调职权合法性依据和调职权行使合理性审查两方面进行法律调整路径设置。针对企业内调职,关联企业调职权的合法性依据应源于关联企业整体作为劳动法上用人单位身份所获得的指挥命令权。具体而言,关联企业整体作为用人单位一方与劳动者签订的劳动合同、集体合同,适用于关联企业整体的规章制度和企业习惯等事实均可视为关联企业已取得劳动者认可其具有调职权的事前概括同意。针对企业外调职,关联企业调职权的合法性依据应为劳动者个别的、明示的事后同意,且任何事前明示或默示的同意都不可能使用人单位企业享有将劳动者调职至关联企业其他成员企业处工作的权利。亦即,关联企业之企业外调职权行使的合法性依据应能符合调职命令权否认说之基本要求。对关联企业调职权行使合理性审查,无论是企业内调职还是企业外调职都需要运用利益衡平方法以具体认定关联企业调职行为是否具有正当性、合理性和可行性,且不会对劳动者利益造成过多损害或影响甚微。在具体合理性审查时,企业内调职通过权力滥用禁止、期待可能性和比例原则等基本法理的适用,保证关联企业的调职行为具有正当性和必要性。企业外调职应重点衡量用人单位企业和劳动者一方的具体利益,审视关联企业的调职行为是否构成权利滥用和侵害劳动者期待可能性且应采纳较为严格的审查标准。

除此之外,对关联企业调职行为的法律规制尚应借鉴德国法上康采恩调职规制的程序规范经验,应要求关联企业作出调职决定前应就有关事项告知工会或劳动者代表并听取意见,保障从实体到程序对关联企业调职行为的法律规制。以上,作为一种企业联合的经济现象关联企业以实现规模经济和效益最大化为目标,因而对关联企业调职的规制应在保障弱势劳动者合法权益基础上,需要适当兼顾企业的经营效率。是以,在关联企业具有调职权合法性依据且具体行使调职行为具有合理性时,应认可关联企业针对个别劳动者所为的调职行为合法且合理,引导劳资双方吸收和消化该种调职行为引发的法律效果,力争实现劳资双赢。

第二节　对关联企业劳务派遣用工的规制

一、关联企业劳务派遣用工的行为解构

关联企业采纳劳务派遣方式用工既有劳务派遣的一般特性,又不乏一定的独特性。一方面,传统用人单位对劳动者的招聘和使用权能相分离;另一方面,劳动力供给和接受呈多边供需结构关系特征。据此,梳理和归纳关联企业劳务派遣用工方式的具体样态,并予以行为解构是探究关联企业劳务派遣用工规制路径的基本前提。

(一)劳务派遣的意义和特征

劳务派遣,也称劳动派遣,是指派遣单位受要派单位的委托招聘劳动者并与其签订劳动合同,而后基于派遣单位与要派单位签订的劳务派遣协议将劳动者派遣到要派单位处工作,由派遣单位向劳动者支付工资报酬并为劳动者办理社会保险和缴纳等相关事务,要派单位依约向派遣单位就其提供的服务支付一定费用。从劳动关系建立和实际运行角度考量分析,劳务派遣涉及劳动者招聘和使用的分离,招聘单位并不实际接受劳动者所为的劳务给付而用工单位事实上使用劳动者的劳动力但不需要承担劳动法上的用人单位义务。

劳务派遣用工为因应经济全球化和我国经济发展方式的变革所带来的经济环境变迁所引入的一种新的用工样态,有利于企业通过人力成本的降低提高自身的竞争水平以应对激烈的外部市场环境变化。如此弹性化的人力安排使企业在日常劳动者使用上更加灵活多样,有利于降低企业的工资支出和劳动者福利待遇的支出进而节约企业的生产经营成本,成为企业人力资源安排的一种新策略。传统劳动关系发生在一方为用人单位和另一方为劳动者的双方主体之间,招聘劳动者的用人单位也实际上使用着劳动者提供的劳动力,招聘和使用统一。劳务派遣在此引入三方机制,分别为派遣单位、要派单位和劳动者。劳动者的招聘和使用发生分离,招聘劳动者并与其签订劳动合同的派遣单位并不实际使用劳动者提供的劳动力而将其对劳动者的劳务给付请求权让与要派单位,并使得要派单位获得对派遣劳动者的指挥监督权。在此种三方当事人的关系下,劳动者与要派单位间

并无劳动合同关系,但却存在事实上的劳动关系。[①] 劳动者受派遣单位招聘但却需要在要派单位处提供劳动力,容易出现要派单位和派遣单位互相推诿责任损害劳动者利益的情况,传统劳动法上的劳动债权难以实现。

(二)关联企业劳务派遣用工的表现形式

与单一企业组织形式相比,关联企业具有特殊性,其在形式上表现为具有关联关系的多数企业间的联合。关联企业参与用工具有特殊性,具体用工样态的选择比较复杂。为应对经济环境变迁带来的激烈竞争,关联企业亦会采取劳务派遣用工方式以弹性化安排自身的人力资源,借此降低关联企业整体的人力成本支出。关联企业采取劳务派遣用工既有单一企业劳务派遣用工的一般特性,如派遣单位、劳动者和要派单位三方当事人的参与。而与此同时,基于企业间关联关系的存在,关联企业的劳务派遣用工又不乏一定的特殊性。集中表现在,关联企业的劳务派遣用工是发生在具有关联关系的各成员企业间进行的,三方当事人的联系更为密切。

实践中,关联企业劳务派遣用工的表现形式比较复杂。劳动者受关联企业的一家成员企业雇佣,该雇佣劳动者的成员企业为派遣单位。而后派遣单位基于其与关联企业内另一家成员企业的派遣协议,将劳动者派往关联企业内另一家成员单位处工作,该关联企业内另一家成员企业为要派单位。此种情况下,劳动者在关联企业内以劳务派遣的方式被用工。形式上符合劳动法上有关劳务派遣用工的法定要求,但实质上基于企业间关联关系的存在劳动者权益受损的风险较单一企业的劳务派遣用工更为凸显。相较于普通劳务派遣而言,关联企业间的劳务派遣极易受成员企业间关联关系的影响,居于控制地位或对关联企业决策存在重大影响关系的成员企业有能力决定劳务派遣的具体方式和适用对象,关联企业采用劳务派遣用工方式实质上属于自营派遣用工的一种变异表现。我国劳动立法对劳务派遣用工采取严格条件限定,以限缩该种非典型用工方式的适用范围。[②] 与此同时,劳动立法明确规定对用人单位自营派遣业务予以坚决禁止,以杜绝用人单位企业不当利用劳务派遣用工方式逃避劳动法上用人单位义务和损害弱势劳

---

① 郑津津:《劳动派遣与工作权》,载《台北大学法学论丛》,2014(90)。

② 参见《劳动合同法》第66条:劳动合同用工是我国的企业基本用工形式。劳务派遣用工是补充形式,只能在临时性、辅助性或者替代性的工作岗位上实施。

动者权益的行为泛滥。① 关联企业基于整体的经济利益考量可能对旗下各成员企业自身的劳务派遣用工予以不同程度的干涉或行以直接、间接控制,集中表现为要派单位与派遣单位间的劳务派遣协议的签订受关联企业的直接、间接控制或影响。或关联企业旗下专门设立一从事劳务派遣业务的法人企业,基于关联企业整体的用工安排向关联企业的不同成员企业派遣劳动者,以达到规避适用劳动法上自营派遣业务禁止的强行法规范并借此逃脱法律上的用人单位责任承担。

从劳动关系发展实践和制度起源角度观察得知,劳务派遣用工在某种程度上即是对劳动者职业稳定的一种侵害,被派遣劳动者的工作处于不安定的状态。相较于全日制劳动者而言,有关方面的劳动待遇难以得到落实,劳动者同工不同酬现象加剧。因而,劳动立法以审慎的态度对劳务派遣用工予以严格规制,且仅将其作为全日制用工下的一种补充。②

综上所述,基于企业间关联关系的存在,关联企业的劳务派遣用工给劳动关系带来更多的不确定性和不安定因素。若放任关联企业以劳务派遣用工,关联企业的劳动者权益保护愈发危机重重。

二、关联企业劳务派遣用工的法律禁止

针对关联企业劳务派遣用工的法律规制,依循企业主体说之基本观点应分为两种情况具体分析。第一种情形,通过对关联企业经济现实情况的分析,若关联企业整体具有用人单位主体资格且与劳动者建立单一的劳动关系。此种情况下,关联企业应视为单一企业整体对待,具有单一法人格。因而,劳动者在关联企业内以劳务派遣的方式被用工,应视为用人单位自营派遣业务的开展,依现有立法规定,应予禁止。第二种情形,若关联企业整体不具有用人单位资格,或虽然具有用人单位资格但并没有与旗下劳动者在关联企业内建立一个单一且统一的劳动关系。此种情况下,关联企业的劳务派遣用工,应视为劳动者被用人单位以劳务派遣的方式派往与其具有关联关系的其他用工单位处工作。

归因于关联关系的存在,关联企业利用劳务派遣组织用工的方式增加了劳动者权益受损的法律风险。基于此,从最大化保护弱势劳动者利益视角出发,对于

---

① 参见《劳动合同法》第 67 条规定:用人单位不得设立劳务派遣单位向本单位或者所属单位派遣劳动者。

② 参见《劳动合同法》第 57~67 条、第 92 条和《劳动合同法实施条例》第 28~32 条。

关联企业内劳动者所在用人单位企业的该种行为法律亦应予以禁止。与此同时，依循现有劳动法律规定用人单位不得自营劳务派遣业务，包含向本单位或所属单位派遣劳动者两种法律形态。① 因而，对该条文的解释应予以扩大化理解，理应包含用人单位不能向与本单位具有关联关系的关联企业的其他成员企业派遣劳动者这种行为。据此，对关联企业采用劳务派遣用工方式安排用工的行为，法律应予以全面禁止。在关联企业以劳务派遣用工方式予以人力资源调整时，笔者认为从法律性质上理解对于关联企业内劳动者用人单位的该种行为应界定为用人单位的调职行为对待予以法律规制，乃为可行。此种情况下，应结合上文对关联企业调职问题的研究，从用人单位的调职权合法性依据和调职权行使的合理性审查两方面予以具体法律规制。

实践表明，关联企业具体用工方式的选择灵活多样，其中劳动法意义上的用工和非劳动法意义上用工并存。立法在进行具体制度设计以调整关联企业劳动关系时应本着倾斜保护弱势劳动者立法宗旨取向，以公平为最终价值指引。据此，一方面应允许关联企业采纳非劳动法意义上的用工方式以减缩生产成本增进效率，另一方面应具体甄别关联企业的劳动法意义上用工和非劳动法意义上用工并就劳动法意义上用工予以严格法律规制以防止其混淆用工性质逃避劳动法义务的履行。一直以来，劳务派遣用工被认为是对传统意义上劳动合同用工的一种补充形式，只能在临时性、辅助性和替代性岗位上适用并就"三性岗位"严格界定以防用人单位的肆意扩大解释。② 是以，用人单位企业并不能以劳务派遣为普遍用工形式。

企业间基于关联关系的存在，一成员企业极易对另一成员企业的生产经营活动形成控制或重大影响关系。此种情形下，关联企业采纳劳务派遣用工实际上是用人单位自营派遣业务的一种变异体现，或是表现为向具有关联关系的成员企业派遣劳动者。无论哪种形式，采纳劳务派遣方式用工直接诱发关联企业劳动关系恶性凸变的法律风险激增，劳动关系趋于不稳定且发展不均衡。于劳动者而言，职业变得不稳定且均等待遇无法落实，权益受损风险激增。于用人单位方关联企业而言，短期内可能会减缩生产成本提高经营效益，但从长远角度观察劳务派遣

---

① 参见《劳动合同法》第 67 条。
② 参见《劳动合同法》第 66 条。

用工不利于关联企业核心人才的培养和建设,统一且开放的劳动力市场无法形成,随着时间的推移负外部性慢慢彰显。

综上所述,关联企业采纳劳务派遣用工方式有损劳动者利益,无法保障公平。不利于统一且开放的劳动力市场的构建,核心人才缺失的负外部性凸显,企业的经营效率沦为空谈。除此之外,劳动法对劳务派遣用工的禁止理应涵盖具有关联关系的企业间劳务派遣用工的禁止,此为制度设计的题中之意。是以,从制度价值和制度检视两方面考量对关联企业劳务派遣用工法律应予全面禁止。

第三节　对关联企业混同用工的规制

一、关联企业混同用工的行为解构

在关联企业实际参与用工情形下,劳动者在关联企业内被交替变换用工单位的情形经常发生。源于市场主体的选择偏好,归因于关联关系的存在实务中关联企业采取混同用工的方式予以人力安排实属常态。实践中,关联企业的混同用工具体表现形式为:①关联企业的各成员企业分别招用员工并与之建立劳动关系,但关联企业整体上存在一个统一的人力资源管理机构;②劳动者与关联企业的某成员企业建立劳动关系,而后被该成员企业派遣至关联企业的其他成员企业处工作;③关联企业整体招聘员工且在关联企业内统一管理和配置劳动力,劳动关系集中控制和管理。

必须承认,关联企业采取混同用工的方式予以人力资源安排实属关联企业为应对外部激烈竞争和行使企业用工自主权的必然选择,具有一定的积极意义。但是,由于我国现有劳动法制并没有对复数企业间混同用工行为引发的劳动法议题予以专门立法规制,制度设置和规则调整的缺失引发关联企业旗下的劳动者权益受损风险加大。其中关涉劳动者与关联企业的不同成员企业间签订的劳动合同应如何定性,用人单位规章制度的适用效力界定,以及包含关涉劳动者在工龄、工作时间和工资等在内的劳动条件如何维持和保护等具体问题。而上述问题的症结之处在于关联企业采取混同用工安排时,法律应如何进行制度设计行以有效规制以保障劳动者均等待遇的落实。

综上所述,笔者认为关联企业采取混同用工予以人力资源安排具有必然性起到优化劳动力配置的作用,法律对关联企业的这种用工安排不应该全面禁止。而关注的重心,应在于对关联企业的混同用工安排行为予以合法性审查和规制,包含劳动合同、规章制度和工龄、工作时间、工资等方面内容的制度优化以保障劳动者在关联企业内均等待遇的落实。

二、对重新签订劳动合同行为的法律性质界定

在关联企业混同用工安排下,劳动者与用人单位方关联企业轮流订立的劳动合同如何定性,关乎个别劳动者的切身利益。现有劳动立法以法人格独立说为依据将此种情况视为劳动合同的重新签订对待,为用人单位规避签订无固定期限劳动合同义务提供了方便,极大地损害了劳动者一方的利益。

确实,传统劳动立法以工场社会下固定工时、固定工作地点、特定化组织机构形成的典型劳动关系为调整对象,依循法人格独立说坚持一重劳动关系的调整思路有利于实现劳动关系的稳健运营,较有利于保障劳动者的职业稳定和用人单位生产经营活动的持续开展,符合劳资双方共赢的需求。但是,关联企业作为用人单位一方主体参与劳动关系突破了上述一重劳动关系的原有框架,劳动者在关联企业内被交替变换用工单位,各成员企业都有可能和劳动者发生关系。据此,一直以来被大陆法系奉为圭臬的一重劳动关系法理信条和事实上关联企业劳动关系表现形式的多重性产生了难以调和的矛盾。随之引发一系列问题,集中表现为关联企业的劳动关系归属模糊和用人单位责任不明确。

法律创设制度用以调整社会关系,必然需要随着社会关系的发展变化及时更新调整。与此同时,法律应是社会进步的保障机制而不应阻碍社会进步或设置各种障碍性因素延缓社会发展。在关联企业成为市场经济最主要参与者的当下,应承认该种组织形式的规模经济效应并正视其可能带来的相关问题,其中关联企业用工引发的劳动者权益保护问题不可忽视。在此基础上,通过省思传统理论用以制度创设或制度优化,如此才是正确的选择。

为厘清关联企业的本质属性,公司法学者穷极学理考察创设企业主体理论以加深对关联企业性质的认识。结合上文分析,针对关联企业本质属性的认识企业主体说应是对法人格独立说的适用补充,能够有效保护外部第三人的利益,较具合理性。劳动立法以保护劳动者权益为根本宗旨,相关制度的设计和优化必然从保护弱势劳动者立场出发。是以,引入企业主体理论明晰关联企业在劳动法上的

用人单位地位和构成,应是澄清重新签订劳动合同法律性质的前提条件。在企业主体说下,通过考量关联企业的"公司事实"和"企业事实",若相符应赋予关联企业整体具有用人单位主体资格。经过判断,若不相符,关联企业整体不具有用人单位资格。在关联企业整体具有用工主体资格的情形下,基于个别劳动关系实质内容方面的联系应视为关联企业整体与劳动者建立有劳动关系。此种情况下,关联企业内仅存在一个单一且统一的劳动关系,劳动关系双方主体分别为劳动者和关联企业整体,各成员企业居于劳动关系中用人单位一方主体地位。个别劳动者与关联企业各成员企业轮流订立的劳动合同并不会导致原有劳动关系的变更,关联企业内的劳动关系自始唯一。从性质上界定,个别劳动者与关联企业轮流订立劳动合同的行为应视为对原有劳动合同的一种续签行为。在此情形下,应具体包含合同内容变更和不变更两种续签类型,准用现有劳动合同制度调整即可。若关联企业整体不具有用人单位资格,个别劳动者只能选择关联企业内一家成员企业建立劳动关系或先后与关联企业的不同成员企业建立劳动关系。此种情况下,个别劳动者与关联企业内不同成员企业轮流签订的劳动合同应包含续签和重签两种法律性质。在用人单位企业以劳务给付让与形式将个别劳动者调往关联企业其他成员企业处工作的情形下原有劳动关系并不因此而改变,关联企业内的实际用工单位与该名劳动者签订的劳动合同应视为对原有劳动合同内容变更的一种续签行为。若个别劳动者被调往关联企业其他成员企业处工作导致一种新劳动关系的建立,该名劳动者与用工单位签订的劳动合同应视为劳动合同的重新签订。此时,在先用人单位与该名劳动者的原有劳动关系终结,关联企业内劳动者的在后用工单位与该名劳动者重新签订劳动合同明确彼此间的权利和义务。在此情形下,为防止关联企业利用劳动合同的重新签订损害劳动者利益的行为发生,应对新劳动合同的内容予以全面审查。若新旧劳动合同内容具有高度相似性,有关该名劳动者的工作地点、工作内容等劳动关系具体内容方面基本一致,应肯定关联企业和劳动者重签劳动合同行为具有违法之处。此时,个别劳动者与关联企业的成员企业轮流订立劳动合同的行为仍应以劳动合同的续签对待。在此背景下,基于关联企业各成员企业与劳动者轮流订立的劳动合同被视为劳动合同的一种续签行为,应连续计算该名劳动者签订劳动合同的次数,适用劳动法上有关无固定期限劳动合同的法律规定对劳动者提供有效的法律保护。[①]

劳动法上劳动合同是劳动者与用人单位双方主体建立劳动关系的书面证据，用人单位负有和劳动者签订劳动合同的义务。而劳动关系具有继续性的特征，亦即在相当长的一段时间内会持续存在。受制于社会环境的变化，长远观察劳动关系表现为一种动态的发展过程。因此，很难从一开始即能对日后随时变化的劳动关系作出准确的事前预判。基于此，对劳动合同的履行和变更、解除和终止应置于当时存在的社会条件下予以具体考量，而不应该简单机械适用劳资双方事前的约定规则。与此同时，基于劳资双方经济力量上的不对等性，形式上"意思自治"缔结的劳动合同并不能完全体现弱势劳动者一方的真实意志，显失公平或意思表示不真实随时存在。据此，应摒除我国立法和司法上唯劳动合同文本至上的固化思维，重点关注劳动合同的对确认劳动关系的证据效力而弱化其权利属性。通过分析关联企业内劳资双方的实质地位、劳动合同的缔结目的、关联企业的经济现实情况和劳动关系的现实归属等因素，对关联企业轮流与劳动者订立劳动合同行为的法律性质予以实质判断。如此，方能有效规制关联企业混同用工安排时利用多次签订劳动合同不当损害劳动者利益的行为频繁发生。

从立法本意考察，创设劳动合同制度的基本目的在于维持劳动关系的稳定，保护劳动者利益不至于遭受用人单位企业的过多损害。实际上，劳动法上有关劳动者保护的制度设计也主要围绕劳动合同展开，其重要性不言而喻。关联企业实际用工情形下，劳动者和成员企业先后签订劳动合同行为实属常态，而对该种行为的法律定性关乎个别劳动者的切身利益。从上文分析可知，关联企业的成员企业与个别劳动者轮流订立劳动合同行为涉及重新签订劳动合同和续签劳动合同两类，由之引发的法律效果需具体分析。除此之外，制度设计应更多体现劳动合同的证据效力而弱化其权利属性，以防唯劳动合同文本至上的负外部性凸显。

三、关联企业规章制度的适用效力廓清

规章制度是用人单位行使指挥命令权的集中体现，由企业经营自主权派生。符合法定条件和程序的规章制度对劳资双方均具有约束力，用人单位借其对劳动过程施加管理，而劳动者也可借规章制度夯实自身权利。正是由于规章制度所具

---

① 参见《劳动合同法》第 14 条。

备的上述功能,寄托着劳资双方的共同价值期许,因而实有必要就关联企业规章制度的效力予以廓清。

（一）规章制度性质的重新审视

用人单位规章制度,也称工作规则、就业规则,是指用人单位依法制定并在本单位实施的组织劳动和进行劳动管理的规则。[①]　规章制度是用人单位行使用工自主权的主要体现,与此同时,劳动者也可以通过参与制定或修改规章制度实现民主管理的需求。一直以来,对规章制度的性质认识争议不断。[②]　其中,得到普遍认同的观点主要包含三种理论学说所持的主张:修正法规说、定型化契约说和集体合意说。[③]

我国立法上对规章制度的制定、修改和决定事项作出了明确规定,并就规章制度的生效要件予以明确。依现有立法规定,原则上用人单位享有单方制定或修改规章制度的权限,在关涉劳动者切身利益的重大事项上应听取职工代表或工会的意见并与之平等协商确定。与此同时,用人单位负有公示或告知劳动者的义务。[④]　"修正法规说"认为用人单位可单方片面制定规章制度,无须征得劳动者同意规章制度即具有效力。但是,为保护弱势劳动者利益所需,对规章制度的适用效力应以既得权、合理劳动条件或诚信原则加以限制。[⑤]　基于此,我国劳动立法上对规章制度的法律性质采修正法规说。也就是说,原则上用人单位企业享有单方片面制定规章制度的权力,且规章制度的制定无须征得劳动者一方同意。但从维护劳动者利益角度出发,用人单位企业制定出的规章制度其适用效力受既得权、法定劳动条件和不利益禁止等条件的制约。最高人民法院《关于审理劳动争议案件适用法律若干问题的解释》明确表明:依民主程序制定、符合法律法规和政

---

① 王全兴著:《劳动法》(第三版),229 页,北京,法律出版社,2008。

② "传统上,规章制度的法律性质主要包含如下几种学说:契约说、法规说、集体合意说和二分说。"参见杨通轩:《工作规则法律性质之探讨》,载我国台湾地区"劳动法学会"编:《劳动法裁判选辑(三)》,82～86页,台北,元照出版公司,2000。

③ "修正法规说,认为雇主可单方片面制定规章制度,无须征得劳工同意即生效力。但为保护劳工利益所需,另以既得权、合理劳动条件或诚信原则加以限制。定型化契约说,认为规章制度实际上是雇主为统一劳动条件和服务规则所制定的,实属劳资间合意之事实上习惯,因此无须征得劳工同意,只要报请主管机关核备,雇主方制定的规章制度即生效力。集体合意说,认为雇主单方片面制定的规章制度应征得劳工同意,始能生效。"参见林更盛:《工作规则须否得到劳工同意方能生效》,载《月旦法学教室》,2014(143)。

④ 参见《劳动法》第 4 条、《劳动合同法》第 4 条。

⑤ 参见林更盛:《工作规则须否得到劳工同意方能生效》,载《月旦法学教室》,2014(143)。

策、并向劳动者公示的规章制度可以作为我国劳动争议案件裁判时的依据。① 进一步表明,符合法定要件(实体和程序)的规章制度不仅具有调节劳资关系的自治功能,亦被赋予处理劳动争议案件的规范效力。基于此,规章制度和劳动合同、集体协议一起被视为劳动法律法规的渊源。遗憾的是,与劳动合同和集体协议相比,长期以来我国劳动法学者对规章制度的学理研究成果并不丰富。实践中,运用规章制度实现劳资自治的功能基本难以奏效。而与此同时,违反规章制度成为用人单位恣意解雇劳动者的经常性手段。因而,实有必要对我国劳动法上的规章制度予以重新规制路径思考,以促进规章制度引导劳资自治和规范作用的发挥。

在劳动关系中用人单位出于守法经营、诚信经营、公司利益优先、员工绝对忠诚、平等对待所有外部股东等价值目标的考量,往往要求劳动者服从管理按其要求为一些行为或不为一些行为。亦即为企业经营业务的持续开展,在劳动关系运行过程中用人单位对从属劳动者的行为有一定的价值期许。为便于从属劳动者一以贯之并普遍适用于旗下所有劳动者,用人单位通过制定规章制度将一些价值观念内容具体化为劳动者的行为准则,并要求劳动者严格遵守之。据此,用人单位制定的规章制度主要源于其自身价值观念和道德准则的具体化,且原则上应取得从属劳动者的认可。与此同时,劳资双方以劳动关系的健康有序发展为最终目的,合作互惠是劳资双方共同的利益期许。是以,劳动者和用人单位双方主体对劳动关系的持续运行都享有期待利益,并需要为此积极努力。在此背景下,在规章制度的制定或修改过程中尚需体现劳动者一方的价值期许,满足普遍劳动者的利益诉求。具体表现为认可劳动者参与决定规章制度内容的权限,并合理吸纳劳动者对规章制度修改和完善的建议。如此,方能保持劳动者对用人单位的绝对忠诚,为实现用人单位企业的经营效率持续努力工作。

综上所述,虽然我国劳动立法原则上规定用人单位享有单方制定规章制度的权限,但基于劳资双方合作互惠的共同价值期许,用人单位企业在制定或修改规章制度时应体现劳动者一方的利益需求。规章制度的制定和修改只有取得从属劳动者的价值认同并及时反映从属劳动者的利益诉求,方能真正意义上发挥规章制度引导劳资自治和行为规范的作用,实现劳资关系的和谐发展。

---

① 参见 2001 年最高人民法院《关于审理劳动争议案件适用法律若干问题的解释》第 19 条。

（二）关联企业规章制度的效力范围界定

依修正法规说,规章制度具有协调劳资关系发展的规范作用。是以,对用人单位企业适用规章制度对劳动者予以行为指导或惩处不当行为时,应事先取得劳动者的同意始得为之。否则,极易诱发用人单位一方主体为企业经营效率肆意行为损害从属劳动者利益的法律风险。现有立法规定,依民主程序制定符合法律法规和政策,并向劳动者公示的规章制度可以作为我国劳动争议案件裁判时的依据。[①] 基于此,我国劳动立法赋予规章制度调整劳动关系运行的软法功效。

企业间基于关联关系构成关联企业,各成员企业具有独立法人格。因而,各成员企业基于自身生产经营活动需要依法制定并业已生效的规章制度对旗下从属劳动者应具有适用效力,应无争议。实践中适用规章制度的争议主要集中于以下两点:第一点,各成员企业制定的规章制度能否适用于和其具有关联关系的其他成员企业的从属劳动者;第二点,以关联企业整体名义制定的规章制度其适用效力范围应如何界定。据此,关联企业适用规章制度对旗下劳动者施加管理并惩处不合格劳动者的大量现实与规章制度适用效力不清间的矛盾日益凸显,关联企业从属劳动者权益得不到保障,关联企业的劳资关系变得日益紧张。究其原因,对关联企业性质认识的缺陷是上述争议存在的关键问题所在。是以,对关联企业规章制度适用效力范围的界定应首先厘清关联企业的本质属性。在承认各成员企业独立法人格的基础上,重点就关联企业整体的法律性质予以澄清,明晰其劳动法上的主体地位。依企业主体说,若关联企业的"公司事实"与"企业事实"相符,关联企业于对外关系上被视为单一实体对待,具有用工主体资格。在关联企业整体具有用人单位资格情形下,若关联企业整体与劳动者建立劳动关系,各具有关联关系的成员企业共同作为劳动者的用人单位对待。关联企业共享人事、劳动关系统一管理和控制,实属关联企业参与经济活动之必然。此种情况下,依修正法规说应承认关联企业的规章制度已事先取得了劳动者的同意,理应具有溯及力。据此,应认可合法且依法定程序制定的关联企业规章制度对旗下所有成员企业的从属劳动者均有适用的效力。依企业主体说,若关联企业的"公司事实"与"企业事实"不相符合,关联企业于对外关系上不具有单一实体地位。此种情形下,关联企业整体不具有用人单位资格,关联企业内没有建立并形成一个单一且

[①]　参见 2001 年最高人民法院《关于审理劳动争议案件适用法律若干问题的解释》第 19 条。

统一的劳动关系。或基于上述经济分析,关联企业虽具有用人单位资格但关联企业整体没有与劳动者建立一个单一且统一的劳动关系。在上述两种情形下,关联企业整体的规章制度难以适用于关联企业的各成员企业旗下的劳动者,不具有适用效力。此种情况下,依修正法规说关联企业的规章制度并没有事先取得劳动者的同意,不具备规章制度适用所需的实体要件和程序要件。因而,与劳动者建立劳动关系的关联企业成员企业只能以自身合法且依法定程序制定的规章制度对从属劳动者施以管理,不能援引其他成员企业的规章制度管理劳动者,关联企业制定适用于所有成员企业的规章制度因缺少劳动法主体资格并不能当然适用于成员企业的从属劳动者,否则即为违法。

除此之外,用人单位规章制度适用效力的探究必须以合法有效劳动关系的真实存在为前提。在劳动关系得不到有效证实的情况下,用人单位的规章制度对从属劳动者并不具有适用效力。基于此,关联企业内具有控制权限的母公司制定的规章制度,并不能当然的适用于与其没有劳动关系的子公司的劳动者,子公司也不能援引母公司规章制度解除其与从属劳动者间的劳动关系。与此同时,在平行关联企业类型下,一成员企业依法制定的规章制度只能适用于与其具有劳动关系的从属劳动者,而不能在与其具有关联关系的用人单位成员企业和该成员企业的从属劳动者间发生适用效力。

综上所述,符合法定条件和程序的规章制度具有协调劳动关系运行的自治功效,积极意义明显。应认可关联企业运用规章制度管理旗下劳动者协调关联企业劳动关系运行的软法效能,更需要对关联企业规章制度的适用效力予以法律澄清以杜绝关联企业不当利用规章制度损害旗下劳动者利益的行为发生。其中,用人单位适用规章制度管理旗下劳动者必然以劳动关系的有效存在为前提条件,亦为规章制度生效的必备要件。是以,对关联企业混同用工安排下其规章制度适用效力的界定必然首先判断关联企业劳动关系的归属。而对关联企业劳动关系归属的具体判断应考量关联企业的本质属性,此为首要基础。如此,认定关联企业从属劳动者劳动关系的归属方能明晰关联企业规章制度的适用效力范围,真正意义上发挥规章制度协调关联企业劳动关系运行的功效,保障关联企业从属劳动者的合法权益。

同关联企业规章制度的适用效力一样,符合法定条件的服务期和竞业禁止协议亦能够适用于整个关联企业,但必须以关联企业统一劳动关系的有效存在为前提条件。有关服务期和竞业禁止协议的法定要件，可具体参考我国现有劳动立法规定的相关内容。[①]

四、劳动条件保护

除却上述对关联企业的各成员企业与劳动者轮流签订劳动合同的性质界定和关联企业规章制度适用效力范围的廓清外，对关联企业混同用工规制的核心在于对劳动者劳动条件方面内容的保护，目的在于保证从属劳动者在关联企业内均等待遇的落实。其中，有关方面的劳动基准条件保护应以工龄连续计算、工作时间的合并计算和最低工资标准保护最为关键。

（一）工龄应予连续计算

在关联企业混同用工安排下，运用经济分析方法对关联企业性质予以法律界定。若关联企业整体具有用人单位主体资格，从属劳动者被与用人单位具有关联关系的成员企业交替变换用工时，基于劳动关系方面的联系应视为关联企业整体与劳动者建立有劳动关系。此种情况下，连续计算劳动者在关联企业内不同用工单位处的工龄，应无疑义。

若关联企业整体不具有用人单位资格，从属劳动者在关联企业内不同用工单位处工作的工龄能否连续计算，尚有疑虑。笔者认为，此种情况下的劳动者工龄亦应连续计算。之所以做出这样判断的理由是，基于关联企业交替变换劳动者用工单位的事实，关联企业整体实际上对劳动关系行使相当程度的控制或影响。关联企业整体或关联企业内具有控制地位的成员企业事实上如劳动者用人单位企业的董事般对该成员企业的劳动用工予以控制并管理，介入该企业与其劳动者的劳动关系中。此种情况下，应视为关联企业整体与劳动者间已建立事实上的劳动关系。基于最大化保护弱势劳动者利益原则的考量，事实劳动关系中的劳动者应与正常劳动关系予以同等保护，劳动者被关联企业交替变换用工单位时的工龄应合并计算。其实，关于此问题我国劳动立法已有劳动者工龄连续计算的明确规定。依劳动法规定，劳动者与用人单位及其关联企业轮流订立劳动合同的，其计算经济补偿金或赔偿金的工作年限时应合并计算。[②] 基于此，连续计算关联企业

---

① 参见《劳动合同法》第 22 条、第 23 条、第 24 条，《劳动合同法实施条例》第 16 条、第 17 条和《最高人民法院关于审理劳动争议案件适用法律若干问题的解释（四）》第 6～10 条。

② 参见《最高人民法院关于审理劳动争议案件适用法律若干问题的解释（四）》第 5 条。

中的劳动者工龄,应无疑义。

(二)工作时间应合并计算

工作时间,是指劳动者为履行劳动义务,在法定限度内应当从事劳动或工作的时间。[①] 我国实行严格的标准工作时间制,每日工作不超过 8 小时,每周工作不超过 40 小时。[②] 劳动法上有关工作时间的规定,是关乎劳动者切身利益的基本事项。

在关联企业混同用工安排下,对劳动者工作时间的准确界定是实现劳动者权益维护的基础条件。基于企业主体说的观点,劳动者在与用人单位具有关联关系的成员企业间被交替变换用工单位时,因关联企业整体是否具有劳动法上的用人单位主体资格劳动关系的归属并不相同。若关联企业整体具有用人单位资格且关联企业以整体名义与劳动者签订劳动合同,或关联企业虽不以整体名义与劳动者签订劳动合同但经过判断各成员企业的劳动关系在内容上具有关联性,应认定关联企业整体与劳动者建立劳动关系。此种情况下,劳动者在关联企业不同成员企业处提供劳动应视为在同一用人单位内提供劳动,劳动者的工作时间应合并计算。若关联企业整体不具有用人单位资格,或关联企业整体虽然具有用人单位主体资格但并没有与旗下劳动者建立劳动关系或事实上不存在一个统一的劳动关系,应认定关联企业各成员企业分别与从属劳动者建立劳动关系对待。此种情况下,个别劳动者在关联企业不同成员企业处分别提供劳动不应视为同一用人单位内供给劳务对待,原则上劳动者在不同成员企业实际劳动的工作时间应分开计算。但是,若从属劳动者在关联企业不同成员企业处提供劳动的事实是基于关联企业整体的用工安排或关联企业内具有控制权限的成员企业决定的,应认定该名劳动者与关联企业整体已形成事实上的劳动关系。此时,从属劳动者在关联企业不同成员企业处交替提供劳动的工作时间亦应合并计算。与此同时,在上述合并计算劳动者在关联企业不同成员企业处工作时间的情形下,尚应整体考量个别劳动者在各成员企业的工作时间总数以衡量其是否符合劳动法上有关工作时间的保护基准。严防关联企业之间利用交替变换用工单位的形式规避劳动法上工作时间保护的法定基准限制,切实维护关联企业从属劳动者的利益。

---

① 王全兴:《劳动法》(第三版),269 页,北京,法律出版社,2008。
② 参见《国务院关于修改〈国务院关于职工工作时间的规定〉的决定》(1995 年)。

（三）最低工资保护基准的适用

在关联企业混同用工安排下,关联企业内任何一家成员企业都有可能实际上使用劳动者提供的劳动力。而与此同时,从属劳动者基于关联企业整体的用工安排,其有可能在关联企业不同成员企业处被交替用工。此种情况下,关联企业内从属劳动者个别劳动关系的最终归属不易判断。是以,劳动法上有关劳动者最低工资保护标准的适用,遇到了困境。除此之外,关联企业基于逃避或减损劳动法上有关劳动者最低工资保护标准适用的用人单位义务和违法责任,将劳动者调往关联企业内工资保护标准较低的成员企业处工作的情形亦为常见。此种情况下,劳动者的最低工资保护标准具体应如何适用,在关联企业混同用工时必须明确。

依循企业主体说之基本观点对此问题应予以具体分析。若关联企业各成员企业分别与从属劳动者建立劳动关系且规范运行,此种情况下适用于劳动者的最低工资保护标准应以关联企业内从属劳动者的用人单位企业所在地的最低工资保护标准为准,作为用人单位的成员企业分别对待。若关联企业内形成一个单一且统一的劳动关系且关联企业整体视为劳动者的用人单位对待,关联企业的所有成员企业实际上共享劳动者用人单位的身份和地位。此种情况下,原则上应适用劳动者实际用工单位所在地的最低工资保护标准。但从保护弱势劳动者立场出发,应允许在发生关联企业利用混同用工安排规避较高地区最低工资保护标准的适用时,予以合理调整以适用关联企业内其他成员企业所在地较高的最低工资保护标准,应为合理。总而言之,最低工资保护标准原则上应以与从属劳动者建立劳动关系的用人单位企业所在地的保护标准为适用基准。在发生关联企业利用混同用工规避特定地区较高劳动者最低工资保护标准的适用时,应以最有利于劳动者保护为原则对关联企业内个别劳动者的最低工资标准予以具体适用调整,以选择较高地区的工资保护标准为从属劳动者最低工资保护标准。如此,劳动者的均等待遇始能得到保障。

综上所述,对关联企业混同用工的法律规制应以实现从属劳动者均等待遇为基本目的。有关均等待遇的落实涵盖劳动关系诸多方面,其中可能关涉劳动合同权益、规章制度适用效力和劳动基准条件保护等诸多内容。依现有劳动立法体例,劳动合同关乎劳动关系的建立和实际运行,劳动法调整劳动关系的相关制度设置也主要围绕劳动合同展开。与此同时,劳动者和用人单位双方主体具体权义配置亦是通过个别劳动合同协议约定。据此,现阶段劳动合同不仅是劳动法介入劳资领域调整劳动关系的主要依据,亦实际上起到规范劳动关系运行的软法功效。是以,明晰关联企业旗下从属劳动者的劳动合同权益是保护关联企业从属劳动者合法权益的首要基础。基于关联企业混同用工实际,成员企业与个别劳动者轮流订立劳动合同情形经常存在,实践中一度成为关联企业规避劳动法上劳动合同义务的惯常手段,达到其变相解雇劳动者和规避无固定期限劳动合同签订义务的违法目的。为保护弱势劳动者合法权益,对成员企业轮流与个别劳动者订立劳动合同行为性质予以具体分析,甄别续签与重新签订并予以不同规制路径考量。若界定为劳动合同的续签,应连续计算劳动合同的签订次数;若界定为劳动合同的重新签订,应重点审查新旧劳动合同内容间的关联性,严防关联企业混同用工安排下不当利用劳动合同的重新签订逃避相关劳动法义务。用人单位的规章制度,应视为企业行使用工自主权的主要体现,源于用人单位的指挥命令权。与此同时,符合法定条件和程序且经劳动者认可的规章制度应能够起到劳动关系自治的功效。从劳动关系建立和运行过程观察,维持劳动关系的和谐稳定应为劳资双方的共同需求,应是劳资双方未来期待利益的事前引导和行之有效的激励路径。实践中,关联企业规章制度的争议主要集中于关联企业扩大规章制度适用范围的选择偏好与规章制度适用效力不清间的矛盾,引发劳资冲突加剧。据此,应结合关联企业本质属性的认识,明晰关联企业劳动关系归属以具体廓清关联企业规章制度的适用范围。是以,若关联企业旗下建立一个单一且统一的劳动关系,关联企业以整体名义制定且符合法定条件、程序的规章制度应对旗下所有成员企业均具有适用效力。否则,在关联企业整体不具有用工主体资格,关联企业事实上也没有建立一个单一且统一的劳动关系情形下,关联企业以整体名义制定的规章制度对成员企业的从属劳动者并没有适用效力。在此背景下,用人单位成员企业的规章制度只能适用于各自从属劳动者,对其他成员企业的从属劳动者不具有适用效力。工龄、工时和最低工资标准应为劳动关系最基本内容,关乎个别劳动者的切身利益。对个别劳动者工龄、工时和最低工资标准的法律规制,应是维护关联企业旗下劳动者合法权益的基本要求,也是落实关联企业混同用工安排下从属劳动者均等待遇的主要体现。考察关联企业混同用工安排下关联企业劳动关系的实质内容,劳动关系集中管理和控制居于常态或相互交叉。从保护弱势劳动者立场出发,被关联企业交替变化用工单位的个别劳动者的工龄应连续计算,在各实际用工单位企业处的工时也应该连续计算且需合并计算工时总数予以最高工时保护。与此同时,为杜绝关联企业利用混同用工逃避特定区域较高工资保护标准的适用,应允许具体适用调整以纠正关联企业该种违法行为并施以法律制裁。

关联企业参与用工加剧了从属劳动者权益受损的法律风险,对从属劳动者合法权益的保护不应沦为空谈,应具体从劳动合同权益、规章制度适用效力和劳动条件保护等具体内容方面保障关联企业劳动者均等待遇的实现。

第四节　关联企业用人单位主体变动的法律应对

一、用人单位主体变动的法律效果:以工作保障为核心

作为市场经济体制下最活跃的市场主体之一,关联企业基于经营活动需要出现"关、停、并、转、分"再平常不过。然而,原本属于市场主体的经济行为却因关联企业参与用工引发劳动者权益的变化。稍有处理不当,极有可能造成难以处理的局面。且易于引发和扩大劳资矛盾,影响劳资关系的和谐稳定。据此,需要廓清关联企业用人单位主体变动的表现方式,分析其可能引发的法律后果,并须进一步探究规制的合理路径。

(一)用人单位主体变动与劳动关系承继

用人单位主体发生变动后原有劳动关系如何处理,一直以来是理论界和实务部门比较困惑的问题。2008 年《劳动合同法》颁布,明确规定在用人发生合并或者分立等情况下原有劳动合同继续有效,劳动关系上的权利和义务由新主体代旧主体继续履行。[①] 自此,我国立法明确引入用人单位主体变动后劳动关系的法定承继模式。劳动立法寄希望于劳动关系承继制度的设置,对用人单位因自身原因引发的企业主体变动后的劳动关系予以延续,以此保障劳动者利益不至于遭受承受不能的不利益减损。遗憾的是,自 2008 年确认该制度至今,劳动关系承继制度在实践中的制度时效相当有效。其维护弱势劳动者利益的作用并没有真正意义上得到体现,具体适用中问题颇多。而这其中,最为核心的症结在于对引发劳动关系承继的具体诱因认识不足和劳动者异议权缺乏规范。

首先,对引发劳动关系承继的用人单位主体变动形式认识不足。依现有劳动

---

① 参见《劳动合同法》第 34 条。

立法规定,劳动关系承继的诱因包含用人单位企业的合并和分立等情形,但对于合并、分立之外用人单位变动的具体类型立法并没有明确阐述。实践中,受制于成文法的文本桎梏,法条列举的不全面极大地限缩了该条款的适用空间。传统上,企业主体变动的形式有很多种,除合并、分立外尚包含股权转让、资产收购、破产重整和营业转让等具体情形。对于除合并、分立外的其他类型的用人单位企业主体变动形式,其能否引发劳动关系的承继尚需要具体分析。

在此问题上,域外国家和地区的立法实践经验值得我国借鉴。欧盟法上有关劳动关系承继的立法源于其关于经济方面的考量,旨在借用雇员权利的保障促进共同体内企业重组的顺利进行以维持企业参与经济活动的竞争力和效率。与此同时,通过减少企业变动行为引发的不利后果,有效维护雇员权益,最终实现其经济政策和社会政策的双重目标。[1] 有关方面的规定主要见于欧盟委员会 2001 年通过的关于企业转让或部分转让后雇员权利保护的第 2001/23 号指令(Directive 2001/23/EC)。该指令明确规定,企业转让开始后,受雇于转让方雇员的权利和义务自动地移转于受让人承担。[2] 为进一步帮助成员国适用,指令对何为"转让"亦予以明确界定。依指令第 1/1(b)条内容,转让是指保留其身份的经济实体的转让,即以追求经济活动为目标的有组织的资源群体的转让,不论该活动是重要的还是辅助性的。[3] 与此同时,欧盟法院在相关案例的探讨中亦发展出更为清晰的判断标准以用来认定是否构成指令中所规定的"转让"。指出是否构成指令中"转让"的决定性标准在于:正在讨论的企业与它在转让后已开始营业的企业是否保持相同的身份。[4] 即以"经济实体和营业关系"作为判断用人单位主体变动能否引发劳动关系承继的核心判断标准对待。德国法上,对企业转让所能引发的劳动关系后果在相当长时间内被广泛讨论。其 1972 年通过的《民法典》第 613(a)条明确规定:企业或企业的部分因法律行为被转让于另一所有权人拥有时,该新的所有权人即参加到自转让之时成立的劳动关系上的权利和义务中来。[5] 在"转

---

① [英]凯瑟琳·巴纳德著:《欧盟劳动法》(第二版),付欣译,480 页,北京,中国法制出版社,2005。

② Council Directive 2001/23/EC of 12 March 2001 on the approximation of the laws of the Member States relating to the safeguarding of employees' rights in the event of transfers of undertakings, businesses or parts of undertakings or businesses.

③ Article 1/1(b) Directive 2001/23/EC.

④ [英]凯瑟琳·巴纳德著:《欧盟劳动法》(第二版),付欣译,497 页,北京,中国法制出版社,2005。

⑤ 参见《德国民法典》第 613(a)条。

让"的具体界定上,联邦法院明确承认援引欧盟法院的上述判断标准,以体现其作为欧盟成员国促进欧盟指令得到统一适用的义务。域外有关"转让"的判断标准对我国劳动关系承继具体诱因的判断,具有良好的借鉴意义。

具体到我国,对不同类型下的用人单位主体变动能否引发劳动关系承继的判断应借鉴"经济实体和营业关系"标准予以具体分析。亦即,若企业的经济实体发生转移或部分转移但保留转移前相似的营业关系,则劳动关系应予承继。反之,并不必然引发劳动关系的承继。基于此,可以对上述不同变动形式下用人单位的主体变动后果予以判断。资产收购,是指一家企业以有偿对价的方式取得另一家企业全部或部分的资产。营业转让,是指通过签订合同将客观意义上企业的全部或部分财产作为一个有机体予以转让的活动。① 考察上述两种行为对用人单位企业的影响,在上述两种情形下用人单位企业的经济实体发生转移或部分转移但营业关系仍将会持续。符合上述判断标准的要求,因用人单位自身原因导致企业主体发生变动应认为能够引发劳动关系承继的法律效果。股权转让,是指公司股东依法将自己所持有的股份转让给他人,使他人成为公司股东的一种民事法律行为。② 此种情况下,只涉及股份持有人或企业投资人的变化,并不涉及用人单位企业经济实体的变动,因而不能作为劳动关系承继的诱因对待。针对股权转让,我国劳动立法上亦明确规定并不影响原有劳动合同的履行。③ 破产重整,是指对可能或已经发生破产原因但又有希望再生的债务人通过各方利害关系人的协商并借助法律强制性的介入,对债务人进行生产经营上的整顿和债权债务关系上的清理以摆脱财务困境并帮助其重获经营能力。在企业破产重整时,问题企业交由破产管理人管理而非移转于受让人,非为经济实体的变动,因而也不能引发劳动法上的劳动关系承继。

综上所述,我国劳动法上虽然做出了用人单位主体变动后劳动关系法定承继的制度安排,但对于引发劳动关系承继的用人单位主体变动的法律行为或事实列举的并不充分。是以,必须明确劳动关系承继的具体诱因除劳动法上规定的企业合并和分立外,尚包含资产收购和营业转让等其他具体类型。其中,判断的决定性标准在于对企业的"经济实体和营业关系"的具体甄别。亦即,若用人单位主体

---

① 参见蔡永明、张完连:《营业转让制度初探》,载《江南大学学报(人文社会科学版)》,2007(4)。
② 参见《公司法》第 72 条、第 138 条。
③ 参见《劳动合同法》第 33 条。

变动引发企业的经济实体发生转移或部分转移但保留转移前相似的营业关系,则劳动关系应予承继。反之,劳动关系不予承继。

其次,对劳动者的异议权以及异议权行使缺乏规范。劳动权属于宪法基本权,居于人权的范畴。[1] 作为一项基本权,劳动者有选择用人单位且拒绝为非自己选择的用人单位工作的自由。与此同时,劳动关系承继的法理渊源源于民法上的合同承受理论。在民法上,合同承受本就是对合同相对性原则的一种突破,在具体运用上需要取得相对人的同意始得为之,否则效力即存在瑕疵。[2] 基于此,作为劳动关系一方主体的劳动者在用人单位主体发生变动时应有权拒绝为新用人单位工作的权利和自由,即劳动者应有权拒绝劳动关系被承继的制度安排,此即为劳动者的异议权。

域外讨论用人单位主体变动引发劳动关系承继问题时,无疑都比较关注对劳动者异议权的设置与具体行使的规范。日本《劳动合同继承法》通过区分劳动者在被移转营业内的具体工作任务,对一定范围内的劳动者赋予其否定劳动关系被继承的权利。[3] 与此同时,在日本法院和学者的主流观点亦认为劳动者有权基于《民法典》第625条规定拒绝被转让。[4] 针对劳动关系承继中劳动者的异议权,考察域外国家和地区的立法实践,劳动关系承继中引入劳动者的异议权实为劳动者利益保护的题中之意,承认劳动者享有异议权应毫无异议。而重点应在于对劳动者异议权行使的合理性事由进行审查,以保障劳动者异议权的行使具有正当事由。

董保华教授认为,在用人单位主体发生变动的情况下原有劳动合同所确立的期限、岗位和工资等关乎劳动者切身利益的劳动合同基本事项上均不应发生变化,且劳动者的工龄应当连续计算。[5] 据此,笔者认为对劳动者异议权行使的正当事由审查应主要就劳动者可能遭受到的不利益程度而为分别判断。若劳动关系承继导致劳动者在工资、岗位和劳动合同期限等基本事项上遭受较承继之前不

---

① 参见《宪法》第42条。

② 参见《民法通则》第91条。

③ 刘小勇:《企业重组中劳动者保护问题研究》,载《中国资本市场法制论坛:金融危机背景下的企业社会责任高层次论坛论文集》,281页,中国资本市场法制论坛,2009。

④ 该条文规定:非经雇员同意,雇主不得将劳动合同中的权利转让给另一雇主。参见[日]荒木尚志著:《日本劳动法》(增订版),李坤刚、牛志奎译,110页,北京,北京大学出版社,2010。

⑤ 董保华:《劳动合同立法的争鸣与思考》,446页,上海,上海人民出版社,2011。

合理的过多损害,即应认定劳动者的异议权行使具有正当事由,应予认可。除此之外,若劳动关系承继仅引发劳动者原有劳动合同中有关福利、津贴等非劳动基本事项上的利益减损,劳动者异议权的行使应不具有正当事由,应不予认可。此种情况下,需要再次征询劳动者的个人意见。若劳动者仍不同意劳动关系被继承,应视为"客观情况发生重大变化,致使劳动合同无法履行"对待,应允许原用人单位与劳动者解除劳动关系但需要向劳动者支付经济补偿金。①

　　综上所述,法律在规制用人单位主体变动可能引发的劳动关系承继问题时应赋予劳动者异议权以维护劳动者的工作自由。与此同时,为防止劳动者不当行使异议权阻碍用人单位企业正常商业行为的开展,需要对劳动者异议权行使的合理性予以适当审查以保证其具有正当事由。除此之外,劳动关系承继中劳动者的异议权行使以劳动者的知情权为保障前提。因而,需要赋予新旧用人单位及时书面告知受影响的劳动者或劳动者所在工会全部信息的义务。包含但不限于以下事项:用人单位企业的变动协议、承继开始的时点、劳动者可能受到的影响和安置方案等。

(二)用人单位主体变动与劳动者的存续保障

　　从法律上理解,引发用人单位主体变动的法律行为或事实有很多种。以经济实体是否变动和营业关系是否持续为判断标准,对不同法律行为下用人单位企业的变动形式予以解读,其对劳动关系带来的影响并不相同。基于上述判断,只有用人单位企业主体的变动表现为经济实体发生变化且营业关系持续时,原有劳动关系才会被承继,如企业的合并、分立、资产收购等具体行为。除此之外,其他类型的用人单位主体变动并不必然引发原有劳动关系的法定承继。

　　从保护劳动者立场出发,对于非引发劳动关系承继的用人单位主体变动原则上应维持原有劳动关系的继续有效,保障劳动者的职业稳定,如股权收购情形。与此同时,对于劳动者基于正当事由行使异议权否定劳动关系被继承时,若原有用人单位企业的营业得以维系或部分维系,应赋予劳动者在原用人单位留任以继续工作的权利。劳动立法必须体现倾斜保护弱势劳动者的立法宗旨,赋予用人单位企业劳动者工作岗位的存续保障,保证劳动者的生产生活得以维系。但是,从关注事实的角度出发也应当承认用人单位主体变动可能给劳动者带来的工作机

---

① 参见《劳动合同法》第 40 条。

会丧失等诸多不利影响。如破产重整情形下,其中一种结果即为问题企业丧失恢复能力,企业最终被宣告破产或实体终遭解散。此种情况下,应准用劳动法上有关劳动合同终止的制度安排,原有劳动关系依法终止但需要向劳动者支付终止劳动合同的经济补偿金,以最大化减轻劳动者所将遭受到的不利益。[①]

总而言之,用人单位主体变动的形式有很多种且对劳动关系的影响也并不相同。但是,无论是劳动关系的承继、维系或最终终止,都必须以实现劳动者的存续保障为根本原则。劳动关系领域劳动者居于弱势地位,劳动立法必须以最大化实现弱势劳动者的利益保护为根本宗旨,尽可能将劳动者所能遭受的各种不利益风险降至最低。

二、关联企业内用人单位主体变动后的法律效果评判

在关联企业中,作为劳动关系一方主体的用人单位企业与其具有关联关系的其他成员企业在发生合并、分立、营业转让、资产收购或并购重组等企业主体变动的情形下,原有劳动关系如何处理成为关乎关联企业从属劳动者切身利益的重大事项。此种情况下,可能引发劳动关系的变更、承继或调职等不同的法律后果,实务中的用工争议更是不断。对该问题的处理,首先需要借鉴上述有关"经济实体和营业关系"标准对关联企业内用人单位主体变动的不同行为予以法律界定,以厘清其能否为引发劳动关系承继的诱因对待。经过判断,若关联企业内用人单位的主体变动导致企业经济实体转移且保持转移前相似的营业关系,应认可该种形式的用人单位主体变动能够作为劳动关系承继的诱因对待。在此基础上,依循企业主体理论通过综合企业标准对从属性标准的适用补充就关联企业内劳动关系的具体情况予以具体分析。

依循企业主体说的观点,通过考量关联企业的经济现实情况,关联企业整体的用人单位资格存有两种可能性。其一,经过判断关联企业应作为单一企业整体对待,享有单一法人格,赋予关联企业整体具有用人单位资格。其二,经过判断关联企业的"公司事实"与"企业事实"不相符,不能作为单一企业整体对待,关联企业整体不具有用人单位资格。在此背景下,对关联企业内从属劳动者的用人单位企业发生视为劳动关系承继诱因的主体变动情形时,如合并、分立或营业转让等。

---

① 参见《劳动合同法》第 43 条、第 46 条。

其可能引发的法律后果亦应具体分为两种情形分析：第一种情形，关联企业整体具有用人单位资格。此种情况下，作为劳动者用人单位的成员企业与关联企业的其他成员企业发生合并或分立等主体变动情形时，该种情况下的关联企业内的劳动关系具有联系性，从保护劳动者立场出发应视为劳动者与关联企业整体建立单一的劳动关系。劳动关系一方主体的用人单位形式上由关联企业整体取得，而事实上表现为关联企业的所有成员企业共享用人单位地位。在此背景下，关联企业内用人单位企业的主体变动并不会对关联企业整体的用人单位资格产生影响，关联企业整体与劳动者的原有劳动关系也并不因此而改变。但是，该种情形下的用人单位主体变动可能涉及劳动者工作地点和工作内容的变更，关乎劳动者被调职的法律风险。基于上述对关联企业调职问题的规制研究，此种情况下的用人单位调职应视为企业内调岗对待，是用人单位基于劳动者的概括合意行使指挥监督权的应有内涵。① 与此同时，为避免用人单位恣意调职损害劳动者利益，应就调职权行使的合理性予以审查。基于权利滥用禁止原则，通过考量用人单位调职行为的业务必要性和劳动者可能遭受到的不利益程度而为判断。② 第二种情形，关联企业整体不具有用人单位资格。此种情况下，关联企业内劳动者用人单位企业的主体变动应与单一企业下用人单位主体变动的表现形式一样，应采取相同的规制思路。准用现有劳动立法有关劳动合同承继的制度安排予以法律规制。③ 由新主体承继旧主体与劳动者间原有的劳动关系，履行原有劳动合同的义务且享有原有劳动合同规定的权利。与此同时，为切实保障受用人单位主体变动影响劳动者的利益，应赋予该部分劳动者异议权并需就其异议权具体行使予以合理性审查。

综上所述，应可以明确引发劳动关系承继的方式具体包含关联企业内劳动者用人单位企业与关联企业其他成员企业间的合并、分立、资产收购和营业转让等具体情形。其中，判断的决定性标准在于对上述法律行为发生时劳动者用人单位企业"经济实体是否发生转移和营业关系是否持续"的比较甄别。与此同时，基于

---

① 参见浙江省高级人民法院 2009 年《关于审理劳动争议案件若干问题的意见（试行）》第 42 条：用人单位调整劳动者工作岗位，一般应经劳动者同意。如没有变更劳动合同主要内容，或虽有变更但确属用人单位生产经营所必需，且对劳动者的报酬及其他劳动条件未作不利变更的，劳动者有服从安排的义务。

② 刘志鹏：《论企业内调职》，载我国台湾地区"劳动法学会"编：《劳动法裁判选辑（一）》，267 页，台北，元照出版公司，1999。

③ 参见《劳动合同法》第 34 条。

对关联企业整体用人单位资格的分析,关联企业内用人单位主体变动所能引发的法律效果并不相同。若关联企业整体具有用人单位资格且在关联企业内形成一个单一且统一的劳动关系时,上述不同法律行为下所引发的用人单位主体变动均不会对关联企业整体的劳动关系构成影响,原有劳动关系应予维持。在关联企业不具有整体用人单位资格的情形下,或关联企业整体虽具有用人单位主体资格但并未与旗下劳动者建立一个单一且统一的劳动关系,且在该上述两种情形下若关联企业内用人单位主体变动的法律行为被界定为引发劳动关系承继的诱因时,劳动关系应与承继。与之相反,上述两种情形下若关联企业内用人单位主体变动的法律行为不能作为劳动关系承继的诱因对待,在关联企业内劳动者的用人单位企业发生主体变动时原有劳动关系可能继续维持,如股权收购。除此之外,若关联企业内劳动者用人单位企业的主体变动直接导致原有用人单位企业实体的消亡,劳动关系应依法终止。

古语有云:"工欲善其事,必先利其器",可见工具选择对问题解决的重要性。我国是工人阶级领导的、以工农联盟为基础的人民民主专政的社会主义国家。广大劳动者群体代表着工人阶级,是社会主义国家的主人。劳动关系属于极其重要的一种社会关系,劳动关系的和谐稳定关乎社会发展全局,不可疏忽。党的十八届三中全会提出:"全面深化改革的总目标是完善和发展中国特色社会主义制度,推进国家治理体系和治理能力现代化"。实践表明,依法治国、建设社会主义法治国家是推进国家治理体系和治理能力现代化的必由之路。是故,劳动关系治理必然以法律手段调整为首选。

关联企业参与用工具有特殊性,引发关联企业劳动关系具有明显区别于传统工场社会下典型劳动关系的非典型特征。劳动法意义上的用工和非劳动法意义上用工并存、劳动者的招聘与使用分离居于常态、个别劳动者从属性不易判断、关联企业的用人单位地位和责任归属不明确、关联企业劳动关系分层属性明显,诱发关联企业从属劳动者权益受损的法律风险凸增。围绕着关联企业从属劳动者权益的保护,法律手段需要就关乎个别劳动者切身利益的关联企业调职问题、劳务派遣用工问题、混同用工问题和用人单位主体变动问题予以制度变革。从立法逻辑上言之,制度变革需回应旧有制度的不合理性并提供明确具体的改良路径,此为制度设计和选择的内在机理。考察关联企业引发劳动者权益受损风险的法律根源应源于传统劳动法的理论桎梏。马克思辩证唯物论认为:"物质决定意识,意识能够反作用于物质"。是以,应立基于我国当今劳动关系发展的现实样态,率先修正传统劳动法理论以指引具体制度构建。据此,源于域外理论沿革与实证经验架构出我国劳动法上引入"企业主体理论"补充从属性标准适用的理论证成路径。并进一步提出完善关联企业劳动关系的具体认定标准使其更具可操作性。简而言之,首先,依循企业主体说,考量关联企业的"公司事实"与"企业事实"是否相符以判断关联企业于对外关系上能否作为一个单一经济主体对待,享有整体用人单位主体资格。其次,借鉴综合企业标准实质分析关联企业旗下劳动关系关联情况及集合程度。最后,依循从属性标准判断关联企业内个别劳动关系的最终归属。徒法不足以自行,完善的配套制度设置是保障制度实效的必然路径。是以,关联企业的用人单位责任设置是关联企业劳动者权益保障的前提。基于文本和实证分析,明确关联企业的用人单位义务,合理分配各成员企业的用人单位责任,赋予各成员企业连带用人单位责任或部分成员企业的连带用人单位责任,符合责任设置的一般机理且较具现实意义。在此基础上,就关联企业引发劳动者权益保护问题展开对策研究乃具有说服力。如此,从理论证成到制度变革、从实体制度到程序保障、从义务重释到责任分配,紧紧围绕关联企业劳动者权益保护这一核心命题展开,较为完整地呈现了关联企业劳动者权益保护的实践路径,法律调整手段的工具价值应能得到彰显。

本 章 小 结

法律必然要面向社会实际生活,方显其价值。对关联企业劳动关系问题的研究,必然以实现关联企业从属劳动者利益的保护为最终目的。据此,在企业主体理论之基本观点指引下,就关联企业的劳动者权益保护问题予以分别对策应对探究。其中,主要涉及对关联企业的调职规制、对关联企业劳务派遣用工的规制、对关联企业混同用工的规制和关联企业内用人单位主体变动后的法律应对。

针对关联企业的调职,应结合前文对关联企业本质属性认识的理论分析,区分为企业外调职和企业内调职予以分别处理。其中主要从关联企业调职的合法性依据和合理性审查两方面予以具体规制思考。针对关联企业的劳务派遣用工,法律应予以全面禁止以防止具有关联关系的企业间利用劳务派遣用工方式损害从属劳动者利益的行为频发。针对关联企业的混同用工行为,立法不应全面禁止以适度维持企业正当的经营行为和合法的用工自主权。对于该问题的处理,应关注劳动者在关联企业内均等待遇的落实。就关联企业轮流与劳动者签订劳动合同的行为予以法律界定,以保障劳动者签订无固定期限劳动合同的合法权益。对关联企业规章制度、服务期和竞业禁止协议适用范围予以廓清,严防关联企业利用规章制度、服务期和竞业禁止协议对劳动者施以过度控制,损害关联企业旗下各成员企业从属劳动者的合法权益。与此同时,尚需要对关联企业混同用工安排下劳动者的劳动条件提供充分的法律保护,劳动者的工龄应合并计算、工作时间应连续计算和明确最低工资保护基准的适用。针对关联企业内用人单位主体变动后的法律应对,其核心在于对用人单位主体变动后关联企业内劳动关系的现实情况予以厘清,以实现劳动者的存续保障。首先,应结合"经济实体和营业关系"标准对引发用人单位主体变动的法律行为予以性质界定,以判断其能否作为劳动关系承继的具体诱因对待。其次,应依循企业主体说观点对关联企业内用人单位主体变动后引发劳动关系的情况予以具体分析,其中可能涉及原有劳动关系的继续维持、承继或依法终止三种不同情形。

实践中关联企业用工样态选择具有多样性,决定了对引发关联企业从属劳动者权益受损问题的处理不应独立对待,法律创设和完善制度对关联企业劳动关系的规制应联合考量。如此,方能促进关联企业参与用工情形下从属劳动者利益保护的有效实践。

第六章　关联企业劳动者权益保护的促进策略

本章在厘清国家干预劳动关系界限的基础上，首先提出应发挥劳资双方协约自治规范关联企业劳动关系运行的功效，主张应研究劳动力市场的培育和健全机制，积极引导劳资双方协约自治。其次提出应研究和提炼劳资领域的关系规则，构建关联企业劳动关系和谐发展的长效机制和环境土壤，为从属劳动者权益保护持续供力。

第一节　构建劳资双方协约自治的长效机制

市场是配置资源的场所，由众多元素构成市场的基本单元，劳动力市场是其中之一。在劳动力市场上，劳动力是最主要的构成，保障劳动力的自由流动和供给应是培育和发展劳动力市场的基本目标。促进劳动力和人才有序社会性流动，是经济持续健康发展的有力支撑，是实现人的全面发展的必然要求。为实现劳动力市场的运行秩序，应充分尊重市场规律，发挥供需关系调整劳动力市场的功能性作用。与此同时，要适时有效发挥政府功效以弥补市场失灵。要破除妨碍劳动力、人才社会性流动的体制机制弊端，要不断推进国家治理体系和治理能力的现代化建设，更好地推动制度效能创造劳动力流动机会，畅通流动渠道。

一、问题的缘起：市场失灵需要国家介入

市场对资源配置起决定性作用。理性经济人假设表明，市场上的经营者总是在寻找适合自己的员工用于同自身生产经营相匹配以创造出更大的价值。与此同时，劳动者也更加愿意在适合自身需求的用人单位处提供劳动，与其建立关系。

伴随着市场经济不断朝纵向发展,经济发展方式的变革带来传统产业结构的调整,经济新业态带来市场对高素质复合型人才的需求越来越增加。市场机制淘汰不合格劳动者,使这部分落后的、不思进取的人员不被雇佣,最终可能面临长期失业的风险。因而,市场自发的优胜劣汰机制能有效倒逼劳动者树立竞争意识,不断学习并提升技能。从这个角度来说,市场对高素质人才的需求有利于劳动者整体素质的提升,于劳动力市场发展而言积极意义明显。

市场调节劳动关系运行关涉经营者和劳动者双方主体的不同利益需求,主要通过协约手段实现自治。于经营者而言,为获取适合自己的劳动力经营者除却提供符合国家要求的劳动条件外,包含工作报酬,工时保护和安全保障等劳动基准。尚需要迎合劳动者更高层次需求营造良好的企业文化氛围和构建劳动者自我实现的长效机制,如体面劳动。于劳动者而言,为得到经营者青睐获取工作机会或持续雇佣,个别劳动者需要积极投身学习、不断提高劳动技能以更好地匹配用人单位的用工需求。采此手段,个别劳动者能够成功向用人单位推销自己,提升劳动者个人商品在劳动力市场上的竞争力。与此同时,在劳动关系存续期间个别劳动者应会对用人单位尽到忠诚勤勉义务,保障经营者生产经营活动的顺利进行。据此,劳动力市场上在劳动力供给和需求相互作用下共同促进劳动力资源的合理配置,提升劳动力和用人单位生产资料的结合程度。市场配置资源决定了在劳动力市场上,作为劳动关系双方主体的劳动者和用人单位需不断提升各自优势,为成功缔结劳动关系或保持劳动关系的持续运行交换意见并协商自治。通过个别劳动合同和集体劳动合同劳资双方明确约定各自的权利和义务,只要按约履行劳动关系应能够朝着双方都满意的结果发展。

可是,市场调节机制会失灵。劳动力市场也是一种市场,是统筹配置劳动力资源的场所。理想状态而言,劳动者和用人单位双方能够在劳动力市场上自发有序地进行交易,一方提供劳动力而另一方支付劳动报酬。作为劳动力市场上最重要的两方主体,劳资双方均有议价能力且不受他方控制或左右。但是,劳动关系发展至今早已被证实,劳资双方地位并不平等,劳动关系具有从属性且表现为劳动者单方从属于用人单位。具体而言,劳动者对用人单位的从属性表现为人身从属性、经济从属性和组织从属性。劳动者相对于用人单位一方居于弱势地位,难以实质获得和行使与用人单位平等的议价能力,市场上劳资双方自发形成的关涉劳动力的交易机制实难以保证公平、公正。与此同时,市场固有的缺陷使市场调节机制具有盲目性、被动性和滞后性,易于造成劳动力市场竞争过度或限制竞争等无序问题,既不利于弱势劳动者权益的保护,也有可能造成对用人单位合法权益的不当损害。在廓清政府和市场关系基础上,正确认识到市场在资源配置中的决定性作用,应尊重劳资双方通过协约方式实现劳动关系的自治。在此基础上,在市场失灵领域应适时发挥政府统合劳动关系的调整功效,研究和完善劳动法制度,不断提升劳动法治理体系和治理能力的现代化以更好地引导和规范劳动关系的运行。

在市场调节劳动关系失灵领域,国家有形之手应及时进入,保障劳动力市场的秩序,维护个别劳动者合法权益。据此,为应对市场采劳资双方协约自治手段调节劳动关系的失灵问题,国家有形之手应适时介入。与此同时,为保障国家调节手段在劳动关系领域发挥作用,国家公权力介入干预劳动力市场运行应谨慎行使,有且仅可能在市场调节失灵领域才能进入。应重点从两个角度考察:一方面,国家应加大对劳动力市场的培育,保障劳动力的自由流动和配置。这里主要涉及以下问题:妥善处理好经济发展与社会政策之间的关系、发展职业服务事业促进就业、构建社会安全体系保障劳动力再生产和失业者救助。另一方面,国家应适时介入劳动关系领域,具体规范劳动关系的运行。主要涵盖以下问题:制定并适时修改劳动基准以保障从属劳动者基本权益、尊重劳动合同和集体合同的法律效力并引导劳资协约自治发挥作用、完善"义务—责任"体系及时惩处违法行为并予以法律制裁规范。

二、两种模式的比较:国家统合和协约自治

早期,自由资本主义时代的劳动关系以契约自由为原则,劳动条件和劳资事务的处理以劳动关系双方主体的协约合意自治。基于劳资双方经济力量上的差异,劳动关系的运行往往以牺牲弱势劳动者的利益为代价。在此过程中,劳动关系的协约自治实质上沦为强势资方的单独决定,劳动者并无任何讨价还价的能力。进入劳动契约时代,为缓解协约自治模式下的劳资矛盾和劳动者一方地位不平等性引发的保护困境,国家介入劳动关系领域统合劳资事务的管理。以劳动领域立法的颁布实施为标志,宣告单一协约自治模式的放弃而引入国家统合主义模式的劳动关系管理模式。协约自治模式以集体协商为核心形成劳动条件并处理有关劳资事务,而国家统合主义模式则主要以政府制定的劳动基准为劳动条件内

容并依此实现对劳资事务的管理。①

我国劳动法理论和实务呈现出与上述不同的路径,即经历了从单一国家统合主义模式到国家统合主义模式和协约自治模式共同作用的劳动关系处理模式。究其原因,受制于根本政治制度的差异,我国并没有劳资关系协约自治发展的社会背景。但是,伴随着我国市场经济体制的建设和逐步完善,国家统合主义模式下劳动关系运行停滞、生产效率低下的弊端日益显现。据此,国家有意识放弃对劳动关系的全面管理,赋予劳资双方协约自治的自由裁量权而仅于某些关乎劳动者切身利益的劳动关系事项通过立法予以规范,如最低劳动条件等基准事项。通过倾斜保护弱势劳动者的劳动立法,矫正劳资双方实质地位上的差异,尽可能保证劳资双方协约自治结果的公平公正。传统劳动法理论和实务正由单纯的协约自治模式向国家统合主义模式靠拢,而我国劳动关系的法律调整则由单一国家统合主义模式到引入协约自治模式二者共同发挥作用的独具中国特色的劳动关系法律调整模式。虽然各国劳动法理论和实务发展路径并不相同,但是结合国家统合主义和协约自治的复合劳动关系处理模式为各国劳动法发展的共同方向。

市场发展理论和实践经验表明,市场是配置资源的基础场所,市场调节是基础性调节手段。在理想的匀质状态下,市场调节能够自发应对和解决所有不利于市场发展的障碍性因素。但是,受制于多种因素制约市场主体并非都是匀质的,力量有强有弱。是以,理论变革们提出用国家调节手段辅助市场调节发挥作用,以应对市场的负外部性。劳资关系发展至今,进入劳动关系时代并以一种肉眼可见的轨迹朝向资讯时代发展。现阶段,劳动关系嵌入了劳动合同该种意思自治的契约精神,亦包含劳动者委以人身置于用人单位指挥监督下的从属性。在此背景下,单纯依赖劳资双方的意思自治决定劳务给付和工资对价支付实难保证劳动力市场的秩序,受"强资本、弱劳工"经济现实影响劳动关系发展并不均衡。是以,公权力介入矫正该种不平衡性具有现实必要性,通过劳动立法倾斜保护弱势劳动者合法权益应为最有效调节手段。考察劳动关系发展和治理历程,劳动立法主要以实现弱势劳动者合法权益为立法宗旨予以具体制度设计,体现国家调节劳动关系运行的工具成效。考察我国劳动立法和相关制度设计,国家统合主义立法模式仍然为我国劳动关系最主要规制路径。国家统合主义模式下,国家公权力介

---

① 黄越钦著:《劳动法新论》(第四版),91～94页,台北,翰芦图书出版有限公司,2012。

入劳动关系方方面面予以家长式思维管理,劳资双方协约自治并不发达。

劳动关系双方主体在劳动合同中具体约定的内容和条款,对双方当事人而言均应具有契约效力,双方应予遵守。劳动合同不仅具有证明劳动关系的证据效力,应能够起到规范劳动关系发展的软法功效。可是,国家有形之手介入劳动关系领域调节劳动关系运行往往只关注于对劳动关系"稳定"的价值追求,而忽略和谐劳动关系发展的环境营造和长效机制的培育。往往在发生影响劳动关系运行的具体问题后予以针对性解决,如此注重事后救济的制度安排难以起到事前预防的效果,且不利于营造稳定、公开、透明、安全、灵活和公平的劳动力市场体制。是以,国家有形之手应适时、适当介入调节劳动关系的运行,以应对市场调节失灵带来的劳动关系领域权义过度失衡问题。

三、创新治理机制:发挥国家统合和协约自治的双重功效

国家干预和协约自治是劳动法领域的永恒课题。围绕着从属劳动者合法权益的保护对关联企业劳动关系的有效治理应尊重国家统合主义调整劳动关系的基本现实,发挥劳资双方协约自治规范关联企业劳动关系运行的功效。

传统劳动法理论的发展经历了从协约自治到国家干预的轨迹,而我国劳动法律对劳动关系的规制从一开始单一的国家干预到慢慢引入劳资双方的协约自治模式。劳动法发展至今,单纯的国家统合主义模式或协约自治模式都将难以面对劳动关系的复杂情况,兼采国家干预和协约自治的复合模式是当代乃至未来劳动法发展的方向。据此,一方面,需要赋予劳资双方更多的自由自主权,以保证协约自治。另一方面,在承认劳资双方协约自治的同时亦需要设置考量要素对劳资协议治理劳动关系行为的具体行使予以限制。众所周知,劳动关系中的权利义务非常广泛。立法在做出概括规定之余,尚有相当一部分权利义务处于不确定状态。该种不确定性是由劳动关系的继续性、长期性和从属性所决定的。基于此,需要给予劳资双方一定的自由裁量权,积极引导双方主体通过协约自治的方式实现权利义务的逐步明确。在缔结劳动合同阶段,应赋予劳资双方选择缔约对象和明确缔约条款的自由。与此同时,在劳动关系运行过程中,劳资双方亦有权就劳动关系的实际情况予以协商变更劳动合同的某些条款,以调试彼此之间的权利和义务关系。另外,劳资双方亦可通过集体协商的方式签订集体协议规定彼此间的权利义务。劳动关系的动态复杂性要求法律赋予劳资双方协约自治的权利,借助于意

志合意实现劳动关系的良性发展。

劳动关系表现为一方为劳动者劳务给付和另一方为用人单位工资对价支付为基础的对价结构关系。其中,相较于传统民事雇佣关系中以劳动力为商品的传统认知不同,劳动力与劳动者个人须臾不可分割决定调整劳动关系应体现"以人为本"的治理思维。凸出劳动关系领域"人"的主体地位,且不应与商品对等。如在发生非基于劳资双方原因导致劳动者无法及时提供劳动力情形时,用人单位一方仍需向劳动者支付工资,即为劳动立法"以人为本"基本价值观念的贯彻。是以,国家有形之手介入劳资领域调整劳动关系运行应主要以保护劳动者权益为终极目标。与此同时,劳动合同关系是劳动关系的最本质特征,劳动关系领域具体权利义务设置也主要通过劳动合同或集体合同约定实现的。据此,契约精神嵌入劳动关系领域的基本现实应需要承认。在此基础上,应构建劳动者和用人单位协约自治的长效机制,发挥劳动关系契约治理的基本功效。

商业资本的集聚是市场经济发展的必然结果。在此过程中,不断扩大的组织结构是市场主体应对激烈市场竞争获得竞争效益的集中体现,关联企业为其中典型代表。关联企业参与用工带来劳动关系新的变化,传统劳务给付和工资对价一一对应的双务对价关系被多边关系所打破。关联企业劳动关系中,一方仍旧为弱势劳动者个体,另一方为众多经营者的联合。相较于传统工场社会下劳动者在单一用人单位的固定组织机构内基于固定工时和固定地点所给予的劳务给付而言,关联企业旗下劳动者所面对的用人单位为众多具有关联关系的用人单位企业的联合。劳动关系双方主体的用人单位一方实力愈加增强,而劳动者一方地位并未随之提高。如此,劳资双方的地位差距愈加拉大,劳动者境遇尤为堪忧。是以,对关联企业从属劳动者权益保护的研究尤为必要,制度设置在满足从属劳动者基本权益保护的基础上更需反映关联企业劳动关系的特殊性予以针对性变革,体现对关联企业从属劳动者合法利益诉求的认可。本书正是围绕关联企业劳动者权益保护为中心展开一系列研究,以关联企业引发劳动者保护相关问题为出发点,运用实证分析方法深度剖析该问题产生的原因。以此为前提,引入关联企业性质认识之企业主体理论予以劳动法适用的理论证成,并运用该理论通过界定关联企业的用工主体资格和劳动者从属性明晰关联企业劳动关系的复杂样态。随后,主要通过文本梳理方法介绍域外关联企业劳动关系处理规则并予以比较分析,做出我国劳动法实践借鉴"综合企业标准"补充从属性标准适用的法律移植考量。最终,架构出我国关联企业劳动关系的具体认定路径,并结合关联企业劳动关系"多边关系"的突出特征予以关联企业连带用人单位责任体系的制度变革尝试。在分析前述关联企业本源问题基础上,就实践中关联企业从属劳动者权益保护最突出问题予以针对性应对思考。一方面,本书所提炼示例属于实务中关联企业从属劳动者权益保护最重大关切,对该类问题的分析解决事关个从属劳动者切身利益,积极意义明显。另一方面,针对性分析该类问题亦是回归本文研究的出发点,有利于对前文研究成果的理论适格性和制度实效性予以成效检验,自有其内在机理。但是,囿于作者研究能力所限,文章论述仍显单薄,部分结论难掩草率之嫌。关联企业劳动者权益保护所涉问题庞杂,理论变革和适用证成耗时耗力,制度移植和嵌入程度仍需留待后续实践继续检验,特别是经济新业态不断冲击传统产业结构进一步引发关联企业劳动关系新的变化,带来关联企业劳动者保护新议题层出不穷。关联企业是市场经济发展的必然结果,是企业参与对外竞争获得竞争优势的集中体现。

在劳动力市场上,劳动者一方为劳动力供给方而用人单位一方为劳动力接受方,双方通过签订劳动合同实现劳务给付和工资对价的架构。基于劳资双方经济力量上的差距,劳资双方的议价能力并不对等,劳动力供给具有附和性。具体而言,该种附和性集中体现在劳动力市场上劳动者一方并没有能力和用人单位讨价还价,针对用人单位提出的条件只能选择接受或不接受。基于劳动力和人身须臾不可分割属性,劳动者出让劳动力的同时事实上其人身也委以用人单位指挥控制下,个人命运与劳务给付实现程度息息相关。劳动关系领域,劳动者从属于用人单位。特别是伴随着产业结构的调整和现代福利国家理念的深入,该种从属性发生一些变化。如,"互联网+"兴起带来劳动者工作方式的变化,工作地点可能不在固定,工作时间也变得灵活多样和更加自由。福利国家理念的深入带来劳动者较前期更为充分的职业保护,除基本工资外,劳动者谋生途径增多,对单一用人单位工资依赖性减弱。但是,该种劳动关系部分特征的变化,不能从根本上改变劳动者从属于用人单位的基本事实。

据此,对关联企业劳动关系运行的调整亦应充分尊重市场调节的基础性地位作用。于关联企业方而言,在提供劳动者符合国家要求的劳动条件外,为满足劳动者更高层次要求更需要构建劳动关系持续发展的长效机制。于关联企业从属劳动者而言,应不断学习积极提高劳动技能,为关联企业利益服务。从劳动力市场角度考量,个别劳动者在关联企业内合理流动不单允许而且应值得鼓励,因其可减少关联企业重新进入劳动力市场获取替代劳动力的选择成本。与此同时,也有利于缩减个别劳动者获取新工作的搜寻成本。此种情况下,也更有利于关联企业与旗下劳动者长期协作关系的建设,有利于劳动关系的和谐发展。关联企业和劳动者双方基于劳动合同明确约定彼此的权利和义务,双方通过契约方式协议治理劳动关系应是可取的。但是,劳动关系毕竟是一种非匀质的不平等关系,基于实力上的差距协约自治可能难以保障弱势劳动者一方的利益诉求。关联企业通过混同用工损害从属劳动者权益情形经常发生,采协约自治手段的市场调节失灵。是以,市场调节并不会在关联企业劳动关系所有领域都能起作用,应发挥国家调节之手规范关联企业劳动关系运行的保障作用。除却本文所涉及相关理论和制度变革尝试外,应重点明确市场采协约自治手段调节关联企业劳动关系运行的适用范围。具体而言,关联企业劳动关系领域哪些内容应适用协约自治?具体应如何适用?具体采何种方式和手段?程度应如何控制?应如何构建协约自治发挥作用的长效机制?如何协调国家统合劳动关系运行和劳资双方协约自治之间的关系?等等后续研究应予及时跟进。

第二节　挖掘关系规则提升治理成效

一、关系契约和关系规则

随着现代经济的发展,意思自治理论在古典契约法理论中的核心地位受到越来越多的质疑。一方面,国家有形之手的介入一定程度上打破了契约自由的古典契约法价值取向,传统意思自治理论难以有效解释行政强制执行等新类型的契约事实。[①] 另一方面,意思自治理论的固有价值缺陷难以应对现代经济的发展需求。一方主体利益的增加并不一定导致另一方主体利益的减少,契约双方的共同利益有可能是存在的,合作和共赢应是现代契约法理论发展的必然价值选择。在此背景下,关系契约理论作为对古典契约法理论的修正应运而生。

关系契约理论率先由美国学者麦克尼尔(Macneil)提出,其在《新社会契约

---

① 除行政强制执行外,尚包含格式条款、默示条款、推定条款和无过错补偿责任等与古典契约法理论中意思自治理论不相符的契约事实。

论:关于现代契约关系的探讨》一文中明确指出:"……契约的基础是社会。没有社会,契约过去不会发生,未来也不会产生。把契约同特定的社会割裂开来,就无法理解其功能"。① 主张,应将契约置于社会关系背景下加以解读,而不仅仅关注契约的合意。契约当事人间的关系,除却原始文件的条款外,彼此之间尚嵌入计划、信任和团结等关系因素。② 强调书面文件之外其他社会条款的重要性,这些社会条款可能通过当事人间的人际交往关系而发生。③ 是以,麦克尼尔首次将"关系"概念引入契约法中,给契约下了一个与古典契约法理论完全不同的定义。麦克尼尔认为,"契约必然具有面向未来交易的性质,从社会学的角度来看,契约不过是有关规划将来交换过程的当事人之间的各种关系。"④与此同时,对契约的规范应不再限定于实在法上的契约文本,而是将其纳入社会背景中予以社会化思考,通过发展社会规则补充实在法上的契约规制缺陷。具体而言,对契约的规范可分为两个层次:①契约的内在规范,即契约实践中产生的规范,是契约实践中的"活法";②契约的外在规范,即社会对契约的各种形式规范措施,代表是作为实在法的契约法。⑤

诚然,关系契约理论具有一定的局限性,其不可能对古典契约法理论予以完全颠覆后设立一套新的关系契约法规则。⑥ 但如果将麦克尼尔的关系契约理论作为一种新的契约解释规则和分析工具对待,对现代契约法理论发展积极意义明显,且能有效解决现代市场经济环境下契约复杂性带来的诸多新问题。这其中,尤以对劳动关系领域契约解释的工具运用最为广泛。

二、提炼劳资领域关系规则

结合上文对关系契约和关系规则的分析,为完善劳动法治理体系提升劳动法

①　[美]麦克尼尔:《新社会契约论:关于现代契约关系的探讨》,雷喜宁、潘勤译,1~2 页,北京,中国政法大学出版社,1994。

②　Symposium, "Relational Contract Theory: Unanswered Questions", 94Nw. U. L. Rev. 737 (2000).

③　James W. Fox, Jr, "Relational Contract Theory and Democratic Citizenship", 54 Case W. Res. L. Rev. 1,5(2003).

④　刘承韪:《论关系契约理论的困境》,载《私法》,2011(2)。

⑤　参见资琳:《契约的死亡与重生》,载《检察日报》,2005-09-17。

⑥　Melvin A. Eisenberg, "Why There Is No Law of Relational Contracts, in Northwestern University Law Review", 94(2000)821.

治理能力,可通过挖掘劳资领域关系性规则,培育劳动关系稳定、和谐发展的长效机制和环境土壤。

依现代劳动法理论,劳动关系相对于雇佣关系具有强烈的人身隶属性。在契约形式上,劳动契约表现出远胜于雇佣契约的"关系"因素。[①] 劳动契约为继续性契约,当事人所负之义务,如劳务提供和保护照顾等义务兼具人身性和继续性的特征,其结合关系较为紧密。[②] 在劳动关系中,除却非全日制劳动者外,劳动关系一般会持续一段时间且以无固定终止期限为常态。在劳动关系运行中,劳资双方主体均享有不同程度的自由裁量权以契合劳动关系稳健运营的需要。一方面,通过赋予劳动者一定程度的自由裁量权以保证劳务给付的合理提供;另一方面,用人单位享有较劳动者更为强烈的自由裁量权,通过行使指挥命令权维护经营利益的同时亦及时履行保护照顾劳动者的义务。

伴随着现代经济的发展劳动关系进入劳动契约时代,劳动者实现从奴隶社会的"劳动工具"到平等公民主体的身份嬗变。在劳动关系中,用人单位不再将劳动者作为"工具"对待,而是赋予其劳动契约主体地位,即劳动者本身即为劳动契约目的之一。基于此,劳资双方主体需共同维持劳动力的再生产,劳资双方主体在劳动关系中的合作非常普遍。一方面,用人单位通过合理的工作安排保障劳动者的职业安全和稳定。另一方面,劳动者工作满意度得到提升,能够激发自身的工作热情并提高劳动生产率以回报用人单位善意的工作安排。以上,应将劳动关系领域契约置于整个劳动关系建立和维系的社会背景下思考。分析影响劳动关系运行的各种事实因素以抽象出关系规则,并结合劳动契约的实在法规则实现对劳动关系的联动规制。对此,学者们研究认为劳动关系领域契约的关系规则根源主要涵盖以下内容:劳动者的心里契约、用人单位的公司信条和企业文化。[③]

劳动者的心里契约(The Psychological Contract),是指劳动者对存在于劳资

---

① 这里的劳动契约,即为劳动合同。为研究范畴统一,本小节中所使用"契约"概念与"合同"概念同一。

② 王泽鉴:《契约关系对第三人之保护效力》,载王泽鉴著:《民法学说与判例研究》(第二册),32 页,北京,中国政法大学出版社,1998。

③ Robert C. Bird, "Employment as a Relational Contract", 8 U. Pa. J. Lab. & Emp. L. 149.

双方间共同义务的主观感知。[①] 该种心里契约并非法律意义上的契约,其源于劳动者的自我内心感知。心理契约认为,劳动者基于自身的劳务给付对用人单位做出了相当程度的贡献,因而用人单位应有义务对劳动者予以互惠行为。[②] 公司信条(The Corporate Credo),是指通过用人单位组织发展的文件,在其中明确载明组织的价值观念和道德准则并希望劳动者严格遵守之。[③] 该种信条居于正式法律架构和非正式个人价值的"中间地带",通常表现为一种明确但一般性的行为规范标准,通过奖励服从行为和惩罚异常行为以促进与行为标准一致。[④] 企业文化(The Organizational Culture),是指在企业内部具有一致性的价值观念,能够影响劳动者的行为和价值观。企业文化相对于企业而言就像自然人的人格,代表了企业长期积累的哲学、信仰、价值、设想和规范。[⑤]

劳动关系领域契约是一种非常典型的关系契约,引入关系契约理论对劳动关系的运行予以规范,与劳动立法的基本理念相符。劳动关系是一种动态发展的关系共同体,远远超过了劳资双方通过劳动合同事前约定的权利和义务范围。在劳动关系运行过程中,劳资双方主体不仅存在"劳务给付"和"支付工资"等权利义务上的对等性。保护照顾劳动者和促进劳动生产效率亦是劳动关系持续运行的保障。据此,劳动关系本身即为契约存在之目的。基于未来劳动关系持续运行的目的考量,劳资双方期待合作。基于此,一方面,应通过国家公权介入就"意思自治"下的劳动关系领域契约予以契约法化,保障劳动关系基本事项的合法运行;另一方面,应重塑劳动关系领域契约背后"关系"的效力,赋予劳资双方自由裁量权以保证协约自治,期待劳资合作以实现劳动关系的稳定、可持续发展。是以,植根于中国社会传统挖掘我国劳资关系领域的关系性规则,对于未来中国劳动关系的健

---

① Jill Kickul & Scott W. Lester, "Broken Promises: Equity Sensitivity as a Moderator Between Psychological Contract Breach and Employee Attitudes and Behavior", 16 J. Bus. & Psychol. 191,192 (2001).

② Denise M. Rousseau, "Psychological and Implied Contracts in Organizations", 2 Emp. Resp. & Rts. J. 121(1989).

③ M. Schwartz, "The Nature of the Relationship Between Corporate Codes of Ethics and Behaviour", 32 J. Bus. Ethics 247,248(2001).

④ Earl A. Molander, "A Paradigm for Design, Promulgation and Enforcement of Ethical Codes", 6 J. Bus. Ethics 619,620(1987).

⑤ John W. Teague, Comment, "Does Corporate Culture Justify Defensive Measures to Takeover Attempts ", 42 Baylor L. Rev. 791,795(1990).

康发展和有效治理显得尤为必要。在这之中,需要全面整理和归纳劳动关系领域所涉相关重要影响因素并廓清该影响因素对劳动关系治理的积极作用及发挥作用的机理和方式,包含但不限于如下因素:规章制度、人际关系、工作报酬分配机制、工作环境条件、职务地位、安全保障、体面劳动、认可及成就感、自我实现的程度、管理者行为、生产经营规划等。

关联企业劳动关系具有区别于单一劳动关系的非典型特征,集中表现在关联企业劳动关系的多边供需结构关系特征。考量其原因,具有关联关系的企业联合构成关联企业,劳动关系分层属性明显。是以,对治理关联企业劳动关系的关系性规则梳理,除却包含上述普通劳动关系领域的相关因素外。尚应结合关联企业的特性,重点考量企业间的关联关系。具体而言,包含股权关系、投资关系、业务关系、财务关系、亲属关系、用工关系、人事关系等企业间多种利益关系。与此同时,任何人的自由都必须在法律允许的框架内进行。关系契约理论在赋予劳资双方协约自治管理劳动关系时,亦主张通过国家干预的方式实现对该种协约自治的限制。其实,劳动法领域仍有很多内容需要借助国家干预手段的行使方能达到既定效果。基于劳资双方经济力量上的差异,劳动立法予以倾斜保护劳动者。劳动立法明确规定了劳动合同的某些内容为必备条款,通过规定最低劳动条件标准保护劳动者基本利益需求,对用人单位解除劳动者的条件也予以限定。劳动关系具有继续性、长期性和隶属性等特点,基于协约自治的劳动合同或集体协议可能在缔约之初是公平的,但随着时间的推移和社会背景的变化,继续履行可能会对劳资双方造成损伤。

可见,用关系契约理论解释和引导劳动关系治理并不会排斥国家公权力介入劳动合同和集体协议予以实质审查。在具体审查内容上,不仅审查其缔约时是否公平合理,尚应审查其实际履行情况,实现劳动关系和谐发展为从属劳动者合法权益保护持续供力。

本 章 小 结

关联企业劳动关系呈新特点,给传统劳动法的适用带来挑战。前文在廓清关联企业性质的基础上,探究了关联企业的用人单位主体资格和关联企业劳动关系的归属,并廓清了关联企业违反劳动法义务时责任。在此基础上,就关联企业劳动者权益保护具体问题分别予以对策研究。上述研究主要是被动应对关联企业带来的劳动法挑战议题，为真正意义上贯彻劳动立法倾斜保护弱势劳动者立法宗旨，提升劳动法治理体系和治理能力的现代化，尚需要就关联企业劳动者权益保护的促进策略进一步研究，以巩固和发展研究成果。据此，需要从构建劳资协约自治的长效机制和挖掘劳资领域的关系规则两方面展开可持续研究。

市场在资源配置中起到决定性作用，劳动力市场依然。但是归结于劳资双方地位的不平等性、信息的不对称性和滞后性等市场固有缺陷，劳动力市场调节机制会失灵。为推动我国劳动关系的市场化、契约化和法治化进程，需要国家有形之手适时介入帮助建立健全劳动力市场。据此，传统劳资协约自治并不会在关联企业劳动关系所有领域都能起作用，应发挥国家调节之手规范关联企业劳动关系运行的保障作用。尊重国家统合主义调整劳动关系的基本现实，发挥劳资双方协约自治规范关联企业劳动关系运行的功效，且应重点明确市场采协约自治手段调节关联企业劳动关系运行的适用范围。

劳动关系具有继续性、长期性和隶属性等特点，基于协约自治的劳动合同或集体协议可能在缔约之初是公平的，但随着时间的推移和社会背景的变化，继续履行可能会对劳资双方均造成一定程度的损伤。基于此，用关系契约理论解释和引导劳动关系治理较具可行性，且能够为国家公权力介入劳动合同和集体协议提供新的规范思路。据此，应挖掘劳资领域关系性规则，构建劳动关系稳定、和谐发展的长效机制和环境土壤。

结　语

一直以来,对劳动法基本定位的争议未曾停歇。一部分人认为,劳动法过于关注劳动者的利益,从而忽视企业家的利益,保护程度明显失衡。另一部分人认为,劳动法并没有真正意义上起到保护从属劳动者的作用,而相反,在某些领域还可能使劳动者利益遭到更多的损害。[①]

显然地,不同人群基于自身所处立场不同对劳动法的定位并不一样。但必须明确,劳动法具有社会法属性,以关注弱势劳动者利益为基本价值取向。唯有坚持贯彻倾斜保护弱势劳动者合法权益为劳动立法根本宗旨,才能对我国现有劳动法上具体制度的设计有更清醒的认识,便于化解矛盾争议。遗憾的是,现有很多人对劳动法社会法属性的认识不够全面深入,而有关劳动法上具体制度的设计也难以实现对劳动者合法权益的有效保护。加之经济新业态背景下,企业经营形态和组织方式的多样化,雇佣样态和劳务给付方式的多元化,对现有劳动法的适用带来挑战。劳动关系发展日益动态复杂,劳动关系矛盾表现形式更为多样化。可以说,我国现有劳动法制在保护劳动者方面还有待完善,制度的缺失或缺陷引发从属劳动者利益受损风险不断扩大。研究和完善劳动法制度,提升劳动法制治理实效和能力,对推动经济高质量发展的同时提升人民群众获得感、幸福感和满意感的作用尤为凸显。

关联企业在形式上表现为一种复数企业间的联合,其参与劳动关系的过程即被认为是劳动者用人单位企业间的联合。此种情况下,使原本居于强势地位的用

---

① 参见《不同的解读〈劳动合同法〉再争议》,经济观察网,http://www.eeo.com.cn/2016/0312/284156.shtml,最后访问时间 2016 年 3 月 13 日。

人单位更加强势,而劳动者一方的境遇尤为堪忧,劳资力量上的失衡在所难免。在此背景下,从属劳动者权益受损的法律风险进一步提高,关联企业的劳动者保护问题日益凸显。基于此,实有必要就关联企业的劳动者保护问题予以系统研究规划对策。借鉴相关部门法成熟理论予以劳动法适用证成,用于指导具体制度变革以保护关联企业从属劳动者的合法权益,其最终目的在于实现劳动法真正意义上的公平正义。通过系统研究,本文主要得出以下结论:

结论一:关联企业和劳动关系的结合对劳动法保护弱势劳动者权益的制度设计提出了更高的要求,关联企业的劳动者保护问题日益凸显。首先,关联企业参与用工具有特殊性且具体用工样态多元化的选择比较复杂。基于样本分析,实践中关联企业用工惯常采用四种具体样态。第一种情形,关联企业的各成员企业分别招用员工,各成员企业分别管理自身的劳动事务维持各自劳动关系的独立运行。第二种情形,关联企业的各成员企业分别招用员工并与之建立劳动关系,但关联企业整体上存在一个统一的人力资源管理机构。第三种情形,关联企业的某成员企业雇佣员工,而后派遣至其他成员企业处工作。第四种情形,关联企业整体招聘员工且在关联企业内统一管理和配置劳动力,劳动关系集中控制和管理。总结来看,关联企业具体参与用工选择时劳动法意义上用工方式和非劳动法意义上用工方式并存且劳动者的招聘与使用分离居于常态,关联企业劳动关系分层属性尤为突出。是以,基于关联关系的存在关联企业内形成"跨法人格"的用工关系,关联企业的劳动关系比较混乱。其次,归因于传统劳动法的理论瑕疵,简单适用从属性标准难以实现对关联企业内复杂劳动关系归属的准确认定。从属性标准本身存在的理论瑕疵既有可能导致劳动法保护范围变窄,排除一些不符合法定形式要件的劳动关系的认定。也有可能促使劳动法保护范围变宽,将一些虽具有劳动关系表象的非劳动关系一定程度上也界定为劳动关系对待。如此,传统从属性理论下运用经济从属性标准和人身从属性标准对劳动关系的认定极有可能会出现左右为难的局面。除此之外,个别劳动关系在关联企业实际用工情形下相互交叉,彼此错乱,劳动者从属性归属不明确。最后,我国现有劳动立法并没有对关联企业的劳动关系予以全面规制,立法尤为缺失直接导致司法实践中此类用工争议的处理困惑。集中表现在关联企业劳动关系归属模糊,以及关联企业用人单位义务不明确和责任设置不合理两方面。具体而言,针对关联企业调职问题、劳务派遣用工问题、混同用工问题和用人单位主体变动问题,在关乎从属劳动者切身利益事项上缺乏明确制度规定或现有制度难以发挥作用。与此同时,司法实践中同一类型争议存在不同裁判结果的案例屡见不鲜,实难保证司法的权威性。据此,在上述因素的共同作用下关联企业实际参与用工安排时损害劳动者权益的情形经常发生,关联企业从属劳动者权利亟待保护。

结论二:关联企业实际参与用工安排情形下对劳动关系一方主体的用人单位身份认定和劳动关系的实际内容产生较大影响,对适用从属性标准认定劳动关系产生现实冲击。首先,关联企业对劳动关系主体的影响,主要表现为对我国劳动法上用人单位概念的认识不清。我国劳动法上用人单位概念应指劳动契约雇主概念,不包含功能性雇主概念。实践中唯劳动合同的文本思维强烈,简单以与劳动者签订劳动合同的相对方为劳动者的用人单位对待。归因于劳动法上用人单位概念的"合同相对性"痕迹过甚特征,在劳动合同不明确或存在多个劳动合同文本情形下劳动者的用人单位归属难以界定或易于混淆。基于此,关联企业实际参与用工安排下劳动者的用人单位难以准确识别。而引发问题的主要症结在于,对关联企业整体的用人单位资格和关联企业内设机构的用人单位资格存有疑虑。其次,关联企业对劳动关系内容方面的影响,关涉工资、工作时间和工作地点、劳务给付对象、劳动者解雇保护和职业安全保护以及集体劳动关系等方面内容。具体表现为:劳动者的工资构成和工资支付方式变得多元化导致适用最低工资保护标准愈加困难、劳动者被关联企业交替变化用工但计算工作时间存在争议且工时保护标准较难选择适用、劳动者被关联企业混同用工实际工作地点扩大、劳动者的劳务给付突破传统一一对应关系转而呈现出一对多的映射关系、传统解雇保护制度适用不能引发关联企业从属劳动者的职业安全风险。最后,关联企业适用从属性标准认定劳动关系的困惑集中体现在人身从属性和经济从属性两方面,表现为:一是关联企业对适用人身从属性标准的影响,表现为对用人单位指挥命令权行使的影响和对用人单位惩戒权行使的影响。关联企业参与用工情形下传统意义上的用人单位指挥命令权被稀释,直接导致指挥命令权行使主体不再唯一。与此同时,关联企业参与用工情形下劳动者名义用人单位、实际用工单位以及其他成员企业或居于控制地位的成员企业事实上都有可能对劳动者行使惩戒权,惩戒权作为劳动关系项下判断劳动者人身从属性的考量因素不再鲜明。二是关联企业对适用经济从属性标准的影响,表现为对用人单位工资支付的影响、劳动力再生产的影响和用人单位生产资料的影响。针对工资支付,个别劳动者收入构成的复杂性实际阻碍了劳动立法有关工资保护条款的具体适用,最低工资保护和实际工资保护变得愈加困难。以工资对价支付主体作为判断关联企业内劳动者经济从属性的考量因素变得愈加混乱,不再可行。关联企业实际用工安排情形下,劳动者在劳动力再生产方面对用人单位的经济依赖性出现了两极分化的趋势:一方面,劳动者对与其签订劳动合同的名义用人单位的经济依赖程度减弱;另一方面,劳动者对实际用工单位和关联企业整体的经济依赖性明显增强。对用人单位的生产资料依附性的影响,表现为关联企业具体用工情形下有能力吸收劳动力的生产资料不一定属于劳动者的名义用人单位所有,其可能被构成关联企业的其他实际用工主体所掌握。据此,寄希望于以生产资料的依附性判断劳动者的经济从属性,不再具体和明确。

结论三:劳动法上引入关联企业相关理论解决实际问题,具有可行性。基于对域外相关国家和地区实践经验的考量,提出应引入企业主体理论对关联企业的劳动关系问题予以法律规制。近年来,对关联企业的研究渐渐突破传统独立法人格的理论桎梏,转而关注关联企业整体的主体地位和对外责任能力以加深对关联企业本质属性的认识。传统关联企业理论认为各成员企业为具有独立法人格的实体,关联企业整体不具有实体资格。相关部门法上关联企业所涉法律关系具体调整制度的设置也主要围绕这一性质认识展开,仅在例外情形下得追索关联企业内控制公司责任且需要经过严格审查程序,此为通识。实践中,关联企业利用法人格独立理论下公司有限责任制度逃避法定义务,损害第三人利益情形易于显现但较难规制。针对于此,各有关国家或地区部门法研究者积极创新和证成关联企业相关理论以架构关联企业行为的法律规制路径。在此过程中,企业主体理论被提及且迅速成长得到域外诸多国家或地区的认可,用于指导实践。该理论之核心观点主张,应通过考量关联企业的"公司事实"与"企业事实"间关系,若二者相符,应承认关联企业对外关系上为具有单一经济主体地位的实体资格。该理论仅用于对关联企业性质认识的补充,各成员企业的独立法人格地位原则上仍应得到承认,但整体而言若关联企业事实上如单一企业般参与对外经济活动,应有能力以整体名义承担外部责任。是以,企业主体理论是对关联企业本质属性认识的补充,实为弥补传统法人格独立理论对关联企业性质认识的不足,较能合理诠释关联企业所涉"跨法人格关系"的理论证成。关联企业具体用工实践表明,关联企业所涉劳动关系具有"跨法人格"属性,个别劳动者在关联企业多元用工样态选择下可能和各具有独立法人格地位的成员企业先后或同时建立有劳动关系。据此,为保护从属劳动者合法权益,劳动法上引入企业主体理论用以指导关联企业劳动关系调整的制度变革,符合理论移植的基本逻辑且具有可行性。劳动法语境下企业主体理论的具体引入,应以认定关联企业参与用工情形下的用人单位主体资格为核心。据此,依循企业主体理论观点主要对关联企业整体的用人单位资格和关联企业内设机构的用人单位资格予以具体分析。结合上文对我国劳动法上用人单位概念强化认识的要求,满足条件的关联企业整体和关联企业内设机构应享有劳动法上的用人单位主体资格,有能力以整体名义与旗下从属劳动者建立单一且统一的劳动关系。如此通过企业主体理论的引入释义我国劳动法上的用人单位概念,符合当今世界扩大"雇主"外延的基本趋势,不仅利于现实问题的解决,而且彰显出劳动法学科发展的体系逻辑。

结论四:应借鉴"综合企业标准"补充从属性标准的适用,以具体认定关联企业劳动关系的最终归属。基于关联企业内个别劳动者从属性表现形式的复杂性,应更多关注关联企业内劳动关系内容方面的现实联系,就某些事实因素加以判断以具体认定关联企业参与用工情形下个别劳动者究竟从属于谁。其中,需要重点考量下列事实因素:生产资料由谁掌握、劳动者受用人单位的控制程度、报酬发放、劳务给付方式和种类、风险和利润分担情况、组织依赖性、保险缴费和福利提供等。实践中,关联企业具体用工样态的选择具有多样性且比较复杂,通过上述事实因素的判断对关联企业不同用工样态选择下个别劳动者的从属性应可以明确。首先,关联企业各成员分别招用员工并与之建立劳动关系。此种情况下,一个劳动者只从属于一个用人单位,即劳动者从属于与其签订劳动合同的关联企业的某成员企业。是以,在劳动关系存续期间劳动者自始至终只从属于该名义用人单位企业。其次,关联企业的某成员企业雇佣员工而后派遣至其他成员企业处工作。在关联企业招聘和使用分离情形下,依循关联企业的实际用工安排劳动者既可能表现为仅具有单一从属性也可能表现为具有多重从属性。个别劳动者与关联企业的某成员企业签订劳动合同,劳动者从属于该名义用人单位企业。而后基于名义用人单位的工作安排,劳动者被该名义用人单位企业安排到与其具有关联关系的关联企业的其他成员企业处工作,劳动者从属于该关联企业内的实际用工主体。若个别劳动者与名义用人单位的原有劳动关系依法变更或被新用人单位承继,则该名劳动者仅对变更后的关联企业的成员企业具有从属性。若劳动者的原有劳动关系得以维系,则其被派遣至关联企业的其他成员企业处工作的事实仅是名义用人单位对该名劳动者劳务给付请求权的部分让渡,此时劳动者对关联企业内的名义用人单位和实际用工主体均具有从属性。再次,关联企业的各成员企业分别招用员工,但关联企业整体存在一个统一的人力资源管理机构。形式上,个别劳动者仅从属于与其缔结劳动合同的名义用人单位,表现为具有单一从属性。但是,若依循企业主体说观点对该统一人力资源管理机构的法律属性进行分析后得出其具有劳动契约雇主身份或功能性雇主身份,那么其针对劳动者所做的工作安排即可视为代表关联企业整体利益为之,此种情况下劳动者亦可能表现为具有多重从属性。最后,关联企业整体招用员工且统一管理和配置劳动力,劳动关系集中控制和管理。此种情况下,应认为个别劳动者对所有成员企业均具有从属性。实际上,各成员企业以契约参加的形式加入到劳动关系之用人单位一方主体,关联企业各组成员联合构成劳动者的用人单位。以上,关联企业不同用工样态的选择引发旗下劳动者从属性归属不相同且易于混淆,关联企业内形成"跨法人格"的劳动关系且分层属性明显。

认定关联企业劳动关系的归属应结合关联企业用工实际予以具体分析。在具体认定路径上应采取以下三个步骤:首先,依循企业主体说,考量关联企业的"公司事实"与"企业事实"是否相符以判断关联企业于对外关系上能否作为一个单一经济主体对待,享有整体用人单位主体资格;其次,借鉴综合企业标准实质分析关联企业旗下劳动关系关联情况及集合程度;最后,依循从属性标准判断关联企业内个别劳动关系的最终归属。廓清关联企业的劳动关系迷雾,认定从属劳动者的劳动关系归属,并进一步识别用人单位主体身份,是实现关联企业从属劳动者权益保护的核心要义。关涉劳动条件适用、劳动合同、社会保险和劳动安全卫生等方方面面的权益,与关联企业从属劳动者利益攸关。

结论五:依循企业主体理论,关联企业实际参与用工安排时应构建关联企业的用人单位连带责任体系制度以实现旗下各成员企业从属劳动者合法权益的有效维护。构建关联企业用人单位连带责任体系制度不仅具有理论依据,而且具备现实可行性。劳动立法以倾斜保护弱势劳动者合法权益为唯一立法宗旨,劳动法上具体制度构建应主要围绕上述立法宗旨为基本价值目标定位展开。基于控制或重大影响关系的存在,各具有关联关系的成员企业实质上如单一企业般参与对外经济活动,也一同参与内部劳动关系的建立和运行。是以,依循关联企业性质认识之企业主体理论赋予成员企业在共同参与劳动关系情形下共同承担劳动法上保护劳动者的用人单位义务,符合劳动关系领域权利与义务相对应的基本法理要求。其实,关联企业实际参与用工情形下各成员企业类似以契约参加的形式加入到用人单位一方主体,共享用人单位地位的同时理所应当连带承担劳动法上的用人单位责任。关联企业用工实践表明,各成员企业基于关联关系的存在往往共享人事,劳动关系集中管理和控制居于常态。与成员企业建立劳动关系的个别劳动者既需要向该名义用人单位给付劳务,同时受关联企业混同用工或交替变化用工安排实际上也向关联企业的其他成员企业给付劳务,与此同时,从属劳动者的名义用人单位和其他成员企业实际上共同行使对劳动者的指挥命令权和惩戒权。如此种种,个别劳动关系在关联企业内错综复杂突破传统工场社会下一一对应的关系,转而形成关联企业内"跨法人格"劳动关系的事实。在此背景下,关联企业旗下从属劳动者权益受损风险随之提高,为充分保障弱势劳动者权益构建关联企业连带用人单位责任制度体系具备现实可行性。

考察关联企业的用工实际,个别劳动者被关联企业交替变换用工实属常态,关联企业用工时常居于动态变化的过程。据此,关联企业连带用人单位责任制度体系应主要涉及两种具体形式:其一,关联企业整体的用人单位责任。归因于关联企业整体用人单位资格的获得且关联企业内建立一个单一且统一的劳动关系,形式上由关联企业整体承担劳动法上的用人单位责任,而实质上基于关联企业的所有成员企业共享用人单位地位的事实,应由关联企业的所有成员企业连带承担劳动法上的用人单位责任。其二,关联企业部分成员企业的用人单位连带责任。基于事实判断,若关联企业内两个或两个以上的成员企业间在劳动关系内容方面存在集中控制或管理等方面的联系,应赋予关联企业内劳动关系具有关联性的部分成员企业连带承担保护劳动者的用人单位责任。除此之外,分别与劳动者建立劳动关系的关联企业的各成员企业应独立承担劳动法上的用人单位责任。以关联企业劳动关系归属为核心辨明关联企业的用人单位,进一步识别关联企业违法的责任主体、责任性质和责任承担方式,体现了严谨的逻辑推演。如此制度变革尝试,利于解决司法实践中裁判标准不统一主观随意性较大的弊端,也有利于及时纠正"同案不同判"的司法混乱局面。

结论六:对关联企业调职行为的规制,应结合关联企业劳动关系归属情况的具体认定结果予以分别规制路径思考。依循企业主体理论的基本观点,关联企业整体有可能享有劳动法上的用人单位资格,也有可能不具有劳动法上的用人单位资格。在此背景下,关联企业的调职应区分为企业内调职和企业外调职分别就调职权的合法性依据和合理性审查两方面予以规制。若关联企业调职被视为企业内调职对待,关联企业调职权的合法性依据应源于关联企业整体作为劳动法上用人单位身份所获得的指挥命令权,属于用人单位行使用工自主权的应有内涵。具体而言,关联企业整体作为用人单位一方与劳动者签订的劳动合同、集体合同,适用于关联企业整体的规章制度和被普遍适用和认可的企业习惯等事实均可视为关联企业已征得劳动者同意其具有调职权行使合法性依据的事前概括同意。针对企业内调职,对关联企业调职权行使的合理性应予以严格审查,通过权力滥用禁止、期待可能性和比例原则等基本法理的适用,保证关联企业具体行使调职行为具有合理性、正当性和必要性。

若关联企业调职被视为企业外调职对待,关联企业调职权行使的合法性依据应能符合调职命令权否认说之基本要求,应为劳动者个别的、明示的事后同意,且任何事前明示或默示的同意都不可能使用人单位企业享有将劳动者调职至关联企业的其他成员企业处工作的权利。工作地点应为劳动关系主要内容,个别劳动者和用人单位应在个别劳动合同中明确规定,且劳资双方有关工作地点的协议应为劳动合同的必备条款。是以,任何时候用人单位单方对工作地点变更的行为都属于违反劳动合同基本内容的规定,应属无效。除非该种变更,取得个别劳动者明示的同意,才能被法律所认可。针对企业外调职,应就用人单位调职行为行使的业务必要性和劳动者的期待可能性予以合理性审查。具体而言,通过运用比例原则对比分析关联企业行使调职行为的业务正当性和可能给劳动者带来的各种不利益以保证用人单位调职权行使的正当性、合理性和必要性。是以,关联企业必须有充分理由能够证明调职所得利益超过劳动者的利益且劳动者不会因调职行为造成任何不利益或影响甚微,调职权行使乃符合合理性审查标准的要求。

除此之外,应构建关联企业调职行为的程序性规制路径,应要求关联企业作出调职决定前就有关事项告知工会或劳动者代表并听取它们意见。对关联企业调职行为的规制应关注程序性规则的设置,关联企业劳动者权益的保障依附于一系列行之有效的程序性规则,离开了程序性规则从属劳动者实体权利只是一种纸面上的权利,无法也难以保障成为一项具有生命力的实体性权利。

结论七:对关联企业的劳务派遣用工行为,法律应予以全面禁止。我国劳动立法上明确规定用人单位不得自营劳务派遣业务,包含向本单位或所属单位派遣劳动者两种法律形态。[①] 对该条文的法律理解应予以扩大化解释,包含用人单位不能向与本单位具有关联关系的关联企业的其他成员企业派遣劳动者这种行为。据此,对关联企业内的劳务派遣用工法律应予以禁止。实践中,在发生关联企业以劳务派遣用工予以人力资源调整时,从法律性质上应界定为用人单位的调职行为对待分别从关联企业调职行为行使的合法性依据和合理性审查两方面予以法律规制,乃为正确路径选择。运用企业主体理论对关联企业本质属性予以重新认识,关联企业采纳劳务派遣用工是自营派遣业务的一种变异体现,或是表现为向具有关联关系的成员企业派遣劳动者。用人单位企业自营派遣业务实际上是以劳务派遣用工形式掩盖其非法用工目的的一种体现,借此逃避劳动法上的用人单位义务承担,劳动者合法权益得不到保障,对此现有劳动立法明确禁止之。用人单位企业向与其具有关联关系的其他用人单位企业派遣劳动者,实际上要派单位和派遣单位间存在控制或重大影响关系,劳动者的名义用人单位和实际用工单位间存在为一致利益共谋损害被派遣劳动者利益情形。上述两种情形下关联企业采纳劳务派遣方式用工直接诱发关联企业劳动关系恶性凸变的法律风险,劳动关系趋于不稳定且发展不均衡。于劳动者而言,职业不安全且均等待遇无法落实,权益受损风险激增。于用人单位方关联企业而言,短期内可能会减缩生产成本提高经营效益,但从长远角度观察劳务派遣用工不利于关联企业核心人才的培养和建设,统一且开放的劳动力市场无法形成,随着时间的推移负外部性慢慢彰显。综上所述,关联企业采纳劳务派遣方式用工有损劳动者利益,无法保障公平,且不利于统一且开放的劳动力市场的构建,核心人才缺失的负外部性凸显,企业的经营效率终将慢慢退化。据此,为实现弱势劳动者权益保护和关联企业经营效率提高对关联企业采劳务派遣用工方式配置劳动力的行为立法应予以全面禁止。

结论八:实务中关联企业的混同用工安排具有现实必要性,对该问题的处理应重点关注个别劳动者在关联企业内均等待遇的落实情况。对关联企业的各成员企业与从属劳动者轮流签订的个别劳动合同应予以合法性审查,重点厘清各成员企业分别与从属劳动者签订劳动合同行为的法律属性,保障劳动者签订无固定期限劳动合同的法定权益。依修正法规说,用人单位规章制度的适用必须以劳动

---

① 参见《劳动合同法》第67条。

关系的有效存在为前提,在劳动关系得不到有效证实的情况下规章制度应不具有适用效力。基于此,关联企业内具有控制权限的母公司制定的规章制度并不能当然适用于与其没有劳动关系的子公司的劳动者,子公司也不能援引母公司规章制度管理旗下从属劳动者。最后,为促进劳动者在关联企业内均等待遇的落实,应认可劳动者的工龄连续计算、工作时间合并计算和明确劳动者在关联企业内最低工资保护标准的适用基准。

关联企业具有规模经济效应,其中人力资源的统一调度和配置实为关联企业实现经济联合所必需,具有现实必然性。据此,从属劳动者被关联企业交替变换用工应具有合理性,法律规制的重点应在于实现关联企业从属劳动者合法权益的保护路径构建。应主要涉及以下三方面内容:

首先,基于关联企业混同用工实际,成员企业与个别劳动者轮流订立劳动合同情形经常存在,实践中一度成为关联企业规避劳动法上劳动合同义务的惯常手段,达到其变相解雇劳动者和规避无固定期限劳动合同签订义务的违法目的。为保护弱势劳动者合法权益,对成员企业轮流与个别劳动者订立劳动合同行为性质予以具体分析,甄别续签与重新签订并予以不同规制路径考量。依循企业主体说,经过考量若关联企业于对外关系上被视为单一经济体,具有劳动法上用工主体资格且与旗下劳动者建立统一劳动关系。此种情况下,各成员企业轮流与个别劳动者签订劳动合同行为应界定为个别劳动合同的一种续签行为,应连续计算劳动合同的签订次数,保障从属劳动者无固定期限劳动合同权益。除此之外,成员企业与个别劳动者轮流订立劳动合同行为应视为劳动合同的重新签订,应重点审查新旧劳动合同内容间的关联性,严防关联企业不当利用劳动合同的重新签订逃避劳动法义务的承担。其次,规章制度应视为企业行使用工自主权的主要体现,源于用人单位的指挥命令权。依法制定且经劳动者认可的规章制度应能够起到劳动关系自治的功效,有利于劳动关系的和谐治理。实践中,关联企业规章制度的争议主要集中于关联企业扩大规章制度适用范围的选择偏好与规章制度适用效力不清间的矛盾,引发劳资冲突加剧。据此,应结合关联企业本质属性的认识,明晰关联企业劳动关系归属以具体廓清关联企业规章制度的效力范围。若关联企业旗下建立一个单一且统一的劳动关系,以整体名义制定且符合法定条件、程序的规章制度应对旗下所有成员企业均具有适用效力。否则,在关联企业整体不具有用工主体资格,关联企业事实上也没有建议一个统一的劳动关系情形下,以整体名义制定的规章制度对成员企业的从属劳动者并没有适用效力。在此背景下,关联企业内身为劳动者用人单位的成员企业制定的规章制度只能适用于各自从属劳动者,对其他成员企业的从属劳动者不具有适用效力。最后,工龄、工时和最低工资标准应为劳动关系最基本内容,关乎个别劳动者切身利益。对个别劳动者工龄、工时和最低工资标准的法律规制,应是维护关联企业旗下从属劳动者合法权益的基本内容,也是落实关联企业混同用工安排下从属劳动者均等待遇的主要体现。考察关联企业混同用工安排下关联企业劳动关系的实质内容,劳动关系集中管理和控制居于常态或相互交叉。据此,被关联企业交替用工的个别劳动者的工龄应连续计算,在各实际用工单位的工时也应该连续计算且需合并计算工时总数予以最高工时保护。与此同时,为杜绝关联企业利用混同用工逃避特定区域较高工资保护标准的适用,个别劳动者提出表面证据后应允许有权机关予以适用调整以纠正关联企业该种违法行为。但是,用人单位方关联企业对此享有抗辩权并可提出证据予以佐证。

结论九:关联企业内用人单位主体发生变动时,原有劳动关系可能存在三种情况:维持、承继或终止。在劳动者用人单位企业主体发生变动情况下,关联企业旗下从属劳动者的原有劳动关系应结合成员企业的变动形式予以具体分析。首先,应结合"经济实体和营业关系"标准对引发用人单位主体变动的具体行为予以法律界定,以判断其能否作为劳动关系承继的诱因对待。该标准具体是指,若企业的经济实体发生转移或部分转移但保留转移前相似的营业关系,则劳动关系应予承继。反之,并不必然引发劳动关系的承继。依"经济实体和营业关系"标准,实践中引发劳动关系承继效果的用人单位主体变动形式除劳动法上所明确规定合并、分立两种方式之外,尚包含资产收购和营业转让两种经常性手段。其次,应依循企业主体说对关联企业内用人单位主体变动后引发劳动关系的现实情况予以具体分析。依企业主体说对关联企业本质属性的认识,若关联企业整体具有用人单位资格且在关联企业内建立一个统一的劳动关系,此种情况下用人单位成员企业的主体变动不会对关联企业整体的劳动关系产生影响,原有劳动关系应予维持。若关联企业不具有整体用人单位资格,或关联企业整体虽具有用工主体资格但并未与旗下劳动者建立一个统一的劳动关系,此种情况下需结合上文"经济实体和营业关系"标准对用人单位成员企业主体变动形式予以具体探讨。符合上述标准的变动形式应视为劳动关系承继的诱因对待,其直接后果为从属劳动者原有劳动关系被新主体所承继。否则,从属劳动者原有劳动关系不发生承继的法律效果。除此之外,若关联企业内从属劳动者用人单位企业的主体变动直接导致原有用人单位企业的实体消亡,个别劳动关系应依法终止。

制度设计应体现实质意义上的公平和正义。立法在做出符合法定条件下用人单位主体变动由新主体承继旧主体劳动合同以保护劳动者职业安全的制度设计时,尚应体现部分劳动者自愿不接受劳动关系承继的合理利益诉求。劳动关系属于契约关系和身份关系的结合,必须体现双方当事人的自由意志乃能达成劳务给付和工资支付对价的合意。一方主体的变动,对另一方主体维持或继续履行劳动关系都将会产生不利影响,威胁劳动关系的发展。据此,应赋予该部分劳动者拒绝新主体承继原有劳动关系的异议权并就异议权具体行使予以合理性审查,以公平价值优先并适当兼顾效率。是以,对关联企业内用人单位主体变动后引发的法律效果的评判,其核心在于维护劳动者的工作稳定,予以职业安全和存续保障。

必须明确,对关联企业劳动者权益保护的具体制度设计应以关联企业劳动关系的准确认定为前提条件。因而,构建关联企业劳动关系的认定路径,并进一步廓清关联企业的劳动关系迷雾,是研究关联企业劳动者权益保护问题的核心。与此同时,归因于关联企业多元化用工样态并存的现实情况,对阻碍从属劳动者合法权益落实相关问题的解决不应独立对待。应就实务中关联企业引发的劳动者保护问题予以全面思考并联合规制,如此方能实现关联企业的劳动者权益保障真正意义上得到落实。

参 考 文 献

一、中文著作

[1] 黄程贯:《劳动法》(修订再版),台北,空中大学印行,2001。

[2] 黄越钦:《劳动法新论》(第四版),台北,翰芦图书出版有限公司,2012。

[3] 刘志鹏:《劳动法理论与判决研究》,台北,元照出版公司,2000。

[4] 关怀:《劳动法》,北京,中国人民大学出版社,2012。

[5] 常凯:《劳动法》,北京,高等教育出版社,2011。

[6] 王全兴:《劳动法》,北京,法律出版社,2008。

[7] 谢增毅:《劳动法的比较与反思》,北京,社会科学出版社,2011。

[8] 黎建飞:《劳动法的理论与实践》,北京,中国人民公安大学出版社,2004。

[9] 董保华:《劳动合同立法的争鸣与思考》,上海,上海人民出版社,2011。

[10] 林嘉:《劳动法与社会保障法》,北京,中国人民大学出版社,2014。

[11] 郭捷:《劳动法学》,北京,中国政法大学出版社,2011。

[12] 沈同仙:《劳动法学》,北京,北京大学出版社,2009。

[13] 郑尚元:《劳动法学》,北京,中国政法大学出版社,2004。

[14] 程延园:《劳动法与劳动争议处理》,北京,中国人民大学出版社,2013。

[15] 郭捷:《劳动法与社会保障法》,北京,中国政法大学出版社,2012。

[16] 郑尚元:《劳动法与社会保障法前沿问题》,北京,清华大学出版社,2011。

[17] 郑尚元:《劳动法与社会法理论探讨》,北京,中国政法大学出版社,2008。

[18] 周长征:《劳动法原理》,北京,科学出版社,2004。

[19] 史尚宽:《劳动法原理》,台北,正大印书局,1978。

[20] 郑桥:《比较视野下的中外劳动关系研究》,北京,光明日报出版社,2012。

[21] 周永平:《当代劳动关系法律制度研究》,北京,中国方正出版社,2010。

[22] 丁嘉惠:《个别的劳动关系法》,台北,元照出版有限公司,2010。

［23］郭东杰:《公司治理与劳动关系研究》,杭州,浙江大学出版社,2006。

［24］佘云霞:《国际劳工标准:演变与争议》,北京,社会科学文献出版社,2006。

［25］曹燕:《和谐劳动关系法律保障机制研究:对我国劳动法律制度功能的反思》,北京,中国法制出版社,2008。

［26］李环:《和谐社会与中国劳动关系》,北京,中国政法大学出版社,2007。

［27］路敬波:《集团型企业劳动关系管理》,北京,中信出版社,2012。

［28］杨晓智:《经济发展与劳动关系和谐:基于制度经济学视角的研究》,北京,企业管理出版社,2013。

［29］黄河涛:《经济全球化与中国劳动关系重建》,北京,社会科学文献出版社,2007。

［30］曹燕:《劳动法基本概念的法哲学研究:基于和谐劳动关系法律建构视角》,北京,中国法制出版社,2012。

［31］程延园:《劳动关系》,北京,中国人民大学出版社,2011。

［32］董保华:《劳动关系调整的法律机制》,上海,上海交通大学出版社,2000。

［33］董保华:《劳动关系调整的社会化与国际化》,上海,上海交通大学出版社,2006。

［34］石美遐:《劳动关系国际比较》,北京,中国劳动社会保障出版社,2010。

［35］杨鹏飞:《劳动关系集体协商制度研究》,上海,上海社会科学院出版社,2012。

［36］冯同庆:《劳动关系理论》,北京,中国劳动与社会保障出版社,2009。

［37］冯同庆:《劳动关系理论研究》,北京,中国工人出版社,2012。

［38］王少波:《劳动关系热点问题研究》,北京,知识产权出版社,2012。

［39］常凯:《劳动关系学》,北京,中国劳动社会保障出版社,2005。

［40］王少波:《劳动关系与劳动法》,北京,中国劳动社会保障出版社,2011。

［41］沈琴琴:《劳动经济学》,北京,中国劳动社会保障出版社,2008。

［42］姜颖:《劳动争议处理》,北京,中国劳动社会保障出版社,2009。

［43］常凯:《劳权论:当代中国劳动关系的法律调整研究》,北京,中国劳动社会保障出版社,2004。

［44］陈布雷:《劳权与发展:权利论与功能论的多维度分析》,北京,法律出版社,2009。

［45］姚文胜:《劳资协商制:中国劳动关系改善的路径选择》,北京,中国法制出版社,2012。

［46］冯喜良:《企业变革的内在动力:社会转型中的企业劳动关系分析》,北京,中国工人出版社,2012。

［47］曹凤月:《企业道德责任论:企业与利益关系者的和谐与共生》,北京,社会科学文献出版社,2006。

［48］张宝贵:《企业雇佣关系稳定性研究》,北京,经济科学出版社,2011。

［49］郭庆松:《企业劳动关系》,北京,经济管理出版社,1999。

[50] 沈琴琴：《全球视野下的产业与劳动关系发展》，北京，中国劳动社会保障出版社，2010。

[51] 刘爱玉：《社会学视野下的企业社会责任：企业社会责任与劳动关系研究》，北京，北京大学出版社，2013。

[52] 林燕玲：《体面劳动：世界与中国》，北京，中国工人出版社，2012。

[53] 问清泓：《体面劳动调控论》，武汉，武汉大学出版社，2013。

[54] 张兰霞：《我国劳动关系层面的企业社会责任》，北京，经济科学出版社，2013。

[55] 刘继臣：《我国劳动关系的法律调整》，北京，中国工人出版社，2013。

[56] 崔驰：《现代市场经济条件下中国合作型劳动关系研究》，北京，经济科学出版社，2013。

[57] 潘泰萍：《新世纪中国劳动关系调整模式的转型研究》，北京，光明日报出版社，2013。

[58] 谢建社：《中国当代劳动关系研究：以广州企业工资集体协商与非公企业工会组建为例》，北京，中国书籍出版社，2010。

[59] 常凯：《中国劳动关系报告：当代中国劳动关系的特点和趋向》，北京，中国劳动社会保障出版社，2009。

[60] 袁凌：《转轨时期中国企业劳动关系研究》，长沙，湖南大学出版社，2012。

[61] 吴宏洛：《转型期的和谐劳动关系》，北京，社会科学文献出版社，2007。

[62] 王阳：《转型时期中国劳动关系发展问题研究》，北京，中国劳动社会保障出版社，2012。

[63] 汪振东：《比较公司法学》，北京，中国社会科学出版社，2012。

[64] 卞耀武：《当代外国公司法》，北京，法律出版社，1995。

[65] 杜景林：《德国股份法·德国有限责任公司法·德国公司改组法·德国参与决定法》，北京，中国政法大学出版社，2000。

[66] 贾红梅：《德国股份公司法》，北京，法律出版社，1999。

[67] 胡晓静：《德国商事公司法》，北京，法律出版社，2014。

[68] 罗结珍：《法国公司法典》，北京，中国法制出版社，2007。

[69] 卞耀武：《法国公司法规范》，北京，法律出版社，1999。

[70] 王艳华：《反思公司债权人保护制度》，北京，法律出版社，2008。

[71] 森田章：《公开公司法论》，北京，中国政法大学出版社，2012。

[72] 刘俊海：《公司的社会责任》，北京，法律出版社，1999。

[73] 王欣新：《公司法》，北京，中国人民大学出版社，2012。

[74] 范健：《公司法》，北京，法律出版社，2011。

[75] 赵旭东：《公司法》，北京，中国政法大学出版社，2007。

[76] 冯果：《公司法》，武汉，武汉大学出版社，2007。

[77] 张民安：《公司法》，广州，中山大学出版社，2007。

[78] 赵万一：《公司法：国际经验与理论架构》，北京，法律出版社，2005。

[79] 刘宗胜:《公司法比较研究》,北京,中国人民公安大学出版社,2004。

[80] 郁光华:《公司法的本质:从代理理论的角度观察》,北京,法律出版社,2006。

[81] 罗培新:《公司法的合同解释》,北京,北京大学出版社,2004。

[82] 孙晓洁:《公司法基本原理》,北京,中国检察出版社,2006。

[83] 冯果:《企业公司法》,北京,中国法制出版社,2007。

[84] 时建中:《公司法原理精解 案例与运用》,北京,中国法制出版社,2012。

[85] 时建中:《可转换公司债法论》,北京,法律出版社,2000。

[86] 赵旭东:《公司法学》,北京,高等教育出版社,2012。

[87] 赵旭东:《和谐社会建设中的利益冲突及其法律调整》,北京,法律出版社,2013。

[88] 苗壮:《美国公司法:制度与判例》,北京,法律出版社,2007。

[89] 胡果威:《美国公司法》,北京,法律出版社,1999。

[90] 葛伟军:《英国公司法:原理与判例》,北京,中国法制出版社,2007。

[91] 天思路、贾秀芬:《日本劳动法研究》,北京,中国科学出版社,2013。

[92] 柯振兴:《美国劳动法》,北京,中国政法大学出版社,2014。

[93] 施天涛:《关联企业法律问题研究》,北京,法律出版社,1998。

[94] 马俊驹、余延满:《民法原论》(第三版),北京,法律出版社,2007。

[95] 王保树编:《实践中的公司法》,北京,社会科学文献出版社,2008。

[96] 我国台湾地区"政治大学法学院劳动法与社会法中心"编:《劳动、社会与法》,台北,元照出版公司,2011。

[97] 我国台湾地区"劳动法学会"编:《劳动法裁判选辑(一)》,台北,元照出版公司,1999。

[98] 我国台湾地区"劳动法学会"编:《劳动法裁判选辑(二)》,台北,元照出版公司,1999。

[99] 我国台湾地区"劳动法学会"编:《劳动法裁判选辑(三)》,台北,元照出版公司,2000。

[100] 丁嘉惠:《个别的劳动关系法:民法雇佣契约与劳动基准法劳动契约基础篇》,台北,元照出版有限公司,2018。

[101] 贾俊玲编:《劳动法学》(第二版),北京,北京大学出版社,2013。

[102] 班小辉:《非典型劳动者权益保护研究》,北京,法律出版社,2016。

[103] 田思路、贾秀芬:《日本劳动法研究》,北京,中国社会科学出版社,2013。

[104] 阎天:《美国劳动法学的诞生》,北京,中国民主法制出版社,2018。

[105] [意]T. 特雷乌:《意大利劳动法与劳资关系》,刘艺工、刘吉明译,北京,商务印书馆,2012。

[106] [比]罗杰·布兰潘:《欧洲劳动法》,付欣等译,北京,商务印书馆,2016。

[107] [德]W. 杜茨:《劳动法》,张国文译,北京,法律出版社,2005。

[108] [美]罗伯特·A.高尔曼:《劳工联合与集体谈判》,马静等译,北京,中国政法大学出版

社,2003。

[109] [美]约翰·R.康芒斯:《集体行动的经济学》,朱飞等译,北京,中国劳动社会保障出版社,2010。

[110] [美]约翰 W.巴德:《劳动关系:寻求平衡》,于桂兰、于米、于楠等译,北京,机械工业出版社,2013。

[111] [德]鲁道夫·特劳普·梅茨、张俊华编:《劳动关系比较研究:中国—韩国—德国/欧洲》,北京,中国社会科学出版社,2010。

[112] [德]格茨·怀克、克里斯蒂娜·温德比西勒:《德国公司法》,殷盛译,北京,法律出版社,2010。

[113] [美]乔迪·S.克劳斯、史蒂文·D.沃特:《公司法和商法的法律基础》,金海军译,北京,北京大学出版社,2005。

[114] [英]迈恩哈特:《欧洲九国公司法》,赵旭东译,北京,中国政法大学出版社,1988。

[115] [美]罗伯特·W.汉密尔顿:《美国公司法》,齐东详等译,北京,法律出版社,2008。

[116] [英]佩林斯·A.杰弗里斯:《英国公司法》,《公司法》翻译小组译,上海,上海翻译出版公司,1984。

[117] [英]保罗·戴维斯:《英国公司法精要》,樊云慧译,北京,法律出版社,2007。

[118] [德]曼弗雷德·魏斯、马琳·施米特:《德国劳动法与劳资关系》,倪斐译,北京,商务印书馆,2012。

[119] [日]荒木尚志:《日本劳动法》,李坤刚、刘志奎译,北京,北京大学出版社,2010。

[120] [英]史蒂芬·哈迪:《英国劳动法与劳资关系》,陈融译,北京,商务印书馆,2012。

[121] [英]凯瑟琳·巴纳德著:《欧盟劳动法》(第二版),付欣译,北京,中国法制出版社,2005。

[122] [德]沃尔夫冈·多伊普勒著:《德国劳动法》,王倩译,上海,上海人民出版社,2016。

[123] [德]瓦尔特·缪勒·延奇·彼得·依特曼:《德国劳资关系 1950—1999:数据、时序及趋势》,张网成、黄斌译,北京,知识产权出版社,2013。

[124] [德]约里斯·范·鲁塞弗尔达特、耶勒·菲瑟主编:《欧洲劳资关系》,佘云霞等译,北京,世界知识出版社,2000。

[125] [美]史蒂芬·贝佛特、约翰·巴德主编:《看不见的手看不见的目标:聚焦工作场所法律与公共政策》,乔晓芳、叶鹏飞译,北京,中国工人出版社,2015。

二、中文期刊和学位论文

[1] 谢增毅:《我国劳动关系法律调整模式的转变》,载《中国社会科学》,2017(2)。

[2] 常凯:《劳动关系的集体化转型与政府劳工政策的完善》,载《中国社会科学》,2013(6)。

［3］粟瑜、王全兴:《〈意大利民法典〉劳动编及其启示》,载《法学》,2015(10)。

［4］郑尚元:《民法典制定中民事雇佣合同与劳动合同之功能与定位》,载《法学家》,2016(6)。

［5］王全兴:《关于我国劳动关系稳定问题的基本认识》,载《社会法学研究》,2013(00)。

［6］董保华:《我国劳动关系解雇制度的自治与管制之辨》,载《政治与法律》,2017(4)。

［7］田思路:《劳动关系非典型化的演变及法律回应》,载《法学》,2017(6)。

［8］郑尚元:《劳务派遣用工管制与放松之平衡——兼析〈劳动合同法〉第58条第2款》,载《法学》,2014(7)。

［9］董保华:《劳动领域群体争议的法律规制》,载《法学》,2017(7)。

［10］冯彦君:《劳动法上"合理"的多重意蕴及其应用》,载《中国法学》,2018(5)。

［11］田思路:《日本"社会法":概念·范畴·演进》,载《华东政法大学学报》,2019(4)。

［12］秦国荣:《用人单位义务:责任范围与立法逻辑》,载《法治研究》,2018(3)。

［13］谢德成:《新时代劳动法的功能拓展与制度调适》,载《当代法学》,2019(4)。

［14］喻术红:《网络信息化对劳动者权益的影响及其应对——基于美国的立法与实践考察》,载《四川大学学报(哲学社会科学版)》,2016(6)。

［15］张荣芳:《共享发展理念下社会保险体系的完善》,载《东岳论丛》,2019(2)。

［16］侯玲玲:《我国加班工资计算基数的地方裁审规则——以北京、上海、广东、深圳为样本》,载《法学》,2014(6)。

［17］战东升:《民法典编纂背景下劳动法与民法的立法关系——以"类似劳动者型劳务提供人"的保护为切入点》,载《法学》,2018(10)。

［18］涂永前:《应对灵活用工的劳动法制度重构》,载《中国法学》,2018(5)。

［19］李坤刚:《"互联网＋"背景下灵活就业者的工伤保险问题研究》,载《法学评论》,2019(3)。

［20］时建中:《论关联企业的识别与债权人法律救济》,载《政法论坛》,2003(5)。

［21］杨宁:《试论破产关联企业债权人利益保护机制——以破产法第31～33条为视角》,载《黑龙江省政法管理干部学院学报》,2011(2)。

［22］王天习:《关联企业的法律界定》,载《求索》,2003(1)。

［23］王欣新、蔡文斌:《论关联企业破产之规制》,载《政治与法律》,2008(9)。

［24］马兆瑞:《关联企业的避税行为及其防范》,载《现代经济》,2000(3)。

［25］何启菲、刘厚兵:《关联企业间借款利息税前扣除政策分析》,载《涉外税务》,2009(6)。

［26］陆明亮:《对关联企业转让利润偷逃税收问题的思考》,载《涉外税务》,1991(12)。

［27］陈鹏:《谈关联企业的避税与反避税》,载《财会月刊》,1999(12)。

［28］陈勇峰:《企业集团劳动关系及劳动者权益保护初探》,载《法学论丛》,2012(4)。

［29］马军:《关联企业的法律属性》,载《理论前沿》,2009(20)。

［30］吕亚芳、张峰:《关联企业的法律界定》,载《社会科学家》,2006(10)。

[31] 施天涛：《关联企业概念之法律透视》，载《法律科学》，1998(2)。

[32] 王欣新、蔡文斌：《论关联企业破产之规制》，载《政治与法律》，2008(9)。

[33] 黄保轩：《关联企业与企业集团辨析》，载《经济问题探索》，2003(10)。

[34] 郑小勇、魏江：《Business Group、企业集团和关联企业概念辨析及研究范畴、主题、方法比较》，载《外国经济与管理》，2011(10)。

[35] 张国平：《关联企业的法律特征及其与企业集团的关系》，载《南京师范大学学报(社会科学版)》，2007(4)。

[36] 张峰、吕亚芳：《谈关联企业的法律概念与认定判断》，载《财会月刊》，2007(7)。

[37] 张一鹏：《公司法关联企业认定规则之完善》，载《学术界》，2005(6)。

[38] 廖晓靖、刘念：《所得税优惠与关联企业转让定价的关系研究》，载《财经研究》，2000(1)。

[39] 施天涛：《对从属公司债权人的法律保护》，载《中国法学》，1997(1)。

[40] 王勇：《"从属公司债权人保护"的法律体系构建——试析关联企业中特殊债权人问题》，载《河北法学》2004(8)。

[41] 施天涛：《对从属公司及其少数股东利益的法律保护》，载《比较法研究》，1996(4)。

[42] 余保福：《关联企业制度与银行信贷风险的控制和监管》，载《金融论坛》，2004(10)。

[43] 林跃武等：《隐性关联企业贷款风险的观察与思考》，载《金融论坛》，2008(9)。

[44] 姚远：《关联企业信贷风险的防范和控制》，载《新金融》，2004(11)。

[45] 陈晨：《关联企业综合授信的风险管理》，载《浙江金融》，2004(1)。

[46] 杨斌：《关联企业转让定价及调整方法概述——美国和 OECD 转让定价规制比较研究之一(上)》，载《涉外税务》，2001(10)。

[47] 杨斌：《关联企业转让定价及调整方法概述——美国和 OECD 转让定价规制比较研究之一(下)》，载《涉外税务》，2001(11)。

[48] 王国海，周殊：《外商投资企业利用关联企业转移利润的四种形式》，载《财会月刊》，1993(9)。

[49] 李砚海：《刍议关联企业税务管理》，载《涉外税务》，2010(3)。

[50] 陈艳利：《关联企业转移定价的税务规制》，载《财政研究》，2006(5)。

[51] 王伟伟、陆桑榆：《关联企业员工调动是否需要支付经济补偿金》，载《中国劳动》，2014(5)。

[52] 向春华：《劳动者在关联企业间的工作年限应否合并计算》，载《中国社会保障》，2013(11)。

[53] 王保林：《如何确定关联企业双倍工资赔偿责任》，载《中国劳动》，2012(3)。

[54] 刘芳：《关联企业混淆劳动关系的甄别》，载《中国劳动》，2014(11)。

[55] 郭文龙：《关联企业与劳动者之间的劳动关系如何认定》，载《中国劳动》，2010(11)。

[56] 刘志鹏：《控股公司、关系企业——劳动法的新课题》，载《律师杂志》，(291)。

[57] 陈建文：《控股公司所引发之劳动法议题初探》，载《律师杂志》，(291)。

[58] 陈建文：《关系企业劳工退休金请求对象争议/高院 97 劳上 39》，载《台湾法学杂志》，2002 (122)。

[59] 洪秀芬：《从德国事实上关系企业之控制企业责任法制反思我国控制公司责任规范》，载《东吴法律学报》，2013(2)。

[60] 刘连煜：《控制公司在关联企业中法律责任之研究》，载《律师通讯》，(173)。

[61] 王松柏：《劳动法上合意终止契约调职、同时履行抗辩权与雇主不依契约给付报酬之认定与通用问题之研究》，载《东吴大学法律学报》，2013(2)。

[62] 刘志鹏：《关系企业与劳工之职务异动——台湾高等法院 91 年度劳上易字第 5 号判决评释》，载《律师杂志》，(291)。

[63] 王泰铨：《比较关系企业法之研究》，2001 年我国台湾地区"行政院科学委员会"辅助专题研究计划成果报告书。

[64] 黄馨慧：《日本调职法理的形成与发展》，载我国台湾地区"劳动法学会"编：《劳动法裁判选辑（三）》，台北，元照出版公司，2000。

[65] 林炫秋：《关系企业间劳工之调动与劳工之同意权》，载我国台湾地区"劳动法学会"编：《劳动法裁判选辑（二）》，台北，元照出版公司，1999。

[66] 邱骏彦：《调职法理之探讨》，载我国台湾地区"劳动法学会"编：《劳动法裁判选辑（一）》，台北，元照出版公司，1999。

[67] 徐剑：《关联企业的劳动关系应如何认定》，载《中国劳动》，2012(11)。

[68] 毛磊：《关联公司的劳动关系如何认定》，载《中国劳动》，2013(11)。

[69] 王怡红、沙兆化：《关联企业劳务派遣纠纷中用工单位的认定》，载《中国社会保障》，2013 (11)。

[70] 刘文华：《服务期内离职引发的劳动争议》，载《中国劳动》，2007(1)。

[71] 黄昆、刘文华：《谁享有对王某的惩戒权：关联企业规章制度的适用》，载《中国劳动》，2008 (2)。

[72] 林树杰：《我国公司并购中的雇员权益保护》，载《法治论坛》，2010(3)。

[73] 马辉：《格式条款信息规制论》，载《法学家》，2014(4)。

[74] 董保华、陆胤：《论劳动关系中用人单位主体的变更——从〈劳动合同法草案〉一读稿谈起》，载《中国劳动》，2007(2)。

[75] 陈荣文：《论我国劳动合同概括继受原则的完善》，载《福建法学》，2011(1)。

[76] 候玲玲：《我国企业重组中的劳动合同继承问题研究》，载《华东政法大学学报》，2008(6)。

[77] 张颖慧：《论劳动合同承继中的劳动者异议权》，载《求索》，2011(6)。

[78] 蔡永明、张完连：《营业转让制度初探》，载《江南大学学报（人文社会科学版）》，2007(4)。

[79] 应飞虎：《权利倾斜性配置研究》，载《中国社会科学》，2006(3)。

[80] 应飞虎:《权利倾斜性配置的度——关于〈劳动合同法〉的思考》,载《深圳大学学报(人文社会科学版)》,2008(3)。

[81] 黄程贯:《判断雇主劳动契约终止有效与否之决定性时点(一)》,载《政大法学评论》,1991(43)。

[82] 刘小勇:《企业重组中劳动者保护问题研究》,载《中国资本市场法制论坛:金融危机背景下的企业社会责任高层次论坛论文集》,2009(281)。

[83] 王斌、李安福:《转变经济发展方式的内涵及其重大意义》,载《中共合肥市委党校学报》,2008(1)。

[84] 裴广一、刘志洪:《论转变经济发展方式的核心内涵及实践路径》,载《学术论坛》,2011(11)。

[85] 李碧涵:《劳动体制的发展:全球化下的挑战与改革》,载《台湾社会法学会2001年年会"生活/社会新视角:理论与实践的对话"》,2001(11)。

[86] 胡鞍钢、杨韵新:《就业模式转变:从正规化到非正规化——我国城镇非正规就业状况分析》,载《管理世界》,2001(2)。

[87] 黄冠颖、游玉卿、李孟壕:《论台湾低度就业之现状》,载《资讯社会研究》,2001(1)。

[88] 成之约:《部分时间工作的发展及其对性别区隔与薪资差距影响之探讨》,我国台湾地区"行政院科学委员会"补助专题研究计划成果报告书,2005。

[89] 王素琴:《改进当前劳工退休制度之探讨》,载《劳工行政》,1999(138)。

[90] 杨通轩:《德国部分时间劳动法制之探讨——兼论台湾部分工时之法制化》,我国台湾地区"政治大学"劳工所"部分时间工作"法制与实务研讨会,2005。

[91] 郑淑芬:《劳动基准法现行规定及其适用问题——就经济、法律、劳工、管理及企业实务层面之检视》,载《劳资关系月刊》,1998(5)。

[92] 郑津津:《从美国劳动派遣法制看我国劳动派遣法草案》,载《中正法学集刊》,2003(10)。

[93] 姚志明:《德国股份法关系企业控制关系概念之简介——以德国股份法第十七条第一项为中心》,载《中正大学法学集刊》。

[94] 郭玲惠:《金融控股公司与企业并购对于劳工劳动条件保障之初探——以调职为例》,载《律师杂志》,(291)。

[95] 黄程贯:《劳工调动问题之研究——企业内、企业外及海外调动时劳工权益之保障》,我国台湾地区"行政院科学委员会"专题研究计划2005年成果报告,2005。

[96] 林更盛:《德国法上对劳动契约定期约定的审查》,载《私立东海大学法学研究》,(38)。

[97] 杨通轩:《论劳动派遣之意义、功能与类似契约类型之区分》,载《私立东海大学法学研究》,(32)。

[98] 侯岳宏:《从日本法检讨工会法不利益待遇解雇之规定》,载《台北大学法学论丛》,2011

（80）。

[99] 郭玲惠：《企业并购中劳工权益之保障——以个别劳动关系为核心》，载《台北大学法学论丛》，2005(57)。

[100] 徐婉宁：《雇用人保护照顾义务之具体内容——与劳工安全卫生法的关系之比较法考察》，载《万国法律》，2012(4/6)。

[101] 廖崇宏：《关系企业上行贷款之法律问题——比较德国法的观点论公司法第十五条与资本维持原则及公司法第三六九条之四的关系》，载《万国法律》，2012(4/6)。

[102] 陈文智：《英国企业社会责任制内涵及其演变》，载《万国法律》，2008(163/165)。

[103] 廖大颖：《企业内部控制与实践公司社会责任之努力——从日本 2005 年所颁布的新公司法观点》，载《万国法律》，2008(163/165)。

[104] 邵庆平：《从权力到责任——盖兹、尤努斯与公司社会责任的发展》，载《万国法律》，2008(163/165)。

[105] 洪秀芬：《德国企业社会责任之理论与实践》，载《万国法律》，2008(163/165)。

[106] 陈荣圳：《论企业并购与劳动契约转让之关系——以员工留用权为核心》，载《万国法律》，2007(151/154)。

[107] 张心悌：《反向揭穿公司面纱原则之研究》，载《东吴法律学报》，2013(4)。

[108] 林更盛：《工作规则须得到劳工同意方能生效》，载《月旦法学教室》，2014(143)。

[109] 林良荣：《雇主人事权之行使与不当劳动行为裁决决定(行政处分)之司法审查》，载《月旦法学》，2013(215)。

[110] 林更盛：《雇主调职权限的控制》，载《月旦裁判时报》，2013(20)。

[111] 杨通轩：《论劳动派遣关系当事人之权利与义务——调职、职灾责任、工资之平等待遇》，载《东海大学法学研究》，2010(33)。

[112] 吴育仁：《美国劳资集体协商政策中经营管理权和工作权之界限：从协商议题之分类与法律效果观察》，载《台大法学论丛》，2002(1)。

[113] 常凯、郑小静：《雇佣关系还是合作关系？——互联网经济中用工关系性质辨析》，载《中国人民大学学报》，2019(2)。

[114] 黎建飞、曾丙健：《"用人单位"主体资格辨析——兼议若干新型用工主体是否是用人单位》，载《齐鲁学刊》，2019(1)。

[115] 谢德成：《新时代劳动法的功能拓展与制度调适》，载《当代法学》，2019(4)。

[116] 王全兴、王茜：《我国"网约工"的劳动关系认定及权益保护》，载《法学》，2018(4)。

[117] 冯彦君、隋一卓：《"后现代性"视阈下劳动法的革新与完善》，载《南通大学学报(社会科学版)》，2018(4)。

[118] 徐婉宁：《劳动法上之劳工与雇主概念的实务发展》，载《台大法学论丛》，2018(47)。

[119] 田思路:《劳动关系非典型化的演变及法律回应》,载《法学》,2017(6)。

[120] 董保华:《雇佣、劳动立法的历史考量与现实分析》,载《法学》,2016(5)。

[121] 秦国荣:《劳动法上用人单位的法学判别:理论与实践的考察》,载《政法论丛》,2016(3)。

[122] 谢增毅:《劳动关系的内涵及雇员和雇主身份之认定》,载《比较法研究》,2009(6)。

[123] 马长山:《数字社会的治理逻辑及其法治化展开》,载《法律科学》,2020(5)。

[124] 肖竹:《第三类劳动者的理论反思与替代路径》,载《环球法律评论》,2018(6)。

[125] 谢增毅:《劳动力市场灵活性与劳动合同法的修改》,载《法学研究》,2017(2)。

[126] 班小辉:《"零工经济"下任务化用工的劳动法规制》,载《法学评论》,2019(3)。

[127] 王天玉:《互联网平台用工的"类雇员"解释路径及其规范体系》,载《环球法律评论》,2020(3)。

三、英文文献

[1] Prassl. Jeremias, *The Concept of the Employer*, Oxford University Press, 2015.

[2] Hugh Collins & K. D. Ewing & Aileen McColgan, *Labour Law*, Gambridge University Press, 2012.

[3] Jens Kirchner & Pascal R. Kremp & Michael Magotsch, *Key Aapects of German Employment and Labour Law*, Springer-Verlag Berlin Heidelberg, 2010.

[4] A. C. L. Davies, *Perspectives on Labour Law*, Gambridge University Press, 2009.

[5] John M. B. Balouziyeh, *A Legal Guide to United States Business Organizations: The Law of Partnerships, Corporations and Limited Liability Companies* (2nd ed.), Springer-Verlag Berlin Heidelberg, 2013.

[6] Silvana Sciarra & Paul Davies & Mark Freedland, *Employment Policy and The Regulation of Part-Time Work in The European Union: A Comparative -Analysis*, Cambridge University Press, 2004.

[7] Alice de Jinge, *Transnational Corporations and Internatonal Law: Accountability in the Global Business Environment*, Edward Elgar Published, 2011.

[8] Angela Schneeman, *The Law of Corporations and Other Business Organizations* (15th ed.), Delmar Cengage Learning, 2010.

[9] Stephen Tully, *Corporations and International Lawmaking*, Martinus Nijhoff Published, 2007.

[10] Robert A. Kagan & Lee Axelrad, *Regulatory Encounters: Multinational Corporations and American Adversarial Legalism*, University of California Press, 2000.

［11］ Greg J. Bamber & Russell D. Lansbury & Nick Wailes, *International and Comparative Employment Relations*: *Globalisation and Change*(15th ed.), SAGE Published, 2011.

［12］ Jean-Michel Servais, *Internationl Labour Law*, Kluwer Law Internationl BV, 2009.

［13］ David P. Twomey, *Labor & Employment Law* (15th ed.), South-Western Cengage Learning Press, 2013.

［14］ Patrick J. Cihon & James Ottavio Castagnera, *Employment & Labor Law*, South-Western Cengage Learning Press, 2011.

［15］ Jose Engracia Antunes, *Liability of Corporate Groups*, Deventer Boston: Kluwer Law and Taxation Publishers, p. 319(1994).

［16］ Philip I. Blumberg, The Incresing Recognition of Enterprise Principles in Determining Parent and Subsidiary Corporation Liabilities, 28 Conn. L. Rev. 295.

［17］ Philip I. Blumberg, Limited Liability and Corporate Groups, 11 J. Corp. L. 573, 605 (1986).

［18］ Phillip I. Blumberg, The Multinational Challenge to Corporation Law: The Search for a New Corporate Personality (1993).

［19］ Kyle M. Bacon, The Single Business Enterprise Theory of Louisiana's First Circuit: An Erroneous Application of Traditional Veil-Piercing, 63 La. L. Rev. 75 (2002).

［20］ Adolf A. Berle, Jr, The Theory of Enterprise Entity, 47 Colun. L. Rev. 343(1947).

［21］ Robert W. Hamilton, The Corporate Entity, 49 Tex. L. Rev. 979(1971).

［22］ Baker & McKenzie, Single European Market Reporter, Companies, Oct. 89, p. 3-13.

［23］ Geoffrey Fichew, Groups of Companies in the EEC: a Surey Report, to the European Commission on the Law relating to Corporate Groups in various Member States, Berlin, New York, 1993, p. VI.

［24］ Edasterbrool. Fischel, Limited Liability and the Corporaion, (1985)52 U. Chi, L. Rev. 89, 110-111.

［25］ Schane, The Corporation is a Person: The Language of a Legal Fiction, 61 TUL. L. REV. 563, 563 (1987).

［26］ Takashi Araki, A Comparative Analysis: Corporate Governance and Labor and Employment Relations in Japan, 22 Comp. Lab. L. & Poly J67.

［27］ Frank H. Easterbrook & Daniel R. Fischel, Limited Liability and the Corporation, 52 U. Chi. L. Rev. 89, 89 (1985).

［28］ Sandra K. Miller, Piercing the Corporate Veil Among Affiliated Companies in the European Community and in the U. S: A Comparative Analysis of U. S, German, and U.

K. Veilpiercing Approaches, 36 Am. Bus. L. J. 73.

［29］Abel Valenzuela, Day Labor Work, Annual Review of Sociology. Vol. 29. 2003. p. 308.

［30］Seth D. Harris & Alan B. Krueger, A Proposal for Modernizing Labor Laws for Twenty-First-Century Work: the"Independent Worker", The Hamiton Project, Discussion Paper 2015, Washington DC. Brookings Institution.

［31］Achleitner A. k & Kloeckner O, Employment Contribution of Private Equity and Venture Capital in Europe, EVCA Reserach Paper 2005.

［32］Robert Sprague, Worker(Mis) Classification in the Sharing Economy: Trying to Fit Square Pegs into Round Holes, ABA J. Lab. & Emp. L, Vol. 31, No. 1, 2015, p. 72.

［33］Stephen B. Presser, The Bogalusa Explosion,"Single Business Enterprise","Alter Ego", and other Errors: Academics, Economics, Democracy, and Shareholder Limited Liability: Back Towards a Uuitary " Abuse " Theory of Piercing the Corporate Veil, 100 Nw. U. L. Rev. 405.

［34］Stephen M. Bainbridge, Abolishing Veil Piercing, 26 J. Corp. L. 479, 535 (2001);

［35］Carston Alting, Piercing The Corporate Veil in American and German Law-Liability of Individuals and Entities: A Comparative View, 2 TULSA J. COMP. & INT'L L. 187, 199 (1984).

［36］Phillip I. Blumberg, Control and the Partly Owned Corporation: A Preliminary Inquiry into Shared Control, 10 Fla. J. Int'l L. 419.

［37］John Scott, Corporate Groups and Network Structure in Corporate Control and Accountability 291, 302.

［38］Krasnow, Corporate Interdependence: The Debt and Equity Financing of Japanese Companies, 24 Cal. W. Int'l L. J. 55, 58 (1993).

［39］Phillip I. Blumberg, The Corporate Entity in an Era of Multinational Corporations, 15 Del. J. Corp. L. 283.

［40］Ben Marsh, Corporate Shell Games: Use of the Corporate from to Evade Bargaining Obligations, 2 U. Pa. J. Lab. & Emp. L. 543.

［41］Patricia M. Anderson, Linear Adjustment Cost and Seasonal Labor Demand: Evidence from Retail Trade Firms, 108 Q. J. Econ. 1015(1993).

［42］Sachin S. Pandya, Retrofitting Unemployment Insurance to Cover Temporary Workers, 17 Yale L. & Poly Rev. 907.

［43］Thomas Bredgaard & Flemming Larsen, External and Internal Flexicurity: Comparing Denmark and Japan, 31Comp. Lab. L. & Pol'y J 745.

［44］Ryuichi Yamakawa，Labor Law Reform in Japan：A Response to Recent Socio-Economic Changes，49 Am. J. Comp. L. 627.

［45］Vai Io Lo，Atypical Employment：A Comparison of Japan and The United States，17 Comp. Lab. L. J. 492.

［46］Silvana Sciarra，Paul Davies & Mark Freedland，Employment Policy and The Regulation of Part-Time Work in The European Union：A Comparative Analysis，Cambridge University Press(2004)，pp136-137.

［47］Paul Skidmore，The European Employment Strategy and labour law：a German case study，E. L. Rev. 2004，29(1)，pp52-73.

［48］J. Goetschy，The European Employment Strategy：Genesis and Development，European Journal of Industrial Relations(1999)5，p117.

［49］Aaron B. Sukert，Marionettes of Globalization：A Comparative Analysis of Legal Protections For Contingent Workers In The International Community，27 Syracuse J. Int' l . l . & Com. 431.

［50］Gavin Barrett，Celtec：asking the Court of Justice for a date or the limits of consensual behaviour in privatizations，E. L. Rev. 2005，30(6)，Pp891-902.

［51］Robert C. Bird，Employment as a Relational Cintract，8 U. Pa. J. Lab. & Emp. L. 149.

［52］M Weiss，The Future of Comparative Labor Law as an Academic Discipline and as a Practical Tool，(2003-2004) 25 CLLPJ 169，178.

［53］M Freedland & P Davies，National Styles in Labor Law Scholarship：the United Kingdom，(2001-2002) 23 CLLPJ 765，787.

［54］Orly Lobel，The Gig Economy & The Future of Employment and Labor Law，U. S. F. L. Rev. Vol. 51. 2017. p. 51.

［55］Daniel G. Cockayne，Sharing and Neoliberal Dsicourse：The Economic Function of Sharing in the Digital On Demand Economy，Geoforum. Vol. 77. 2016. p. 75.

［56］Valerio De Stefano，The Rise of the Just-In Time Workforce：On-demand Work，Crowadwork and Labour Protection in the Gig Economy，Comparative Labor Law & Policy Journal. Vol. 37. 2016. p. 474.

［57］Sandra K. Miller，Minority Shareholder Oppression in the Private Company in The European Community：A Comparative Analysis of The German，U. K. and French Close Corporation Problem，30 CORNELL INT'L L. J. 381 (1997).

［58］Robert B. Thompson，Piercing The Corporate Veil：An Empirical Study，76 CORNELL

L. REV. 1036，1036 (1991).

[59] Carston Alting，Piercing The Corporate Veil in American and German Law-Liability of Individuals and Entities：A Comparative View，2 TULSA J. COMP. & INT'L L. 187，199 (1984).

[60] William Hoffman Pincus，Piercing The Corporate Veil In Maritime Cases，28 J. MAR. L. & COM. 341 (1997).

[61] Thompson，Piercing the Corporate Veil：An Empirical Study，76 Cornell L. Rev. 1036 (1991).

后　记

对本书的思考最早可追溯至博士论文选题阶段。通过实证调研和文本检视发现关联企业实际参与用工安排给劳动法适用带来挑战，司法实践中争议不断。后撰写完成博士论文《关联企业劳动者保护法律问题研究》通过分析关联企业用工的劳动关系特点，探究关联企业劳动关系的认定标准，并予以制度变革保护从属劳动者权益。工作后对博士论文进行了全面修改，期间对该议题进行了进一步思考后放大。持续资料搜集和整理，发现关联企业引发劳动法议题越来越复杂，而系统研究者较少。在思考这一问题的症结时，发现关联企业参与用工不同于一般企业用工，在关联企业内部表现为单个劳动者同时面对复数用人单位企业，且受制于"独立法人格"理论限制，用人单位企业的劳动法义务难以落实。后进一步提炼认为关联企业用工呈多边供需结构关系特征，劳动力提供和接受呈非常态变化，认识到对关联企业多边劳动关系的治理应创新劳动法治理机制。因而，本书也主要以博士论文为基础最终形成。

然而，持续关注后发现经济新常态背景下随着企业经营业态调整和灵活用工增多，劳动法面临的挑战巨大。除却本书讨论的关联企业引发的劳动法议题之外，平台用工、共享用工等灵活用工叠加日益冲击着我国劳动法的适用。究其原因，经济新常态下劳动关系发展呈新特点具有区别于典型劳动关系的新变化，难以直接运用传统劳动法调整。企业经营形态、组织方式多变，雇佣样态多元化和劳务给付方式灵活化，劳务派遣用工、企业关联用工和平台用工等，新业态劳动力共享成为趋势，用人单位权能的行使发生变化。而传统劳动法律通过创设并赋权"用人单位"确定劳动法适用范围，围绕"用人单位"识别劳动者和劳动关系的劳动立法逻辑受到冲击。继而引发一系列劳动法适用困惑，如企业经营形态不断演变和外延逐渐扩大背景下日益灵活化的用工造就用人单位身份迷雾、社会化大生产下数个相关企业（未必是关联企业）共享员工引发的劳动法问题涌现、关联企业混同用工对请求计算经济补偿金或赔偿金工作年限并计等一时性请求较易得到法院承认但要求确认劳动关系存在请求较难获得支持、假外包真派遣问题持续发酵等。深度思考和比较分析后得出在经济新常态背景下，上述劳动法问题的主要症结为传统用人单位的概念缺漏与传统劳动立法逻辑的偏差。需要探究以"劳动关系"为中心确认"用人单位"和"劳动者"的新劳动立法逻辑，反思劳动法上的用人单位概念及其适用，破除影响劳动法制变革的体制机制顽疾。因而，在本书即将付梓出版之日却又陷入了惶恐。担心问题阐释得不够全面，研究得不够深入，如此匆匆交付出版确显草率。然学术研究本就是不断探索和深化的过程，又思量能够早日获得前辈和同行的指教，故而冒此风险付梓。

　　本书最终得以出版需要感谢我的博士生和硕士生导师，武汉大学法学院喻术红教授。在武大求学的五年是我学术生涯的起点，承蒙恩师不唾，招我入门并悉心教养五年。恩师不仅学术功底深厚、著作等身，而且具备学者的家国情怀。生活中，喻老师特别的和蔼可亲，笑容常伴脸颊，倍感亲切。指导研究时，喻老师严谨细致，却又不苟言笑，时常为我的前途担忧。时至今日，恩师教导仍常伴左右，敦促并指引我前行。本书的出版还要感谢我的师兄，班小辉老师。从拜入师门到走向工作岗位，师兄始终如兄长般关心并督促我成长，小辉师兄一直以来都是我学习的楷模。本书的出版还要感谢在珞珈上教导我的冯果教授、卞祥平教授、张荣芳教授、孙晋教授、宁立志教授和熊伟教授，各位老师的教诲是我今后及未来从事工作的宝贵财富。本书的出版还要感谢李安安、袁康、叶金育和李秀凤等几位师长的帮助，还要感谢张正、张栋、张成松、聂淼、刘闻、谢贵春、罗高峰、房海军、苏琳、吴莹冰等同学的相互扶持。本书的出版还要感谢我所在单位安徽工程大学的科研基金支持，本书的出版得到了省级"六卓越一拔尖"卓越人才培养创新项目、安徽工程大学公共管理一流学科、校级人文社会科学重点研究基地等的资助，尤其需要感谢刘军院长和所在教研室同仁在我走向工作岗位后对我的包容与指导。本书的出版得到了安徽省哲学社会科学规划基金的支持，作为安徽省哲社科规划青年项目"共享用工"的法律调整路径与制度构建研究（项目号AHSKQ2020D119）的成果。本书的出版还得到了安徽省教育厅人文社科基金的支持，作为安徽省教育厅人文社科重点项目长三角一体化视阈下共享员工模式的常态化法律促进机制研究（项目号 SK2020A0221）的成果。需要感谢的人太多，实在是无法一一列出，这里一并表达感谢之情。

最后，需要特别感谢的是我的家人。家人的陪伴和付出是我一生的幸运，也是本书最终形成的决定性因素。生在农村，自小与泥土相伴，父母抛却了生活艰辛的苦恼，含辛茹苦供我读书和成家。时光荏苒，虽洗不净岁月铅华，唯愿二老身体健康。求学路上与妻子相识，颠沛流离，幸得芳心，化作连理比翼。前路漫漫，愿携手余生，三生三世。工作后获上天眷顾，诞生小儿，得以体验教养的乐趣。以父之名，愿借此书赠予小儿为礼物，希望他快快乐乐成长。

鲍　雨
2021 年年初夏于润津花园